本书得到以下单位资助出版：

☆内蒙古财经大学

☆中蒙俄经贸合作与草原丝绸之路经济带
  构建研究协同创新中心

☆内蒙古文化产业（金融·经济）研究中心协助

宣传部"五个一"工程入选作品奖

内蒙古自治区
社会经济发展
蓝皮书

总主编／杜金柱　　侯淑霞

内蒙古自治区
文化产业发展报告
（2016）

柴国君　　张智荣＼主　编

THE CULTURAL INDUSTRY REPORT
ON INNER MONGOLIA（2016）

经济管理出版社
ECONOMY & MANAGEMENT PUBLISHING HOUSE

图书在版编目（CIP）数据

内蒙古自治区文化产业发展报告（2016）/柴国君，张智荣主编 . —北京：经济管理出版社，2017.1

ISBN 978 - 7 - 5096 - 4159 - 0

Ⅰ.①内…　Ⅱ.①柴…　②张…　Ⅲ.①文化产业—产业发展—研究报告—内蒙古—2016
Ⅳ.①G127.26

中国版本图书馆 CIP 数据核字（2015）第 299579 号

组稿编辑：王光艳
责任编辑：许　兵
责任印制：黄章平
责任校对：雨　千

出版发行：经济管理出版社
　　　　　（北京市海淀区北蜂窝 8 号中雅大厦 A 座 11 层　100038）
网　　　址：www.E－mp.com.cn
电　　　话：（010）51915602
印　　　刷：北京九州迅驰传媒文化有限公司
经　　　销：新华书店
开　　　本：720mm×1000mm/16
印　　　张：17
字　　　数：328 千字
版　　　次：2017 年 1 月第 1 版　　2017 年 1 月第 1 次印刷
书　　　号：ISBN 978 - 7 - 5096 - 4159 - 0
定　　　价：98.00 元

总　序

　　2015年，面对错综复杂的国际形势和艰巨繁重的国内改革发展稳定任务，内蒙古自治区各族人民在自治区党委、政府的正确领导下，深入学习贯彻党的十八大，十八届三中、四中、五中全会及习近平总书记系列重要讲话精神，按照"五位一体"总体布局和"四个全面"战略布局的总要求，牢固树立和贯彻落实创新、协调、绿色、开放、共享的发展理念，主动适应经济发展新常态。

　　《内蒙古自治区2015年国民经济和社会发展统计公报》显示，2015年末全区常住人口为2511.04万人，比2014年增加6.23万人。人口自然增长率为2.4‰。城镇化率达到60.3%，比2014年提高0.8个百分点。全区实现地区生产总值18032.8亿元，按可比价格计算，比2014年增长7.7%。全年居民消费价格总水平比2014年上涨1.1%。年末全区城镇单位就业人员为292.6万人。年末城镇登记失业率为3.65%。全年实现失业人员再就业人数为6.1万人。全年完成一般公共预算收入1964.4亿元，一般公共预算支出4290.1亿元，分别比2014年增长6.5%和10.6%。财政收入在增收困难较大的情况下，顺利完成了全年增长目标。全年农作物总播种面积756.8万公顷，比2014年增长2.9%。年末全区农牧业机械总动力为3805.1万千瓦，比2014年增长4.8%；综合机械化水平达到81.4%。全年全部工业增加值为7939.2亿元，比2014年增长8.2%。全区规模以上工业企业实现主营业务收入18522.7亿元，比2014年下降0.3%；实现利润940.5亿元，比2014年下降23.8%。全年规模以上工业企业产品销售率为96.6%，产成品库存额为643.2亿元，比2014年增长0.7%。全年建筑业增加值为1263.2亿元，比2014年增长6.7%。全年全社会固定资产投资总额为13824.8亿元，比2014年增长14.5%。其中，500万元以上项目完成固定资产投资13651.7亿元，比2014年增长14.5%。新开工项目12695个，比2014年增长2.4%；在建项目投资总规模35672亿元，比2014年下降0.1%。全年社会消费品零售总额为6107.7亿元，比2014年增长8.0%。全年海关进出口总额为790.4

亿元，比 2014 年下降 11.6%。全年实际使用外商直接投资额 33.7 亿美元，比 2014 年下降 15.4%。全年完成货物运输总量 20.9 亿吨，比 2014 年增长 2.1%。全年完成旅客运输总量 19820 万人，比 2014 年增长 0.2%。年末全区民用汽车保有量为 400.1 万辆，比 2014 年增长 7.6%；全年邮电业务总量（2010 年不变价）为 400.3 亿元，比 2014 年增长 19.1%。全年实现旅游总收入 2257.1 亿元，比 2014 年增长 25.0%。接待入境旅游人数 160.8 万人次，比 2014 年下降 3.8%；旅游外汇收入 9.6 亿美元，比 2014 年下降 4.0%。国内旅游人数为 8351.8 万人次，比 2014 年增长 12.6%；国内旅游收入为 2193.8 亿元，比 2014 年增长 25.7%。年末全区金融机构人民币存款余额为 18077.6 亿元，全年新增存款 1641.3 亿元，比 2014 年增长 11.0%。全年全体居民人均可支配收入为 22310 元，比 2014 年增长 8.5%。数据显示，2015 年内蒙古自治区社会经济总体发展实现了稳中有进、稳中有好、进中有创、创中提质的良好态势，结构调整出现积极变化，改革开放不断深化，民生事业持续进步，经济社会发展迈上新台阶，实现了"十二五"圆满收官，为"十三五"经济社会发展、决胜全面建成小康社会奠定了坚实基础。

为真实反映内蒙古自治区社会经济发展全景，为内蒙古自治区社会经济发展提供更多的智力支持和决策信息服务，2013 年，由内蒙古财经大学组织校内学者编写了《内蒙古自治区社会经济发展研究报告丛书》，丛书自出版以来，受到社会各界的广泛关注，亦成为社会各界深入了解内蒙古自治区的一个重要窗口。2016 年，面对新的社会经济发展形势，内蒙古财经大学的专家学者们再接再厉，推出全新的《内蒙古自治区社会经济发展蓝皮书》，丛书的质量和数量均有较大提升，力图准确诠释 2015 年内蒙古自治区社会经济发展的诸多细节，书目包括《内蒙古自治区区域经济综合竞争力发展报告（2016）》《内蒙古自治区文化产业发展报告（2016）》《内蒙古自治区旅游业发展报告（2016）》《内蒙古自治区社会保障发展报告（2016）》《内蒙古自治区财政发展报告（2016）》《内蒙古自治区能源发展报告（2016）》《内蒙古自治区金融发展报告（2016）》《内蒙古自治区投资发展报告（2016）》《内蒙古自治区对外经济贸易发展报告（2016）》《内蒙古自治区中小企业发展报告（2016）》《内蒙古自治区区域经济发展报告（2016）》《内蒙古自治区工业发展报告（2016）》《蒙古国经济发展现状与展望（2016）》《内蒙古自治区商标品牌发展（2016）》《内蒙古自治区惠农惠牧政策促进农牧民增收发展报告（2016）》《内蒙古自治区物流业发展报告（2016）》。

一个社会的存续与发展，有其特定的社会和经济形态，同时也离不开独有的思想意识、价值观念和技术手段。秉承社会主义核心价值观、使命意识和学术的职业要求是当代中国学者应有的担当，正是基于这样的基本态度，我们编撰了本套丛书，丛书崇尚学术精神，观点坚持学术视角，客观务实，兼容并蓄；内容上专业深入，丰富实用；兼具科学研究性、实际应用性、参考指导性，希望能给读者以启发和帮助。

丛书的研究成果或结论属个人或研究团队观点，不代表单位或官方结论。由于研究者水平有限，特别是当前复杂的世界政治经济形势下的社会演进节奏日新月异，对社会科学研究和发展走向的预测难度可想而知，因此书中结论难免存在不足之处，恳请读者指正。

编委会

2016.8

本书编写组成员

主　　编：柴国君　张智荣

副主编：王志强　王葱葱　屈燕妮　邬韶峻

编委会成员：

于雅娟　冯守宇　张国强　张　薇

牛　华　牛　迪　高红梅　吕　芳

序　言

——"一带一路"与内蒙古自治区文化产业

　　进入 2015 年，我国经济发展新常态的特征已经明朗，"一带一路"和"互联网＋"的热潮席卷而来。日前公布的《推动共建丝绸之路经济带和 21 世纪海上丝绸之路的愿景与行动》提出推动中国与沿线各国广泛开展经济、文化等多领域的交流合作；以互联网为基础平台的"互联网＋"也为文化产业的发展带来了无限的想象空间。

　　2013 年，习近平访问中亚和东南亚时提出"一带一路"的战略构想，得到了沿线各国的广泛认同和积极响应。"一带一路"不是一个实体和机制，而是合作发展的理念和倡议，是依靠中国与有关国家既有的双（多）边机制，借助既有的、行之有效的区域合作平台，旨在借用古代"丝绸之路"的历史符号，高举和平发展的旗帜，主动发展与沿线国家的经济合作伙伴关系，共同打造政治互信、经济融合、文化包容的利益共同体、命运共同体和责任共同体。"一带一路"核心就是进一步深化沿路沿线国家合作共赢，推动沿线各国共同繁荣。这其中蕴含着以经济合作为基础、以人文交流为重要支撑的开放包容的理念。

　　为了贯彻"一带一路"的伟大战略构想，2014 年 8 月 21 日，习近平总书记以"走亲戚"形式访问了蒙古国，将中蒙两国关系上升为"全面战略伙伴关系"。2014 年 9 月 11 日，习近平在出席中俄蒙三国元首会晤时，提出共建丝绸之路经济带倡议，获得俄方和蒙方积极响应；同时，提出可以把丝绸之路经济带同俄罗斯跨欧亚大铁路、蒙古国草原之路进行对接，打造"中蒙俄经济走廊"。

　　"一带一路"发展战略是中国倡议的，但它绝不仅仅是中国的战略，它是在全球化背景下，中国经验与中国发展的一种全球化共享。"一带一路"可以说是一个历史的概念，它之所以会成为今天全球化发展进程中的重大战略架构，最核心的是，"一带一路"虽然是一个历史的概念，但它是用文化将历史、现实与未来连接在一起，成为中国面向全球化的一个战略架构。所以，站在这个视角下，我们讲文化是"一带一路"的灵魂，文化产业是其中的战略基础。① 习近平在访蒙期间的演讲中也指出"国之交在于民相亲，民相亲在于心相通"，突出了人文交流在两国关系发展中的特殊作用。但人文交流不是将自身的文化强加于人，而是在承认文化多样性的基础上相互学习、借鉴、合作与融合，并实现协同发展。特别是中蒙两国间相同的文化背景、共有的草原文化及相似的文化资源，不仅是中蒙文化交流与文化产业发展的基础，更是促进中蒙两国经贸关系深度融合的重要因素。

内蒙古自治区在贯彻国家"一带一路"战略构想，特别是在"中蒙俄经济走廊"的建设中将扮演特殊的角色。首先，内蒙古自治区具有对俄罗斯和蒙古国独特的区位优势。内蒙古自治区有与蒙古国、俄罗斯，这两国约有4261千米的边境线，这些边境线占全国陆地边境线的19.4%。内蒙古自治区与蒙古国边境线长约3210千米，共有9个边境口岸；与俄罗斯边境线长约1051千米，有4个边境口岸。内蒙古自治区具有独特的口岸优势，并通过多年的建设形成了一个比较完备的对外开放的口岸体系，现有17个陆路空港开放口岸。其中，铁路口岸有2个，分别是满洲里和二连浩特；公路口岸有11个，分别是满洲里、二连浩特、甘其毛都、策克、珠恩嘎达布其、阿尔山、额布都格、阿日哈沙特、黑山头、室韦、满都拉；航空口岸有4个，分别是呼和浩特、满洲里、呼伦贝尔（海拉尔）、二连浩特航空。满洲里、二连浩特是中国对俄罗斯、蒙古国最大的陆路口岸，承载着中俄65%和中蒙95%的陆路货物运输任务。内蒙古自治区具有独特的经贸合作优势：蒙古国、俄罗斯远东及西伯利亚地区都有强烈的发展经济的愿望，产业结构与内蒙古自治区有很强的互补性，中国"一带一路"战略创造了良好的合作机遇；内蒙古自治区具有独特的政策优势：内蒙古自治区2014年就制定了《创新同俄罗斯、蒙古国合作机制实施方案》，提出内蒙古自治区抓住中国大力推进丝绸之路经济带建设的重大机遇，经过3~5年的努力，使中国对俄罗斯、蒙古国的开放程度显著提高，初步建成以满洲里、二连浩特等口岸及城镇为主体，内联经济腹地、外接俄蒙的充满活力的沿边经济带目标。

其次，内蒙古自治区不仅有连接内地与蒙古、俄罗斯的古丝路、古茶路、古盐路的历史古道，也有与两国之间在经贸往来、地区合作、文化交流等方面的密切认同。特别是中蒙人文交流密切，友谊源远流长。内蒙古自治区与蒙古国具有跨境的民族语言文化相通的优势。中国有30多个跨界民族与境外同一民族毗邻而居，其中8个民族建有民族国家，4个民族在邻国建有一级行政区。很多边疆民族地区与睦邻国家山水相连、语言相通、文化相同、习俗相近。新疆维吾尔自

---

① 西沐．"一带一路"格局中文化产业发展的战略维度［EB/OL］．中国证券报官方网站，2014-10-12.

治区、宁夏回族自治区等地很多民众与阿拉伯国家民众一样信仰伊斯兰教，西藏自治区、云南省等地很多民众与中南半岛一些国家民众一样信仰佛教。这些为沿线各国人民沟通与交流搭建了桥梁，成为推动"一带一路"建设的有利条件。

"一带一路"战略的形成缘于历史上有共同的文化积淀。在历史上，丝绸之路沿线地域人群拥有文化共享、物质共享的基础。草原文化是世代生息繁衍在中国北方草原的各民族共同创造的，是中华民族文化的重要组成部分，与黄河文化、长江文化共同组成中华文化的三大主源。内蒙古自治区是草原文化的主要发祥地和承载地。北方草原民族与部分丝绸之路沿线国家在语言文字、文化习俗、生活方式、民族情感等方面有着民族互通性和认同感。在新时期开放的背景下，丝路文化精神被赋予了新含义，即和平合作、开放包容、互学互鉴、互利共赢。在这样的精神认同下，文化、经济之间的交流与合作才会更加顺畅。作为中华文化重要组成部分的草原文化，也应秉承新的丝路文化精神，以更加开放的态势，主动融入丝绸之路经济带建设中来。

因此，内蒙古自治区必须抓住"一带一路"这一难得的历史机遇，做好准备，寻找合适的定位，强化草原文化"走出去"战略，大力发展文化产业。加强与"一带一路"沿线各国，特别是草原丝绸之路沿线主要国家——蒙古国与俄罗斯在文化产业领域的务实有效合作。建设跨境经贸文化产业合作区、产业园区，如在满洲里市建设中俄文化特区，在二连浩特市建设中蒙文化特区，以当地特色为基础适当布局特色文化项目，打造文化聚集区，创新文化产业商业模式及投融资模式，推动内蒙古自治区文化产业发展和"走出去"战略的实施，为内蒙古自治区更好地融入"一带一路"提供并营造基础性文化要素和外部认同环境。

2015 年 10 月

目　　录

专 题 研 究

总　报　告

第 一 章

内蒙古自治区文化产业发展报告

自 2003 年内蒙古自治区政府提出"建设民族文化大区"的目标后，经过十余年的努力，目前内蒙古自治区文化产业的发展呈现出规模由小到大、吸纳就业能力逐步增强、对经济增长的贡献率不断上升的总体态势。这一态势，也使内蒙古自治区文化软实力不断得到提升。但是不容忽视的是，由于主客观条件制约，当前，内蒙古自治区文化产业发展水平与其他发达省份和地区相比仍然处于落后状态。这决定了内蒙古自治区必须充分利用政治、经济、社会、文化等方面的诸多利好，针对文化产业存在的不足积极作为，促进文化产业的良性、可持续发展。

一、内蒙古自治区文化产业发展现状

2014 年，随着文化体制改革的深入，文化生产力红利不断释放，特别是内蒙古自治区各地积极寻求国家"一带一路"战略的发展机遇，依托丰富的文化资源，坚持走民族特色和地域特色的发展之路，形成以文艺演出、文化旅游、广播影视、新闻出版、文化娱乐、工艺美术、动漫等为主体，各业并举、协调发展的文化产业格局。"呈现出规模由小变大、吸纳就业能力逐步增强、对经济增长的贡献率不断上升的总体态势"。①

（一）文化旅游业挑起大梁

在文化产业的细分行业中，文化旅游业是内蒙古自治区良好旅游条件与丰厚文化资源对接融合的优势行业，是内蒙古自治区经济增长最快的行业之一。2014年 2 月，"首届内蒙古自治区文化与旅游融合发展主题活动"成功对接 34 个项目，涉及驻场演出剧目、工艺品创意制作生产、旅游项目开发、文化产业园建设等领域，项目总投资约为 566.67 亿元，推动了内蒙古自治区文化旅游的纵深发展。2014 年，内蒙古自治区旅游经济总体运行情况良好，较 2013 年末增加了 4.35 个百分点，增长首次突破 10 个百分点，旅游产业总收入 1805.29 亿元，相当于全区 GDP 比例的 10.16%。② 可以说，文化旅游业是文化产业经济的引擎，是内蒙古自治区服务业的支柱产业。

（二）新闻出版、广播影视、演艺业齐头并进

内蒙古自治区新闻出版行业较早开展企业改制。2006 年 12 月内蒙古自治区新华发行集团股份有限公司挂牌成立，2008 年内蒙古自治区新华发行集团深化股份制改革，2009 年 6 月内蒙古自治区新华发行集团股份有限公司与天津出版总社、北方联合出版传媒（集团）股份有限公司建立国内首家跨地区大型出版传媒产业集团，2009 年 12 月内蒙古自治区出版集团成立。2012 年继发行、出版企业改制后非时政类报刊改革依序展开。得益于改制活力，内蒙古自治区新闻出版业健康快速发展，行业整体实力位居全国 5 个少数民族自治区第 3 位、西部 12 省区第 9 位。2014 年，内蒙古自治区推出精品图书 23 种共 39 册、音像制品 1 种共 120 小时。

---

① 刘春. 内蒙古自治区文化产业发展的报告［N］. 内蒙古自治区日报，2014 – 02 – 28.
② 数据来源：内蒙古自治区旅游局和内蒙古自治区旅游网联合发布的《2014 年内蒙古自治区旅游统计年度报告》，http://mp.weixin.qq.com。

内蒙古自治区广播影视业风生水起。根据内蒙古自治区新闻出版广电局官网数据绘制的内蒙古自治区广播影视收入与电影票房收入示意图（见图 1-1）可以看出，近年来内蒙古自治区广播影视产业发展呈节节攀升的态势；2014 年，全区电影院线影院达 95 家，银幕达 409 块。从生产的精品来看，故事片《诺日吉玛》获国际电影节民族电影优秀展映影片、北京大学生电影节国产影片民族题材特别奖；电视剧《忽必烈》获全国优秀电视剧剧本奖；内蒙古自治区广播电视台"草原之声"对外广播被商务部、文化部等 6 部门确定为 2013~2014 年度国家文化出口重点项目。

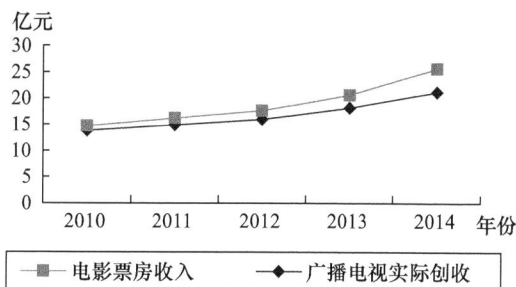

图 1-1　内蒙古自治区广播影视产业收入增长示意图（2010~2014 年）

极具魅力的蒙古族文化为内蒙古自治区演艺业向市场化推进与"走出去"战略奠定了深厚基础，内蒙古自治区演艺产品持续走出自治区与国门。内蒙古自治区歌舞团赴"北上广"演出《蒙古婚礼》上百场，赴美国演出《白云飘落的故乡》等。呼和浩特民族演艺集团打造的大型舞台剧《马可波罗传奇》，2013 年以来在美国布兰森白宫剧院演出 400 余场。蒙古民族艺术剧院打造的我国首创大型马文化实景剧《千古马颂》引来好评如潮。2014 年，内蒙古自治区共有 20 多个文化艺术团体分赴泰国、丹麦等 10 多个国家及港澳台地区开展对外文化交流。在澳大利亚举办"美丽的草原我的家——澳大利亚·内蒙古自治区文化周"，派团赴泰国、埃及、土耳其参加 2014 年海外"欢乐春节"系列活动。

（三）文化会展、动漫等行业异军突起

文化会展行业影响最大的当属始于 2007 年在呼和浩特市举办的"中国民族商品交易会"（以下简称"民交会"）。"民交会"是内蒙古自治区少数民族文化、服饰、非物质文化遗产等展示与交易的重要平台，至今已办八届，取得了丰硕成果，交易额从 2007 年的 22 亿元一路攀升，到 2014 年跃升为 48 亿元。① 另外，近些年举办的内蒙古自治区国际草原文化节、昭君文化节、成吉思汗草原文化节、国际那达慕大会、科尔沁艺术节、全国蒙古族服装服饰展演、赤峰红山文化节等文化会展均在国内外产生较大影响，成为内蒙古自治区文化产业经济增长点的重要一极。据统计，自治区每年参会客户和观众累计达 200 多万人次，成交额 3 亿多元，带动其他相关产业收入 8 亿多元。仅内蒙古自治区展览馆近几年接办各类展览会、展销会、洽谈会，年均实现利润就达 200 多万元。②

内蒙古自治区动漫业起步较晚，但在诸多利好形势下发展迅猛，优质产品不断推出，如《中华德育故事》、《小牛向前冲》、《巴拉根仓的故事》等动画电视以及《琴魂》、《江格尔》、《飞鱼雅罗》等动画电影。而且，衍生品链条不断延伸，如内蒙古自治区草原豆思动漫文化股份有限公司推出"草原豆思"书包、玩具、草原豆思动漫快捷酒店。鄂尔多斯东胜天风动漫影视有限公司根据《大角牛梦工场》改编的音乐剧《GO GO GO 大角牛》，于 2012 年下半年在全国 19 个大中城市巡演 40 余场，观众超 3 万人次，平均上座率达 75%。③

（四）各盟市文化产业发展基础进一步提高

内蒙古自治区下辖 12 个盟（市），但由于地域辽阔，自东北向西南延伸，横跨东北、华北、西北三大区，若从自然景观与文化景观角度来看，各地又各有特点。各盟（市）立足本土文化资源和经济基础，充分利用国家与自治区有关发展文化产业的优惠政策，实现民族文化强区跨越发展与经济增长模式优化升级，文化产业发展基础进一步稳固，特别是呼包鄂文化产业集聚能力进一步提高。

本书以国家文化产业示范基地和自治区文化产业示范基地两个指标作为分析内蒙古自治区文化产业地理分布的切入点。原因如下：其一，文化产业细分行业众多、统计口径不一，加上穷尽各地各行业数据进行翔实的数据定量分析难以实现；其二，其他指标不具有比较说明的意义。比如，内蒙古自治区目前在建自治区级重点文化产业园区 21 个，但因其尚未完成不便统计。

截至 2014 年年底，内蒙古自治区共有国家文化产业示范基地 6 个、自治区文化产业示范基地 34 个，以其所属盟（市）为标准统计而成表 1 - 1 和表 1 - 2。

---

① 第八届中国民族商品交易会内容丰富成果显著 ［EB/OL］. 央广网 http：// nm. cnr. cn/neimenggufen-wang/neimengyaowen/201407/t20140722_ 516008629. shtml，2014 - 07 - 22.

② 斯琴，樊铁英. 内蒙古自治区文化产业发展现状及存在问题 ［J］. 内蒙古自治区统计，2014（5）：4.

③ 李霞. 中国动画第一牛——大角牛成长记事 ［N］. 内蒙古自治区日报，2012 - 12 - 18.

表1-1 内蒙古自治区国家文化产业示范基地一览表

地区	基地名称	数量（个）
包头市	包头市乐园文化传播有限责任公司	1
鄂尔多斯市	东联集团成吉思汗陵旅游区 内蒙古自治区鄂尔多斯市达拉特旗响沙湾旅游有限公司 内蒙古自治区鄂尔多斯中视实业有限公司	3
赤峰市	内蒙古自治区力王工艺美术有限公司	1
呼和浩特市	内蒙古自治区天睿文化发展有限责任公司	1

资料来源：中华人民共和国文化部官网。

表1-2 内蒙古自治区区级文化产业示范基地一览表

地区	基地名称	数量（个）
呼和浩特市	《北方新报》社、内蒙古自治区新华发行集团股份有限公司、内蒙古自治区教育出版社、内蒙古自治区文化音像出版社、呼和浩特市昭君博物院、呼和浩特市玉泉区大召文化产业群落、内蒙古自治区晨报、呼和浩特市蒙亮民贸有限公司、呼和浩特市苏鲁锭皮业有限责任公司	9
包头市	中国电信包头分公司绿色动力网吧连锁、包头市多维旅游有限责任公司、包头市土默特右旗敕勒川文化产业园、包头市国际会展有限责任公司、固阳秦长城文化发展有限责任公司	5
鄂尔多斯市	成吉思汗陵旅游区、内蒙古自治区响沙湾旅游有限公司、鄂尔多斯市恩格贝生态示范区、鄂尔多斯市冠丰胜州奇石古玩有限责任公司、内蒙古自治区上海庙旅游开发有限公司、内蒙古自治区东联旅游有限责任公司（大秦直道文化旅游景区）、鄂尔多斯市聚贤文化产业有限公司（大盟凯德文化广场）、鄂尔多斯市中视实业有限公司、内蒙古自治区萨拉乌苏旅游文化发展有限公司	9
赤峰市	内蒙古自治区力王工艺美术有限公司、赤峰市红山文化传媒有限公司、赤峰市巴林右旗巴林石集团有限责任公司、赤峰春晖文化传媒有限责任公司	4
通辽市	通辽孝庄园文化旅游区、奈曼旗华宝麦饭石系列产品有限公司、科右中旗来德马业有限责任公司	3
乌海市	乌海市金奥牛皮烫画艺术品公司	1
锡林郭勒盟	内蒙古自治区欣泰文化旅游发展有限责任公司（御马苑旅游区）、多伦玛瑙艺雕厂	2
阿拉善盟	阿拉善奇石一条街	1

根据表1-1和表1-2显示，国家文化产业示范基地主要集中在鄂尔多斯市、呼和浩特市、包头市、赤峰市4市，而内蒙古自治区文化产业示范基地则分散在呼和浩特市、包头市、鄂尔多斯市、赤峰市、通辽市、乌海市、锡林郭勒盟、阿拉善盟。而巴彦淖尔、乌兰察布、呼伦贝尔、兴安盟4盟（市）至今尚无文化产业基地。

（五）文化产业市场主体活力增强

2004年，内蒙古自治区全面开展文化体制改革试点工作，重组后的文化企业集团发展迅速，内蒙古自治区新华发行集团、内蒙古自治区日报传媒集团、内蒙古自治区出版集团和内蒙古自治区电影集团4家文化产业集团的总收入和利润连续几年保持两位数增长，10年里总资产增长3倍多。许多转制后的文化集团公司成为全区文化产业的龙头企业。自治区直属文化事业单位包括内蒙古自治区乌兰牧骑艺术团等在内的文艺演出院团进行了内部管理机制改革，活力明显增强。

众多民营资本涌入文化产业市场，改变了国有控股集团一枝独秀的局面，逐步形成了多元化健康发展的良好格局。

目前，全区各大文化产业集团普遍实施重大项目带动战略，通过重点项目引导、市场参与的方式，集中建设了一批集约化程度较高、产业链条较长的文化产业集聚区或文化产业街区。

通过整合现有资源，加大文化产业示范基地和重点文化产业园区建设的力度，聚合资本、人才、信息、科技等生产要素，孵化大型文化产业集群。建成或在建的文化产业园区共有95个，规划和拟建园区49处，大部分规划园区在2015年前后建成。各盟市投资亿元以上的产业园区占规划园区的63.9%以上。

市场主体始终是发展文化产业最核心的因素，当前内蒙古自治区文化产业市场主体活力增强，不仅是大型国有文化企业改组后实力增强，而且还有约四千余家小型文化企业活跃于各个文化产业领域。

二、内蒙古自治区文化产业发展的特征

内蒙古自治区文化产业在产业结构、产业构成、产业特色、产业地理分布、市场主体等方面表现出以下特征：

（一）文化产业发展层次鲜明

我们可以将内蒙古自治区文化产业结构划分为三个层级，依据在于，每个层

级内部存有共通之处，而层级之间差异显著。文化旅游业是文化资源产业化与传统旅游业有机融合的产物。这种融合性是第二层级、第三层级所不具备的。而且，文化旅游业发展迅猛，不仅已经居于整个文化产业体系的主导地位，而且未来一段时间仍然是内蒙古自治区文化产业发展的生力军。与之相比，第二层级算是传统产业，是经过体制改革重新释放经济活力，并且体量巨大。另外，第二层级往往是经济效益与社会效益并重，具有事业属性。第三层级则体现出与人才、科技的高度关联。不论是文化会展还是动漫，创意与技术始终是决定它们生命力的根本要素。如果在人才、技术方面调配合理，这个层级的产业将焕发出极大能量，并以低碳环保的先天优势一路高歌猛进。

（二）文化产业门类齐全

据2012年国家统计局对于文化及相关产业的分类，文化产业涵盖面极广。但目前学界研究主要集中于出版业、影视业、娱乐业、旅游业、广播业、音像业、博物馆业等以及一些与文化艺术相关度很高的产业部门，如广告业、装饰业、设计业等。[①] 内蒙古自治区以文化体制改革为动力，重点发展新闻出版、广播影视、文化休闲、文化艺术、数字动漫游戏等产业，已经形成以主导产业群为支撑、重大项目为抓手的门类齐全、布局完整的产业体系雏形。

（三）特色文化产业发展迅速

内蒙古自治区地域辽阔，不同地域文化具有不同特色，如巴彦淖尔河套文化、呼和浩特昭君文化、锡林郭勒蒙元文化、赤峰红山文化、通辽科尔沁文化、呼伦贝尔森林文化及"三少民族"（达斡尔、鄂温克、鄂伦春）文化等。各地的文化产业正是立足本土比较优势，发展特色文化产业。文化旅游业最为典型，那达慕大会上的博克、赛马、射箭等竞技项目每年都吸引大量外地游客。随着选秀节目的火爆，蒙古族的舞蹈、长调、呼麦等艺术形式逐渐为区外人民所熟知并钟爱，与之相关的文化产业（如音像制品、艺术演出）取得不俗业绩。从地域角度看也是如此，呼和浩特市利用教育与技术资源充足的首府优势，积极推进数字动漫、创意设计、网络服务等高科技文化业态；赤峰市赏石业、锡林郭勒盟民族服饰业；乌海市"中国书法城"、阿拉善盟奇石文化产业等都是发展特色文化产业的范例。

（四）文化产业区域差异显著

以国家文化产业基地数量、自治区文化产业基地数量以及文化产业增加值占

---

① 孙安民. 文化产业理论与实践［M］. 北京：北京出版社，2005.

GDP 比重指标①为基础绘制内蒙古自治区各盟（市）文化产业发展水平示意图，如图 1 – 2 所示。

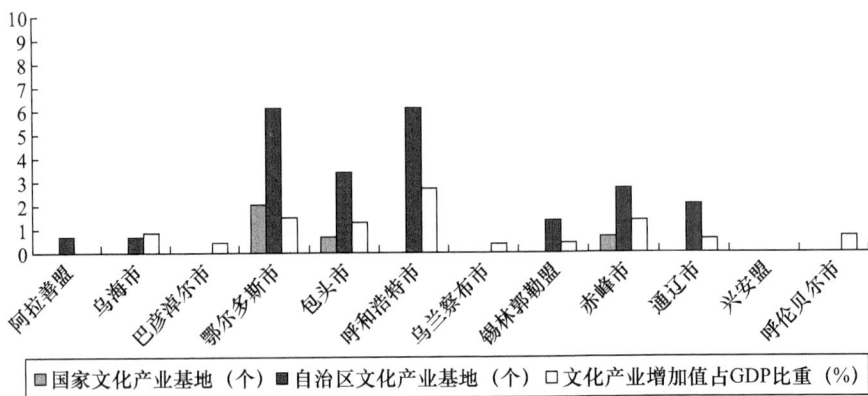

图 1 – 2　内蒙古自治区各盟（市）文化产业发展水平示意图

图 1 – 2 表明，内蒙古自治区各盟（市）的文化产业发展程度参差不齐，区域失衡显著。如果把内蒙古自治区文化产业发展分为三个层次，鄂尔多斯市、包头市、呼和浩特市及赤峰市 4 市的发展水平最高，处于第一层次；锡林郭勒盟和通辽市紧随其后，为第二层次；其余各地则为第三层次。每个层次之间差异突出，且每个层次内部各地也表现出明显的差异。

（五）大型文化企业成为市场主体

目前，内蒙古自治区共有各类文化企业 41374 个，其中企业法人单位 3635 家，占全部文化企业总数不到 9%。这些文化企业法人单位创造的文化产业增加值占到全区文化产业增加值的 90% 以上。资产过亿的大企业约有 50 家，创造的文化产业增加值占全区文化产业增加值约 44%。这说明，大企业已经成为创造增加值的主体。

三、内蒙古自治区文化产业存在的主要问题

在看到文化产业既有成绩的同时，不能否认，当前内蒙古自治区文化产业与

---

① 各地文化产业增加值占 GDP 比重是不完全统计，缺少个别盟（市）数据。资料来源：张志华，无极. 推波式走高——关于内蒙古自治区文化产业发展态势、措施及其对策研究［J］. 中国文化产业评论，2013（2）：135 – 136.

中东部省份，甚至部分西部省份相比仍有不小差距，仍存在若干亟须解决的问题。

（一）产业结构不够合理

一般来讲，结构优化包括结构合理化和结构高级化两个层面：前者指产业之间及各产业内部细分行业之间关联度高，彼此能够协调有序发展；后者指传统产业持续发展、发挥内容创意方面优势的同时，新兴产业不断显示出科技创新力量而不断推动结构升级。

如前所述，内蒙古自治区文化产业分为三个层级，若是依据与科技的融合以及对科技的依赖程度，这三个层级又可分为传统文化产业与新兴文化产业两种业态。新闻出版、演艺、文化旅游、文化会展等属于传统文化产业，而动漫、广播影视等与新媒体相关的行业则是新兴文化产业。从这个角度来看，内蒙古自治区文化产业的结构优化明显不足，主要体现在两个方面：

一方面，从结构合理化角度来看，文化产业与其他产业关联度不够。产业关联是产业增值和产业进步的一种动力……越是能够更宽地推动和促进其他产业发展的文化产业，越是具有扩张力。[①] 文化产业向前关联可以和制造业进一步融合，如发展文化创意产品的包装、设计、印刷行业等；向后关联则与高等教育自然衔接，如产学研深度对接，促进文化产业管理专业建设和人才培养等。当前，内蒙古自治区文化产业体系中产业关联最突出的是文化旅游业，体现了当前文化产业与旅游产业深度融合，其他行业总体而言则乏善可陈。比如，文化产业发展态势喜人，但没有促进人才供给与人才培养机构相应发展；相反，人才成为制约内蒙古自治区文化产业发展的一大"瓶颈"。

另一方面，从结构高级化角度来看，文化与科技融合不足，且传统产业与新兴产业比重不合理。一些行业特别是传统行业，与科技交融度低，产品的科技含量低，如出版业亟须加大信息化、数字化建设力度，优化产业内部结构，促进产业转型升级。据统计，截至2014年年底，内蒙古自治区文化产业增加值为330亿元，占自治区GDP的2.06%，但是贡献值主要来自图书报刊、文化用品批零等经营性行业，而数字化、信息化等以高技术为核心的新兴行业所占比重较小。一些盟（市）的文化产业收入主要由歌舞厅、网吧等低端文化休闲娱乐业销售收入，广播有线电视、新闻出版发行收入以及一些家庭作坊式的民族工艺品加工收入构成。

---

① 胡惠林. 文化产业学 ［M］. 北京：高等教育出版社，2006.

(二) 区域布局不够平衡

优化产业区域布局至少意味着两个层面的含义:其一,不同区域选择一个或几个具有比较优势的产业方向集中发展,强调的是产业发展基于比较优势;其二,同一产业不同层次可以在不同地区分工协调发展,强调的是错位发展。文化产业区域布局同样具有上述意义。不同区域选择具有比较优势的行业作为主导产业,打造本地文化产业的核心极和牵动器;同一行业不同层次则开展区域合作与协调。这样不仅实现不同区域产业差异化经营,有效提升区域文化产业整体竞争力,也可实现优势产业集聚效应。

从内蒙古自治区文化产业地理分布来看,产业区域布局优化尚存不足,主要体现在两个方面:一方面,尽管各地显现出立足本土优势和特色文化资源发展文化产业的特征,但总体而言,产业趋同、重复投资、低水平竞争的现象比较普遍。比如"呼包鄂"称为一体,原因在于这三地经济发展速度较快、基础设施相对完善以及具有天然的地缘优势。文化产业发展原本可以借助地理位置相近、经济互补性强等优势进一步做强做大,但"呼包鄂"大部分园区都把发展动漫业作为重点,这不是产业集聚发展的有效途径,因为产业集聚发展与产业地理集中度、关联度及集约度密切相关。目前,园区内的文化企业没有形成明显的上下游关系,难以形成完整的产业链条。相反,园区之间存在产品同质、低水平竞争的问题。类似问题在文化旅游业中也比较普遍,各地都在打草原文化旅游之牌,使游客觉得 A 地和 B 地一样,去过了 A 地就不用再去其他地方了。

另一方面,缺乏区域整体规划与区域协调配合,导致各地文化产业主体小而散、小而弱。这可以通过各地文化企业数量及注册资本说明。从民间总注册资金的户数看,赤峰市、呼伦贝尔市、鄂尔多斯市等地数量较多,其他盟(市)少于 500 户,乌海市、乌兰察布市、阿拉善盟等盟(市)只有 200 户左右。从文化企业的注册资本来看,2800 万元以上主要集中于鄂尔多斯市、呼和浩特市、包头市等市,其他盟(市)多介于 1600 万~2800 万元,兴安盟、巴彦淖尔市、阿拉善盟、乌兰察布市等地只有 1000 万元左右。①

如赤峰市的古玩城,赤峰市区经营和正在建设的古玩城共有 5 个,而全市经营古玩商户的数量不超 1200 户(其中有能力开门设市的约 400 余户),这表明商户数量不足以撑起 5 个古玩城的运营。这是文化产业主体小而弱的典型例子,其原因部分在于缺乏产业生态的统筹协调。

---

① 于亚娟.内蒙古自治区文化产业的成绩、特征及启示 [J].边疆经济与文化,2013 (12):16.

（三）新兴文化产业发展滞后

内蒙古自治区文化产业相对总量还比较小，GDP 贡献率比较低，产业层次不高。其中，产业层次低的主要原因是：传统文化产业比重过大，新兴的文化产业比重偏小，尤其是文化产业及产品科技含量低。传统文化产业占主导地位，表现为许多盟市特别是旗县，歌舞厅、网吧等室内娱乐活动和摄影扩印为主要内容的文化休闲娱乐业是当地最重要的文化产业内容，其销售收入与广播有线电视、新闻出版发行以及一些小作坊式的民族工艺品加工收入构成当地文化产业总收入。有的传统产业，如出版业亟须用信息化、数字化等高科技手段进行改造，使其结构优化，达到产业迅速升级。

（四）文化产业市场主体培育不充分

内蒙古自治区的文化产业市场主体仍处于培育阶段，除了事业单位转为企业的若干大企业、大集团外，通过市场自发生长逐渐强大的大型民营文化企业或大型民营文化集团寥寥无几。更多的文化企业属于资产少、人员弱、产值低的小微企业。因此，内蒙古自治区文化企业整体呈现小而散、小而弱的现状。同时，由于文化市场对文化资源配置的基础性作用发挥不够，使得一些文化产品的供给不能满足市场的需要，民间特殊文化艺术产品没有形成规模，文化服务企业水平不高，文化资本市场不景气。企业规模较小，市场主体发育不充分正在影响着文化产业的整体发展。

（五）文化产业高端人才缺乏

高端文化产业人才匮乏是当前制约内蒙古自治区文化产业进一步发展壮大的重要因素。总体上看，主要缺乏以下几类人才：一是文化企业经营管理人才，表现在懂文化的不懂经营，懂经营的不懂文化；二是文化策划创意人才，缺乏懂策划、能研究出符合市场需求的文化产品和服务的人才；三是文化产品市场营销人才，缺乏把好的产品和服务成功推向市场的人才；四是文化产业领军人才，缺乏各行各业的带头人；五是文化宏观管理人才，主管文化产业发展的宏观管理部门缺乏懂文化产业的人才。[1]

---

[1]　内蒙古自治区党委宣传部调研组. 关于做大做强内蒙古自治区文化产业的研究报告［J］. 内蒙古自治区宣传思想文化工作，2013（4）：17.

四、内蒙古自治区文化产业发展 PEST 分析

PEST 分析是产业经济学中常用来分析产业所处的外部环境的方法，一般包含政策（Political）、经济（Economic）、社会（Society）和科技（Technological）四大因素。

（一）政策（Political）因素

文化产业政策因素主要强调了有关文化产业的政策及其对文化产业的推动与影响作用。需要特别指出的是，"一带一路"国家战略为内蒙古自治区文化产业发展提供了难得的机遇。"一带一路"背景下发展文化产业，有助于加快我国丝绸之路沿线地区特别是西部地区、边疆地区、民族地区文化产业发展，把文化产业培育成为区域经济支柱性产业，充分发挥文化产业在拉动经济发展、扩大就业、促进消费等方面的作用。① 内蒙古自治区要加强顶层设计和规划，深入推进丝绸之路文化产业合作发展，发挥"文化先行"的优势，为"一带一路"建设做出应有贡献。近年来，国家高度重视文化产业在调整经济结构、促进就业、保障经济增长方面的重要作用，不断出台支持文化企业发展、促进文化产业发展的政策。仅 2014 年就有如下政策：

3 月，国务院发布《关于推进文化创意和设计服务与相关产业融合发展的若干意见》，提出培育一批具有核心竞争力的企业，形成一批拥有自主知识产权的产品；《关于加快发展对外文化贸易的意见》，指出要加快发展传统文化产业和新兴文化产业，扩大文化产品和服务出口；文化部、中国人民银行、财政部发布《关于深入推进文化金融合作的意见》，指出要加快推动适合文化企业特点的信贷产品和服务方式创新。

4 月，国务院发布《文化体制改革中经营性文化事业单位转制为企业的规定》，指出经营性文化事业单位转制为企业后，免征企业所得税；《进一步支持文化企业发展的规定》，提出对国家重点鼓励的文化产品、文化服务出口分别实行增值税"零税率"、营业税免税。

8 月，文化部、工信部、财政部发布《关于大力支持小微文化企业发展的实施意见》，鼓励小微文化企业参与公共文化服务的政府采购。

11 月，财政部、税务总局、中宣部发布《关于继续实施文化体制改革中经营性文化事业单位转制为企业若干税收政策的通知》，指出由财政部门拨付事业

---

① 苏丹丹，秦毅. 抓住"一带一路"建设契机　推进丝路文化产业合作发展［N］. 中国文化报，2014－09－05.

经费的文化单位转制为企业，自转制注册之日起对其自用房产免征房产税。

作为地方层面，内蒙古自治区也不断推出关于文化产业发展的政策，如《内蒙古自治区人民政府关于进一步促进文化产业发展的若干政策意见》，指出在市场准入、土地使用、税费征收、资金贷款等方面开设绿色通道，放宽对文化公司增资的货币出资比例限制，同时积极为有能力上市的文化企业减负。2014年，内蒙古自治区出台《内蒙古自治区人民政府办公厅关于促进外经贸和口岸发展的实施意见》，提出要积极推动服务贸易发展，积极培育壮大文化服务贸易企业，开发适应国际市场需求、具有民族特色的文化项目，推动其扩大出口。

这些政策多角度、全方位地构建了内蒙古自治区文化产业发展的政策环境，文化产业主管部门及文化产业市场主体应该结合"8337"发展思路，用足用活国家及地方层面的政策支持。

（二）经济（Economic）因素

在经济新常态的背景下，2014年内蒙古自治区经济发展态势基本稳定，全区国内生产总值为17769.5亿元，较上年增长7.8%。常住居民人均可支配收入较2013年有明显提升，且高于经济增长速度。其中，城镇常住居民人均可支配收入28350元，较2013年增长9%；农村牧区常住居民人均可支配收入9976元，较2013年增长11%。启动实施农村牧区"十个全覆盖"工程，完成投资216亿元，3495个嘎查村完成建设任务。①

在调整经济结构方面，以"五大基地"建设为重点，以提高资源综合利用率和产业精深加工度为主攻方向，构建多元发展的现代产业体系。加快传统产业新型化，推进新兴产业规模化，促进支柱产业多元化，大力发展新产品、新业态，积极扶持节能环保等新兴产业做大做强，培育新的增长点。发展壮大现代服务业。加强总部基地、物流园区、旅游景区、科技创业园区等重大项目建设，形成一批规模较大、辐射带动作用较强的服务业集聚区。深化服务业改革，扩大服务业对外开放。大力推进产业结构转型升级，加快转变经济发展方式，为文化产业发展壮大提供了战略机遇与现实要求。

需要强调的是，2014年9月在"上合组织杜尚别"峰会期间，中蒙俄元首第一次会晤，习近平总书记提出建立中蒙俄经济走廊。2015年1月，国务院批复，正式将中蒙俄经济走廊纳入国际级战略版图。3月28日，三部委联合发布《推动共建丝绸之路经济带和21世纪海上丝绸之路的愿景与行动》，进一步明确中蒙俄经济走廊在陆路的重要意义。4月1日，中蒙俄三国就启动中蒙俄经济走

---

① 回首2014内蒙古自治区也是蛮拼的［N］．内蒙古自治区日报，2015-01-27．

廊建设达成共识。7 月 9 日，中蒙俄元首第二次会晤，签署《经济走廊规划纲要谅解备忘录》。中蒙俄经济走廊为内蒙古自治区文化产业开拓国际市场提供了历史机遇。文化消费需要广阔的市场，消费主体越广泛，文化的传播就越广泛，文化的影响力就越大，文化产业的市场空间也就越大。内蒙古自治区与蒙古国、俄罗斯远东及西伯利亚地区在文化传统、风俗习惯、宗教信仰等方面有相同、相近之处。通过文化展演、文化交流、学术研讨等活动，推动内蒙古自治区和蒙古国、俄罗斯之间的文化交流，能够为进一步的国际交流和经贸往来打下良好基础。借助于中蒙俄经济走廊平台，内蒙古自治区文化产业迎来新机遇，"以文化、教育、科技、医疗、旅游等为重点，开展与周边国家政府间的文化交流活动"①。

（三）社会（Society）因素

内蒙古自治区出台构建现代公共文化服务体系实施意见和基本公共文化服务指导标准，加快公共文化服务体系标准化、均等化建设。深入实施文化信息资源共享、数字图书馆等文化工程，推动首批自治区公共文化示范区、示范项目创建。繁荣发展社会科学、广播影视等事业，促进新型媒体与传统媒体协同联动、融合发展。启动足球运动改革与发展工作，群众性体育和竞技体育协调发展，体育产业发展步伐加快。实施鼓励居民消费政策，打造多点支撑的消费增长格局，大力发展电子商务等商业模式，适应个性化、多样化消费需求。推动旅游、文化等与相关产业的融合发展，大力开拓农村牧区消费市场，培育新的消费增长点。

但是，社会文化消费市场总体处于一个比较低的水平。一方面，消费能力偏低，内蒙古自治区城乡居民文教娱乐用品和服务的消费支出不及发达地区一半，距中部地区也有一定的差距。另一方面，居民文化消费观念还没有得到更新，以致市场发展缓慢。2000～2012 年，内蒙古自治区城镇居民家庭消费支出增长很快，但用于文教娱乐服务费用的比重却一直提高缓慢，始终徘徊在 10% 左右，而且呈现下降趋势。此外，市场法制法规建设起步较晚，消费市场经营不规范，手段粗放，没有形成规范有序的文化市场环境。②

2014 年 1 月，基于现阶段的城乡公共服务差距，内蒙古自治区提出用 3 年时间在全区农村牧区实施"十个全覆盖"工程。③ 这"十个全覆盖"涵盖了公共服务的主要方面，统筹兼顾了当前和长远，充分考虑了需求和可能，势必进一步缩

---

① 马永真，梅园. 构建"草原丝绸之路经济带"的若干思考［J］. 内蒙古自治区社会科学（汉文版），2014（6）：8.

② 斯琴. 关于内蒙古自治区文化产业发展的思考［J］. 中国统计，2014（11）：56.

③ "十个全覆盖"工程指农村牧区危房改造、安全饮水、嘎查村街巷硬化、村村通电、村村通广播电视通讯、校舍建设及安全改造、嘎查村标准化卫生室、嘎查村文化活动室、便民连锁超市、农村牧区常住人口养老医疗低保等社会保障"十个全覆盖"。

小内蒙古自治区城乡差距，为农牧区文化市场开辟和文化产业在农牧区的充分发展奠定良好社会文化环境。

（四）科技（Technological）因素

内蒙古自治区加强政策支持和引导，推动经济增长由投资和要素驱动向创新驱动转变，不断推进技术创新，促进科技与经济结合，推动科技成果转化。如"数字文化走进蒙古包"项目获得基层老百姓广泛赞誉，为边疆数字文化长廊建设提供了有效的经验借鉴。"数字文化走进蒙古包"项目充分利用互联网、无线WIFI 和 3G 网络，在全区构建广覆盖、高效能的公共数字文化服务网络，通过设备及资源流动的方式提供服务，以智能手机、平板电脑、笔记本电脑为终端，为基层广大农牧民提供不受时空制约、24 小时、免费、蒙汉双语的公共数字文化服务。

"数字文化走进蒙古包"具有一定文化事业属性，公益性质较为明显。除此之外，内蒙古自治区文化产业的科技因素还与"互联网＋"相关。2015 年，李克强总理在政府工作报告中提到，制订"互联网＋"行动计划，让更多文化企业与互联网融合，使文化企业互联网化成为未来发展趋势。内蒙古自治区"8337"发展思路中明确强调"要促进文化与旅游、金融、科技深度融合"。

但是，总体而言，内蒙古自治区文化与科技的融合有限，表现在传统文化产业依然居于文化产业的主体地位，新兴文化产业业态不丰富、市场占有率低下。动漫业是内蒙古自治区文化产业与科技融合的主要代表。其他领域的融合不是十分突出，如互联网趋势下文化与旅游融合度不够，文化资源数字化进展缓慢等。

总之，从 PEST 角度来看，国家和自治区层面出台的系列促进文化产业发展的政策为内蒙古自治区文化产业发展奠定了政策基础、提供了发展方向，发展态势喜人的经济增长趋势及产业结构调整为内蒙古自治区文化产业发展提供了经济动力和增长空间，社会文化事业发展及社会消费市场的拓展为内蒙古自治区文化产业发展提供了市场空间，科技发展及进一步与文化的融合催生了文化产业转型。这些都是内蒙古自治区文化产业发展的原动力。但是，当前有限的社会消费市场、科技与文化融合度不够也制约了内蒙古自治区文化产业进一步做大做强以及文化产业的转型升级。下一步的工作，应该立足于促进文化产业的利好，正视并有针对性地克服制约因素，使内蒙古自治区文化产业发展体制增效。

五、内蒙古自治区文化产业发展战略

发展战略确定了内蒙古自治区文化产业的发展目标，明确了内蒙古自治区文化产业的发展方向和发展重点，是内蒙古自治区文化产业发展和各盟市执行发展规划的行动指南。

（一）战略总体目标

内蒙古自治区文化产业发展总体目标是，为贯彻国家"一带一路"和建设"中蒙俄经济走廊"的战略，全面落实自治区"8337"发展思路，推动内蒙古自治区文化产业健康有序、高水平、高层次、深入发展，立足内蒙古自治区区情和文化产业、文化资源实际，抓住国家大力发展文化产业的有利契机，完善文化产业发展机制、体制，培育、壮大文化市场，推动文化产业集群化、区域联合化发展，以草原文化为内驱力，以互联网、新技术为手段，升级改造传统文化产业，发展新兴业态和特色文化产业，推进效应明显的文化产业重大项目建设，打造品牌文化和龙头文化企业，大力培育中小型文化企业。文化产业增加值明显提高，力争到 2020 年，文化产业增加值占全区 GDP 比重超过 6%，成为内蒙古自治区国民经济的新兴支柱性产业。

具体目标如下：

一是产业结构得到大提升。大力发展符合内蒙古自治区发展特色的具有高附加值、高知识含量、高产业带动力、高开放度等特征，能对内蒙古自治区经济社会活动带来较强辐射力和影响力的文化产业业态，建立起以体验式文化旅游业、文艺演出业、文化会展业、工艺美术业、数字传媒业等为代表的文化产业体系，大幅提高文化产业在整体产业结构中所占的比例。

二是项目建设迈出大步伐。到 2017 年，力争打造一批特色突出、产业集聚效应明显的文化产业重大项目，形成以特色文化旅游、生态文化体验、草原文艺演出、文化会展、数字内容示范基地为核心，以覆盖全区的文化产业公共服务平台为重点的项目布局，建设 10 家以上国家级文化产业示范基地，60 家自治区级文化产业示范基地，争取国家级文化产业项目服务平台在内蒙古自治区落地。到 2020 年，各类文化产业基地、项目全面发展，建设 20 家以上国家级文化产业示范基地，2 家国家级文化产业示范区，争取国家级文化产业投融资服务平台在内蒙古自治区落地。

三是产业融合取得大提升。大力推动内蒙古自治区特色支柱产业及传统服务业中文化要素的应用，促进三次产业与文化产业融合联动发展，切实发挥文化产业对提升旅游等产业附加值与竞争力的作用。充分利用旅游业的资源与市场优势，提升文化产业的市场容量，打造产业融合型盈利模式。

四是品牌建设取得大影响。通过高水平规划设计和高质量、高标准建设，完善基础设施，提高国际草原文化节、昭君文化节、国际那达慕、红山文化节、书法艺术节、胡杨生态旅游文化节等品牌活动的国际影响力，提升城市文化品位，实现经济效益、社会效益、环境效益的有机统一。全力提升核心文化企业的品牌化经营，集中力量培育和打造在国际上具有一定知名度的本地文化企业品牌，塑造一批品牌文化形象。

（二）战略重点

1. 推动文化产业集群化发展

文化产业集群是指在一定区域内，相关文化企业按照分工协作的方式，集聚在一起的现象。① 呼和浩特市、包头市、鄂尔多斯市三市是内蒙古自治区政治、经济、金融、文化、社会活动的中心，人才集中，经济发达，资本充足，文化资源富集，交通便利，发展文化产业综合实力优势明显。实现"呼包鄂"文化产业一体化发展，促进内蒙古自治区文化产业集群化发展，既有利于产生集聚效应，提升内蒙古自治区文化产业在全国甚至全球的影响力，树立草原文化品牌，又能辐射、拉动周边地区文化产业发展，提升内蒙古自治区文化产业整体发展水平。结合"呼包鄂"的实际，应重点培养文化产业专业人才（包括管理人才、营销人才、技术人才、创意人才），为全区文化产业发展提供人才支持；建立文化创意研发中心和创意生产企业孵化器，搭建创意交流平台，实现创意成果转化；重点打造广电影视、出版发行、数字文化、文博会展、文化创意、旅游观光、文化用品制作等八大文化产业集群。

2. 协调文化产业区域联合化发展

文化是一个区域概念，打破了人为划分的行政区划。区域文化产业发展是在区域经济发展和区域合作的基础上实现的，是市场化、协同化发展，是文化产业相关行业的共同发展，是文化产品和服务产业链上下游的共同发展。② 内蒙古自治区地域辽阔，东西狭长，受自然环境的影响和民族历史的影响，在不同地域内形成不同内容和特色的文化。东西部各盟市经济发展不平衡，产业发展特点、条件差异明显，为实现文化产业区域联合化发展奠定了基础。内蒙古自治区文化产业区域化发展应结合文化产业整体发展规划，综合考察各盟市文化资源、经济基础、技术条件、生产特点、市场及文化需求，分析各盟市在区域合作中拥有的优势、存在的劣势和发展潜力等，打破盟市行政区划壁垒，建立盟市文化产业区域合作制度和体制，确定各地区在区域合作中能够发挥的作用以及应扮演的角色，进而明确各盟市文化产业发展定位，以及适合发展的产业、行业，站在全区文化产业发展的高度，合理配置资金、人才和政策资源，打造草原文化产品、文化服

---

①② 张智荣，柴国君. 中国西部城市文化产业发展战略实证研究［M］. 北京：经济管理出版社，2014：6.

务的产品链和价值链。

3. 强化新兴业态文化产业发展

新兴文化产业是指依托科学技术，尤其是数字技术和网络技术的新形态文化产业，主要包括数字出版、数字电视、动漫、网络游戏、手机新媒体等均是其代表性业态。[①] 科学技术的发展，带来文化产业深刻变革，其对文化产业的未来将产生决定性的影响。新兴业态文化产业必将引领文化产业未来的发展潮流，成为文化产业中最为活跃的产业，也是附加值最高的产业，代表着一个国家和地区文化产业发展的层次和水平。因此，内蒙古自治区应高度重视新兴业态文化产业的发展，将其作为重点产业来支持。内蒙古自治区文化产业的发展应以草原文化为核心，以市场需求为导向，以先进的科学技术为手段，构建草原新兴业态文化产业发展模式，以打造新兴文化龙头企业和品牌产业为主导，培育中小型新兴文化企业成长，通过产业集聚协同、产品推广与品牌塑造、国际交流等方式实现草原新兴文化产业的跨越式发展；应与区外、国外的新兴文化产业品牌企业合作，引进先进的文化产业发展理念、技术、人才、资金，输出草原文化、特色文化产品；应建设新兴传播渠道体系，建设内蒙古自治区新兴文化产业展示交易中心，培育文化产业品牌。

4. 聚焦特色与优势文化产业

草原文化是草原人民经历几千年的历史，逐渐创造形成的与草原自然、社会环境相适应的文化，内涵广泛而深厚，文化资源富集，独具特色。内蒙古自治区文化产业的发展，离不开草原文化的土壤。内蒙古自治区文化产业发展应以现有草原文化资源为依托，深入挖掘蒙元文化资源、红山文化资源、河套文化资源及其他特色文化资源，提升内蒙古自治区文化产业的内容灵魂与创新能力；应重点发展草原文化优势产业，建立以草原文化为特色的生态体验区、以黄河文明农业水利为特征的河套生态区、以沙漠治理和防风固沙为特征的沙漠治理区、满洲里和二连浩特两个对外文化交流窗口；推动品牌性重大项目，全力推进元上都世界文化遗产公园、红山文化遗产公园、阴山岩画文化遗产公园和嘎仙洞文化遗产公园四大文化遗产公园；培育、发展演出市场，加大文化演出基础设施投入，制作极具草原文化特色的文艺演出作品；充分利用内蒙古自治区气候、旅游资源、交通优势，培育发展会展产业，建设"呼包鄂"会展圈；继续扩大国际草原文化节、昭君文化节、国际那达慕、红山文化节等节庆活动国际品牌影响力，运用创新展现技术，打造创意主题节庆活动，如春节草原音乐节、夏季草原狂欢节、秋季丝绸之路文化节、冬季冰雪世界世博会等。

---

① 胡惠林主编. 我国文化产业发展战略理论文献研究综述［M］. 上海：上海人民出版社，2010：9.

5. 加强"互联网＋"与文化产业深度融合

"互联网＋"是一种新的经济形态，即充分发挥互联网在生产要素配置中的优化和集成作用，将互联网的创新成果深度融合于经济社会各领域中，提升实体经济的创新力和生产力，形成更广泛的以互联网为基础设施和实现工具的经济发展新形态。2015 年 3 月 5 日，李克强总理在十二届全国人大三次会议上做的政府工作报告中指出，"制订'互联网＋'行动计划，推动移动互联网、云计算、大数据、物联网等与现代制造业结合，促进电子商务、工业互联网和互联网金融健康发展，引导互联网企业拓展国际市场"。自此，引起社会各界的高度重视，必将引领我国经济发展新的潮流。当前，由于内蒙古自治区在地理、气候、能源等方面具有优势，国内、国际很多企业将云计算中心落户内蒙古自治区，因此，内蒙古自治区文化产业的发展要抓住这一有利契机，重点促进以云计算、物联网、大数据等为代表的新兴业态文化产业与现代文化制造业、文化服务业等的融合创新，打造内蒙古自治区经济和文化产业新的增长点，为中小型文化企业、大众文化创业提供良好发展环境，为文化产业高层次、高水平化发展提供支撑。

6. 推进内蒙古自治区文化产业"走出去"战略

文化产业"走出去"战略是指我国文化产品、文化服务、文化资本、文化技术等走出国门参与全球文化市场竞争，参与文化产业经营的发展战略。内蒙古自治区文化产业要得到长足发展，实施"走出去"战略势在必行，只有"走出去"，才能为初级阶段的内蒙古自治区文化产业拓宽市场，创造发展环境，逐步在激烈的国际竞争环境中壮大经济实力。通过向国际市场提供适销对路的文化产品或服务，弘扬中华民族优秀文化，在实现内蒙古自治区文化产业社会效益的同时，实现经济效益最大化。但由于观念、政策和机制等缺乏有效支持，产品创新能力不足，国际化复合型人才严重缺乏等原因，制约了内蒙古自治区文化产业"走出去"战略的实施。2013 年，习近平主席访问中亚和东南亚时提出"一带一路"的战略构想，得到了沿线各国的广泛认同和积极响应，在此基础上提出了建设"中蒙俄经济走廊"等区域合作的战略思想。其核心就是进一步深化沿线区域国家合作共赢，推动沿线各国共同繁荣。这其中蕴含着以经济合作为基础、以人文交流为重要支撑、开放包容的理念。"一带一路"，文化先行，这一战略的实施为内蒙古自治区文化产业"走出去"提供了千载难逢的机遇。因此，内蒙古自治区要审时度势，加强对内蒙古自治区文化产业实施"走出去"战略的环境、目标、实施步骤、路径和保障体系的研究，制定切实可行的行动方案，推动"走出去"战略的实施。

六、内蒙古自治区文化产业发展保障体系

文化产业的发展受多种因素影响，是一个系统工程，需多方介入、共同发力、协同创新。

（一）强化文化产业的组织领导

文化产业作为新兴产业，其发展离不开政府的重视、政策的支持和部门监管。根据当前内蒙古自治区文化产业领导机制中出现的多头领导、政出多门、管理混乱等现状，应建立科学高效、领导有力、沟通便捷的领导体系。建议建立三级文化产业领导管理体系，一是建立自治区级的"文化产业建设委员会"，由内蒙古自治区党委、政府的主要领导担任主席，为第一责任人，各有关部门、各盟市一把手为委员，该委员会直接对内蒙古自治区党委、自治区政府负责，委员会下设独立的办公室，为文化产业发展常设机构。该委员会遵循对文化产业统一领导、统一指挥的原则，全面负责推动全区文化产业发展，制订自治区文化产业发展规划。二是建立区域级"文化产业区域合作盟市盟（市）长联席会议制度"，主要负责贯彻落实自治区文化产业发展规划，对文化产业区域合作实行领导、协调、解决区域文化产业合作中出现、存在的问题。联席会议设置轮值主席 1 名，由合作地区盟（市）长轮流担任，采取定期和不定期两种会议形式。三是成立盟市级"文化产业发展领导小组"，由盟（市）长担任组长，各有关部门一把手任小组成员，部署各盟市文化产业发展的具体内容，配置资源，协调有关部门关系。同时建立盟市"文化产业建设委员会会议"制度，定期开会，解决发展过程中存在的问题和困难，推动盟（市）文化产业管理体制的改革和文化产业的发展。

内蒙古自治区文化产业的发展，还应充分发挥行业协会的作用。行业协会是指介于政府、企业之间，商品生产者与经营者之间，并为其服务、咨询、沟通、监督的公正、自律、协调的社会中介组织。[①] 行业协会是不属于体制内的组织，是政府与企业的桥梁和纽带。2011 年内蒙古自治区文化产业协会成立，除了协助企业进行项目论证、与行政部门及金融机构沟通、推广品牌外，还起到了以下作用：一是充分发挥政府与企业的桥梁作用，向政府传递文化企业需求，协调政府与文化企业之间的关系，同时协助政府制定、宣传、落实文化产业发展规划、产业政策、行政法规和有关法律；二是加强对文化产品和文化服务、文化企业竞

---

① 好搜百科，http://baike.haosou.com/doc/6278619 - 6492069.html.

争以及行业经营作风的监督，维护草原文化形象和品牌，鼓励文化企业公平竞争，打击违法、违规行为；三是与其他省市、地区的行业协会合作，交流、收集、整理、分析国内、国际文化产业发展信息，为战略规划、政策制定提供依据，为文化产业和文化企业发展提出建议；四是发挥文化产业行业协会的社会组织、协调作用，通过举办民族工艺艺术博览会、民族工艺创意大赛、国际民族工艺采博城等活动，培育高端文化消费市场。

（二）加大引进和培育文化产业人才的步伐

内蒙古自治区文化产业发展中人才匮乏的问题，表现得相当突出。内蒙古自治区地处边疆，经济、科技、教育、用人环境等方面先天不足，在人才引进制度、人才培养机制等方面后天发育不良，文化产业专业人才数量不足、质量较低。解决人才问题成为推动文化产业发展的当务之急、重中之重。

内蒙古自治区文化产业专业人才的培育，应建立"引进、送出、聘用、自培、传带"的人才培养机制和体系。"引进"就是建立人才引进机制，制定优惠政策，打破条件限制，对自治区确实需要的文化产业管理人才、营销人才、技术人才，通过高薪、职位、发展及其他政策、方式引进；"送出"是指对于自治区文化产业发展过程中涌现出的骨干人才，不论来自企业、政府还是高校，一视同仁，创造机会，提供资金，送到国内外著名高校、企业中学习、锻炼；"聘用"是指聘请国内外著名的文化产业方面的专家学者，著名文化企业的高层管理、技术人员，到内蒙古自治区的高校、政府、企业兼职或讲学，传授先进经验和理念，传递最新的技术和信息；"自培"就是指充分利用自有文化产业人才培育资源，提供政策、资金保障，支持促进文化企业与本土教育机构联合搭建文化产业人才培养基地，加速培养内蒙古自治区文化产业紧缺人才、专业管理和技术人才、后备人才；"传带"是指在文化产业各领域、各行业中，积极协调，建立制度，以老带新、以强带弱，对管理人才、技术骨干重点支持和培养，培训、帮助、带动年轻的文化产业从业人员、后备力量，提高内蒙古自治区文化产业从业人员的整体素质。

（三）建立健全文化产业投融资体系

内蒙古自治区文化产业还处于起步阶段，无论是文化产业项目、人才培养，还是文化企业发展，都需要资金支持，具体可采取以下措施：

一是设立内蒙古自治区及各盟市文化产业发展专项资金，主要用于培育龙头文化企业和品牌文化企业、扶持重点文化产业项目、推进文化产业园区建设、引导重点产业的培育和形成，专项资金专项使用，应建立和完善专项资金的管理办法、审计办法和使用、考核机制。

二是搭建文化产业投融资平台，设立文化产业投资引导基金。吸收当地骨干文化企业、大型国有企业和金融机构加入，带动社会资本投资文化产业。该基金委托基金管理公司运作、管理，实行市场化运作，在支持地区重点文化产业发展领域、重点文化产业项目、重点文化企业、文化产业园区建设等方面发挥重要作用。积极开展政银合作，鼓励金融机构加大对文化企业的信贷支持。根据文化产业特点，探索建立文化知识产权第三方评估机制，创新金融产品和金融服务，推动金融机构开发多元化、多层次的信贷产品和贷款模式；建立文化产业投融资公共服务平台，发布文化产业投融资最新资讯、文化产业投融资政策法规、产业观察等信息，通过搭载文化产业项目评价系统、文化企业信用评级系统、文化产业保险系统、文化产业担保系统以及文化企业股权融资平台、文化企业债券融资平台、政府文化产业投资基金、文化产业产权交易平台等平台，促进文化产业和金融业结合；支持有发展潜力、效益有保障的文化创意企业通过创业板乃至主板市场上市，充分利用资本市场的资源做大做强上市文化创意企业。

（四）积极培育文化产业市场

1. 建立和完善内蒙古自治区文化产业现代市场机制

政府应充分发挥宏观调控作用，对文化产业的扶持应该从出台相关政策、建立健全法律法规体系、创造好的市场环境等方面着手，减少对文化市场主体的行政性干预，充分发挥市场机制的调节作用；要放宽文化产业准入限制，通过政策调控等手段鼓励社会力量介入文化产业领域；政府应建立健全文化产业监管系统，监控文化产业健康有序地发展，监督文化市场合理合法经营；减少知识产权交易过程中的纠纷，保障和鼓励更多高质量、高层次的创意产品进入市场，促进文化消费；相关执法部门切实加大执法力度，规范文化市场行为，严厉打击有损草原文化形象、坑害消费者利益的违法行为。

2. 大力培育文化消费市场

（1）加快发展大众性文化消费、开发中高端文化消费、培育特色文化消费。兴建适合普通群众的文化消费场所，推动电影院线全区铺开。通过集资、募捐等方式鼓励文艺院团进行文艺下乡等活动。引导民间资本以冠名、赞助、捐助等方式参与兴建文化活动、消费场所。

（2）加强文化消费引导。通过政府购买、免费提供文化服务的方式，刺激群众文化消费欲望，培养公众文化消费意识。积极推行文化惠民和文化低保工程，探索对群众看电影、看戏、看有线电视、购买图书等基本文化消费进行适当补贴让利的方法。

（3）创新文化消费经营模式。适应现代消费特点，积极发展连锁经营、网点直销、一站式服务、电子商务等新模式，进一步把经营渠道延伸到城乡基层，不断活跃群众文化生活。要促进文化消费与商贸、餐饮等的联动发展，建设一批集购物、娱乐、休闲、餐饮于一体的消费综合体。①

---

① 内蒙古自治区党委宣传部调研组．关于做大做强内蒙古自治区文化产业的研究报告［J］．内蒙古自治区宣传思想文化工作，2013（4）：19.

盟市文化产业发展报告

第 二 章

呼伦贝尔市文化产业发展报告

　　呼伦贝尔市地处内蒙古自治区东北部，其以优美的自然风光、深厚的文化底蕴、丰富的民族文化著称于世，是一个不折不扣的文化资源大市，有着发展文化产业的天然优势。经过各级政府几年来的不断努力，呼伦贝尔市文化产业发展取得了不错的成绩。

一、呼伦贝尔市文化产业发展现状

近年来，呼伦贝尔市立足实际，大力实施文化惠民工程，加强民族特色文化的弘扬与传承，加快构建覆盖城乡的公共文化服务网络，着力推进文化事业的繁荣发展。截至 2014 年年底，全市拥有艺术表演团体 12 个，公共图书馆 15 个，群艺馆、文化馆 15 个，博物馆 48 个，国家综合档案馆 14 个；全市拥有广播电视台 13 座，调频转播发射台 65 座，广播覆盖率 97.31%；电视台 1 座，电视发射转播台 54 座，电视覆盖率 98.22%，① 为文化产业的发展奠定了良好的基础。

在市委市政府的高度重视、引导以及文化事业自身发展的带动下，呼伦贝尔市文化产业发展迅速，虽然整个产业起步较晚，但已初具规模，部分领域已取得突出进展。

（一）文化旅游业发展势头良好

呼伦贝尔市地处大兴安岭西段，少数民族众多，生态环境良好，自然风景迷人，具有无与伦比的文化旅游资源优势。呼伦贝尔有 8 万平方千米广袤的大草原，草原草质好、观赏性强，2005 年被《中国国家地理》杂志评为中国最美草原。森林覆盖率高达 49%，面积为 12 万平方千米，约占全市土地总面积的 50%，占自治区林地总面积的 83.7%。森林活立木总蓄积量 9.5 亿立方米，占自治区的 93.6%，占全国的 9.5%。此外，呼伦贝尔有呼伦湖、贝尔湖以及 3000 多条河流，水资源异常丰富，湖、河景观迷人。除了质量上乘的自然景观，呼伦贝尔的民族文化也异常丰富，且特色鲜明，极具开发价值。呼伦贝尔市自古以来就是少数民族的摇篮，匈奴、鲜卑、回纥、突厥、黠戛斯、契丹、女真等古代少数民族都曾在这里繁衍生息，直到今日，境内仍生活着 32 个少数民族。由于呼伦贝尔市是蒙古族的发源地、"三少"民族（鄂伦春、鄂温克、达斡尔）聚集地，拥有全国唯一一个俄罗斯民族乡，其民族文化丰富多彩且特色突出。特别值得一提的是，"三少"民族和俄罗斯族以及巴尔虎、布里亚特、额鲁特蒙古人在服饰、节日、歌舞、手工艺品方面是呼伦贝尔市所独有的，极具吸引力。在这样的资源基础上，形成了由大草原、大森林、大水域、大冰雪、大口岸、大民俗、大空调、大氧吧共同组成的呼伦贝尔大旅游。

在旅游文化资源的开发打造上，呼伦贝尔市科学规划文化旅游核心区域建设，赋予旅游项目以民族文化内涵。以"民族风情"和"草原生态"为主题，

---

① 中国统计信息网. 呼伦贝尔市 2014 年国民经济和社会发展统计公报. http://www.tjcn.org/tjgb/201504/28168_ 2. html.

推出了巴尔虎草原观光牧场、达翰尔民俗风情园等文化旅游产品，启动了哈萨尔斜拉桥、呼伦贝尔古城等十大标志性建筑工程，实施了嘎仙洞景区、敖鲁古雅部落、宝格德乌拉山等民族文化旅游项目，完善了诺门罕战争遗址、东北抗联英雄纪念园等红色旅游项目，推出了以少数民族家庭游为重点的"五彩呼伦贝尔民俗体验主题游"精品线路和蒙元历史与文化发祥地为主线的"蒙古之源"寻根游与出行游等特色线路，形成了全国重要旅游目的地，荣膺"中国最佳民族风情魅力城市"等称号。

正是由于有着如此丰富的文化旅游资源，呼伦贝尔市的文化旅游发展风生水起，如火如荼，在整个文化产业发展中处于领先地位。现已初步形成以草原、森林、湖泊、冰雪为自然主题和以民俗历史文化为人文主题的特色品牌。2014年全年共接待旅游者1293.53万人次，比2013年增长13.4%。其中，入境旅游者65.69万人次，比2013年增长2.1%；国内旅游者1227.84万人次，增长14.1%；旅游业总收入364.17亿元，增长30.6%。[①]

（二）文艺演出业特色鲜明

为活跃旅游、推广文化、繁荣经济，近年来，呼伦贝尔市有艺术表演团体10余个，依靠地方财政倾力打造了原生态儿童合唱《五彩呼伦贝尔》，大型实景演出《天骄·成吉思汗》，大型历史话剧《拓跋鲜卑》、《蒙古古乐》，大型名族歌舞集《呼伦贝尔大雪原》（由《冬日的草原》、《森林的世界》、《温暖的家园》、《尾声》四个篇章组成）等文化名片。涌现出一批经久不衰的文化精品，相继推出了北方少数民族舞蹈集《寻梦呼伦贝尔》，歌舞晚会《崛起呼伦贝尔》，话剧《牛玉儒和他的亲人们》，原生态歌舞剧《敖鲁古雅》、《神奇的达翰尔》、《天鹅巴尔虎》等精品力作。此外，引进了朝鲜、俄罗斯、蒙古、北欧等国家和地区的演出团体进行商演。这些无疑对繁荣文化市场、丰富居民文化生活起到了积极的作用。

（三）大型文化项目建设发展迅速

文化园区的建设对于整个文化产业的发展带动，对于传播文化、繁荣经济、提高知名度等方面具有至关重要的作用。近年来，呼伦贝尔市启动了多个文化园区建设项目，投资巨大，特色鲜明，正在逐步形成呼伦贝尔市又一批标志性的文化名片。有投资过亿元的呼伦贝尔马文化创意产业园区、呼伦贝尔民族文化园（现为"两河圣山"旅游区），投资达10亿元的中俄蒙文化创意产业园、呼伦贝

---

① 中国统计信息网. 呼伦贝尔市2014年国民经济和社会发展统计公报. http://www.tjcn.org/tjgb/201504/28168_2.html.

尔蒙古之源·蒙兀室韦民族文化园、呼伦贝尔文化创意产业园区、拓跋鲜卑民族文化园区、白音哈达高端旅游景区、达斡尔民族文化园区、巴彦呼硕文化旅游景区、凤凰山旅游景区、扎兰屯市成吉思汗文化旅游区、扎兰屯市中东铁路文化风情街（园区）、扎兰屯市民间艺术文化风情街（园区）、扎兰屯市根艺苑文化园、阿荣旗抗日联军英雄园等。

此外，为加快文化产业发展，促进文化体制机制改革创新，2014年，呼伦贝尔市充分结合中央及自治区文化产业政策要求，积极申请文化产业项目4个，得到上级文化产业发展补助资金1020万元，其中，文化创意产业基地及产业化开发综合服务平台项目400万元，阿荣旗民间手工艺品传承与推广项目500万元，鄂伦春族桦树皮手工艺品项目40万元，网络修学、游戏和营销一体化软件开发项目80万元，有力地支持了本市文化企业做大做强，不断增强市场竞争力和影响力，对全市文化产业发展和文化竞争力提升起到推动作用。

除了这些静态的文化建设项目外，呼伦贝尔市每年还要举办30余次的文化节庆活动，这些活动都是各民族留下来的文化精品，如蒙古族的那达慕、鄂温克族的瑟宾节、鄂伦春族的篝火节、达斡尔族的斡包节、俄罗斯族的巴斯克节，等等。在此基础上，经过专家的整合梳理，创造性地开展了"春季兴安杜鹃节、夏季成吉思汗草原旅游节、秋季森林文化节、冬季冰雪风情节"四大主题节庆活动。

（四）文化艺术工艺品产业循序渐进

传统手工技艺具有地域性、异质性和多样性等特点，既是一个地区或民族的文化象征，也是人类文化多样性的重要表现。近些年来，呼伦贝尔市民族文化工艺品和旅游纪念品制造业取得了长足进展，这无疑对民族传统手工技艺和民族文化遗产的传承，对民族文化精髓的挖掘和弘扬起到了不可估量的作用。呼伦贝尔市民族工艺品和旅游纪念品在创新研发中，不再仅仅是原来的民族符号的简单运用，而是能够抓住民族精神和文化的实质，充分体现民族旅游纪念品的神、形、气、意、韵的完美结合；不仅有浓厚的北方风情，也融合了当地蒙古族、鄂温克族、鄂伦春族、达斡尔族、俄罗斯族等少数民族以及邻邦俄罗斯、蒙古国的元素，极具特色。

当前，呼伦贝尔市民族文化工艺品和旅游纪念品制作业已经具备一定规模，具有一定市场影响力。据不完全统计，呼伦贝尔市现有民族文化工艺品、旅游纪念品制作企业300多家，形成了以桦树皮制品、牛角制品、鹿皮制品、民族乐器等为代表的民族文化工艺品和旅游纪念品体系。特别是2014年呼伦贝尔旅游商品研发基地成立，并纳入旅游线路给予推广，将呼伦贝尔市民族工艺品及旅游纪念品制造业推向新的高度。呼伦贝尔创业园旅游纪念品研发基地占地面积 2000 平方米，是集工艺品研发加工、生产销售、学习研讨、人才交流、制作体验、旅游休闲于一体的蒙古文化产业基地。内蒙古自治区旅游局局长魏国楠到呼伦贝尔创业园旅游纪念品研发基地调研指导时表示，"呼伦贝尔旅游产品开发起步早、起点高、前景好，旅游企业发展意识强，产业发展后劲足，要发挥好的经验和做法，不断推动呼伦贝尔市购物旅游更好更快发展"。在 2014 年 9 月第三届北京国际旅游商品展览会上，呼伦贝尔市旅游商品研发基地签下了近 30 万元的订单。

呼伦贝尔民族文化工艺品及旅游纪念品曾经取得了骄人荣誉：2010 年，呼伦贝尔市桦树皮制作技艺、莫旗哈尼卡、鄂伦春狍皮制作技艺等参加中国非物质文化遗产博览会，获 2 个银奖、1 个铜奖；2008 年 8 月，根河市于黎参加北京奥运会和残奥会"祥云小屋"展示活动，现场制作桦树皮制品，将敖鲁古雅鄂温克民族文化展示给八方宾客；2009 年 2 月，于黎和莫旗苏梅参加"中国非物质文化遗产传统技艺大展"，她们以传统技艺制作的 7 件桦树皮作品、11 件达斡尔族哈尼卡被中国非物质文化遗产中心收藏；2007 年，呼伦贝尔市参展第三届中国西部（呼和浩特）文化产业博览会，共展出民族服饰近 100 件，民族手工艺品、旅游纪念品 400 余件，呼伦贝尔市代表团荣获"最佳设计奖"和"优秀组织奖"，特有的文化产业资源和独具特色的展览形式得到了《魅力中国》、《身边故事》、内蒙古日报社、民族画报社等多家中央和自治区新闻媒体的关注和报道。①

二、呼伦贝尔市文化产业发展中存在的问题

众所周知，呼伦贝尔市文化底蕴极其深厚，具有发展文化产业极佳的资源优势。然而，受制于观念、资金、政策、技术、人才等条件，开发挖掘得并不理想，很多有价值的文化资源没有得到很好的保护和开发利用。

（一）文化资源有效利用不够

首先，对历史、民族文化资源开发力度不够。呼伦贝尔因草原而闻名于世，因此提到呼伦贝尔，人们第一时间想到的就是呼伦贝尔大草原。实际上，除了大草原，呼伦贝尔还有很多底蕴深厚、魅力独特的文化资源值得人们去游览、了解和品味。

呼伦贝尔有着极其丰富的历史文化资源，因其历史悠久，民族历史文化深

① 柴国军，张智荣.内蒙古自治区文化产业发展报告［M］.北京：经济管理出版社，2014.

厚，而被史学家誉为"幽静的历史后院"和"北方狩猎游牧民族的摇篮"。早在一万多年前，扎赉诺尔人就在呼伦湖一带繁衍生息，为呼伦贝尔创造了远古文明，此后，在这里先后出现了东胡、匈奴、鲜卑、室韦、契丹、女真、蒙古等十几个游牧部族，因此，留下了极为丰富的历史文化遗存。如蘑菇山旧石器、哈克文化、嘎仙洞鲜卑旧墟石室、谢尔塔拉室韦古墓群、辽金古城、黑山头古城、金界壕等1263处遗址遗迹。除了历史遗址遗迹外，今天的呼伦贝尔市还居住着巴尔虎、布里亚特、厄鲁特蒙古族，以及达斡尔族、鄂温克族、鄂伦春族、俄罗斯族等42个民族，多元化的民族结构，使呼伦贝尔呈现出特色鲜明、丰富多元的民族文化，在饮食、起居、服饰、歌舞、宗教、节庆、民间艺术、民间传说、生活习惯、风土人情、思维方式等众多方面呈现出浓郁的民族特色，构成极大的吸引力。

然而，从呼伦贝尔文化产业发展的现状来看，虽然对众多历史文化遗址遗迹进行了保护、开发，建造了诸如呼伦贝尔马文化创意产业园区、呼伦贝尔民族文化园、中俄蒙文化创意产业园、呼伦贝尔蒙古之源·蒙兀室韦民族文化园、拓跋鲜卑民族文化园区、达斡尔民族文化园区、扎兰屯市成吉思汗文化旅游区、阿荣旗抗日联军英雄园等，同时还对民族工艺品等做了开发、制造，但其对历史文化及民族文化的发掘并不深刻，在国内外的知名度并不高。

其次，对自然文化资源挖掘还需进一步深化。呼伦贝尔草原水草丰美，是世界上天然草原保存最好、保留面积最大的草原之一，也是中国最美草原之一。大草原已经成了呼伦贝尔最具代表性的名片。除此之外，呼伦贝尔拥有占全自治区森林总面积83.7%的森林资源，拥有3000多条河流、500多个湖泊的水域资源。呼伦贝尔地处北纬47°～53°，属寒温带和中温带大陆性季风气候，冬季寒冷漫长，形成平均积雪覆盖期为150余天、年均降雪30多毫米的"长冬厚雪"地域特点，成为中国降雪时间最早、留存时间最长的地区，因此具有内蒙古自治区独一无二的冰雪资源。

虽然呼伦贝尔拥有海拉尔国家森林公园、达尔滨湖国家森林公园、红花尔基森林公园、凤凰山庄森林度假旅游区、莫尔道嘎国家森林公园度假旅游区等知名森林景区，有驰名中外的呼伦湖旅游景区，有呼伦贝尔冰雪那达慕、呼伦湖冬捕节冰雪开发项目，但是，森林、水域、冰雪知名度并不高，开发利用不够深入，利用效益较为有限。

最后，呼伦贝尔市地处祖国北疆，与俄罗斯、蒙古国接壤，是我国唯一一个中俄蒙三国交界地区，拥有1723千米的边境线，有8个国家级一类、二类通商口岸，其中满洲里口岸是中国最大的陆路口岸。虽然呼伦贝尔拥有如此丰富的口岸资源，但其口岸文化资源的挖掘并不深入，没有实现完全的品牌效应。一直以来，呼伦贝尔市致力于打造大草原、大森林、大水域、大冰雪、大口岸、大民俗、大空调、大氧吧等地区品牌，但由于挖掘不够，宣传不足，外界对呼伦贝尔更多的优势知之甚少。因此，呼伦贝尔市文化产业还有很大的发展空间，还有很长的路要走。

（二）缺少具有一定影响力和行业领导力的龙头企业

通过调研，我们发现呼伦贝尔市与其他盟市存在相类似的情况——文化企业多、小、弱，缺乏专业性强、具有足够市场竞争力的龙头企业。2014 年，由文化部文化产业司指导编印了《2014 中国文化产业重点项目手册》，收录了文化部文化产业司从国家文化产业项目服务平台甄选出的 1100 多个文化内涵深、精品化程度高的项目。其中，呼伦贝尔市有三个项目入选，分别是呼伦贝尔中俄蒙文化置业发展有限公司的呼伦贝尔中俄蒙文化创意产业园建设项目、根河市敖鲁古雅旅游开发管理有限责任公司的敖鲁古雅鄂温克使鹿文化园、呼伦贝尔吉祥伊兰民族文化传播有限责任公司的呼伦贝尔三少民族服饰与民族旅游纪念品开发项目。至此，这三个在行业中遥遥领先，具有一定发展潜力的文化企业跃入大家眼帘。在其他的大量文化企业中，成规模、有实力的企业并不多见。

（三）文化产业专业人才匮乏，制约行业发展

呼伦贝尔市文化产业发展与自治区其他盟市相比已经位于前列，但与区外其他地区，特别是发达地区相比还有很大的差距。虽然在文化旅游、文化会展、演艺娱乐、工艺美术、印刷复制等传统文化产业方面已经取得了一定的发展业绩，但在创意设计、文化科技、音乐制作、艺术创作、广告传媒、数字广播电影电视、体育健身、休闲养生等新兴业态的文化产业领域发展不足。究其原因，既有观念认识问题，也有技术、人才问题，但最主要是缺少专业人才。人才的短缺，限制了对市场的把握，更限制了新兴业态文化企业的发展，从而缺少市场竞争力。

（四）资金来源单一，没有形成结构合理的融资体系

当前，呼伦贝尔文化产业发展融资渠道不畅，资金来源单一，很多重点企业以及重大文化产业项目都是靠政府财政投入经费支持，缺少其他资金渠道，从而出现了建设资金短缺、发展进程缓慢的现实状况。

三、呼伦贝尔市文化产业发展对策及建议

针对上述情况，今后应该加大文化挖掘力度，使更多的优质资源得到良好的

保护和开发，加强市场主体建设，积极培育龙头企业，拓展融资渠道，强化文化"走出去"战略，从而推动全市文化产业和经济发展。

（一）深度整合文化资源，发掘文化资源的经济价值

首先，各级政府要提高认识，加大投入，加强相应的基础设施建设。

其次，聘请专家、学者和研究团队进行科学设计，研究"大草原"以外的"大森林"、"大水域"、"大民俗"、"大口岸"、"大氧吧"等整合资源，拓展发展空间，从而提高知名度和吸引力，推动呼伦贝尔市经济社会快速发展。

最后，要引进和培养专业人才。对于有经验、懂专业、善经营、会管理的高端人才以及擅长高新技术、会设计、懂操作的实践性人才，要实施人才引进战略，用优质的工作环境和优厚的福利待遇使之安心工作。此外，还要利用本地和国内外高校，如呼伦贝尔学院、其他职业学校等教育资源，设置相关专业，培养相关人才，为文化产业发展提供智力支持和人才输入，从而深入发掘现有文化资源，推进文化产业发展进步。做好调查研究工作，向文化产业发达地区借鉴经验，同时引入先进文化开发理念和技术，促进文化资源的深层次开发。此外，引进发达地区成功项目，邀请有经验、有实力、精通文化挖掘、善于文化开发的文化开发公司入驻呼伦贝尔市或设置分公司，从而推动深层文化挖掘工作。

（二）大力集中资源与力量

当前，呼伦贝尔市文化企业处于小、弱、零、散的状态，缺少能够保障产业顺利发展、促进产业发展进步的骨干企业，更缺乏具有足够的市场竞争力，能够引领众多文化企业、能够进行行业研发、创新的龙头企业。对此，需要采取针对性措施优化文化产业整体企业构成结构：打造几个在全区乃至全国都具有一定影响力的龙头企业；培养一批稳定文化市场，推动产业发展的骨干企业；形成一个既富有朝气和活力，又"专、精、特、新"的文化企业群。

首先，整合一批性质相同、业务接近的大型文化企业，形成大型文化企业集团，从而起到引领、示范、带动作用。例如电视台、广播电台整合成为广播影视集团，整合成立报业集团、演艺集团等龙头企业。其次，继续优化组合，选择一些具有一定经济实力，经营较好，技术、人才兼备的企业予以重点扶持，建设成为一批基础扎实、实力雄厚、善于经营、管理科学，能进一步做强做大的骨干企业。力争在影视、出版、演艺娱乐、体育健身、工艺美术等领域着力发展大型骨干文化企业，以培育一批销售收入超过5000万元的文化企业为目标。坚持集团化、专业化与多元化并举，到"十三五"的头两年，争取一批有实力的文化企业，使之综合实力进入全市文化企业的前列。每个旗市区培育形成2个以上有较

强实力的国有和民营文化企业，成为各地区发展文化产业的主力军。

培育骨干企业和龙头企业关键是政策支持和良好的发展环境。在政策支持方面，需要给予企业以投融资、税收、土地、技术、宣传等优惠；在发展环境方面，需要营造良好的市场环境，建议发挥工商职能作用，加大对经济违法案件查处力度，努力维护良好的市场经济秩序，为文化产业发展铺平道路。同时积极构建统一开放、竞争有序的现代文化市场体系，加强文化知识产权保护，加大商标的行政执法力度。①

（三）提高文化产业市场化程度

当前，呼伦贝尔市对文化产品的消费需求逐渐增强，可消费的文化产品也在逐渐增多，文化市场在不断发展壮大。然而，呼伦贝尔市的文化产业主要依靠政府规划、引导和投入，产业对政府依赖性强，市场化程度较低，政府管制过多。我们知道，真正的文化市场主体是企业而不是政府，因此，文化产业市场化程度的提高必将伴随着政策主导作用的减弱，而政策主导作用的减弱也是为各种所有制形式的资本提供进入和发展的空间。真正的市场化是要通过市场的有序竞争锻造出好的产品和好的企业，实现资源的有效配置。因此，呼伦贝尔市政府在继续给予文化产业以政策支持的同时，应该逐渐地减少参与，逐渐地转换角色，逐渐地将产业交还给市场。也就是说，政府今后要做的主要工作仅仅是搭建好一个公平、公正、公开的平台，维护好市场秩序，做好监督管理，让文化产品脱离狭隘的文化保护主义，实现自由、有序竞争，而不是介入产业实施全面管控。政府的过多参与和介入，不符合市场的发展规律，不仅会抑制文化产业的发展，也终将无法满足社会正常的文化消费需求，所以政府必须逐步转变角色，退出市场。需要说明的是，呼伦贝尔市文化市场还没有形成完整的产业链，全面市场化还不现实，还需要政府适度参与，然后交由市场进行主导。

（四）完善人才引进机制，加快人才队伍建设

高素质的专业人才是呼伦贝尔市文化产业发展壮大的关键。从目前来看，呼伦贝尔市文化产业在传统文化领域开发、利用相对较好，初见成效，但在文化的深层次挖掘方面，还有欠缺。因此，在传统文化资源的开发利用上，需要再接再厉，需要引进和培养一批深谙文化资源内涵，并能熟练掌握现代信息技术，具备足够的创意设计能力的高素质的专业人才，从而能够深入挖掘传统文化内涵，并将其与现代高新科技相结合，打造出体现地方民族文化精神的文化创意产品，并

---

① 王巧英，刘小臻．基于因子分析的内蒙古自治区各盟市文化产业发展的综合评价［J］．现代计算机，2012（11）：13－16．

通过文化资源经济价值的实现来反哺资源的保护和传承。另外，在创意设计、文化科技、音乐制作、艺术创作、广告传媒、数字广播电影电视、体育健身、休闲养生等新兴业态的文化产业领域中加大人才引进和培养力度，推动高新文化产业发展。

人才引进与培养需要建立如下科学、有效的人才引进与培养机制：第一，要不断完善人才引进和培养政策，加大对人才住房、子女入学、配偶工作、医疗等保障性工作的支持。建议有关部门安排专项资金，建立人才引进资金，用于引进人才的补助和奖励以及学术方面的支持。第二，要认真贯彻落实已有政策，加大政策的兑现力度，提高政策的公信力，从而调动人才的工作积极性。第三，实施企业与高校、职校合作机制，坚持以企业为主体，高校、职校为基础，学校教育与企业培养紧密联系的高技能人才培养培训体系。充分利用呼伦贝尔市高校、职校的师资力量和教学设施，创新教学模式，设置相关专业，灵活安排教学和培训内容，探索"工学结合、半工半读"的培养模式，开展"订单式"培训，推进校企合作，提高培养水平。第四，大力实施回归工程，吸引呼伦贝尔在外人才回乡就业、创业。当前，呼伦贝尔市在外就读和就业的人很多，可以通过宣传、介绍吸引呼伦贝尔人回乡参与家乡建设，充分发挥所有呼伦贝尔人的资本和聪明才智，推动文化产业发展进步。第五，通过表彰激励的办法，促进人才流动。重视对人才的表彰激励，在安排各项荣誉时优先向企业人才倾斜，增加荣誉表彰的"含金量"，加强新闻媒体对优秀企业人才的宣传，逐步形成有利于人才向企业集聚的环境。第六，进一步拓宽渠道，建立高质量的人才引进机制，完善招聘制度和程序，采取灵活多样的形式。除了直接调入之外，可以尝试采取"不求所有，但求所用"的柔性引才机制，如临时聘用、短期借用、客座、长期挂钩联系或其他兼职形式，从而利用其他行业内的"人脉"和"资源"，加快人才、技术、管理等的引进。总之，通过各种措施促进优秀人才的引进与培养，努力打造一支总量适度、结构合理、敬业、稳定、专业、创新能力强、行业技能高的高素质人才队伍。

（五）完善融资体系，化解资金"瓶颈"

资金短缺、融资乏力是制约呼伦贝尔市文化产业发展的主要因素之一。因此，呼伦贝尔市要积极采取有效措施，做好文化产业发展的投融资工作。发展文化产业仅靠政府投资是不现实的，需要建立一个多元化、多层次、多渠道的文化产业投融资体系，扩展投融资渠道，解决文化产业发展的资金缺口。首先，积极推进文化产业与银行业深度合作，鼓励银行类金融机构积极开发适合文化产业的信贷产品，加大文化产业信贷投放。当前的实际情况是，呼伦贝尔市文化企业普遍存在规模小、固定资产少、赢利方式不确定等特点，而国家对于人力资源、著作权、版权等无形资产的评估又缺少统一标准，因此银行业更多地重视企业规模和有形资产，对投资文化企业积极性不高。为了解决这一难题，急需建立完善的文化资产价值评估体系，促进文化产业与银行业实现深度合作。其次，积极鼓励和吸引各类社会资本和个人投资文化产业，培育文化产业领域战略投资者。在吸引社会资金方面，需要解放思想，放宽限制，引导社会资本以多种形式投资文化产业。最后，鼓励保险机构推出文化产业投资保险业务，推动文化产业保险市场建设，创新文化产业保险产品和服务方式，减少投资方的投资风险，解决他们的后顾之忧，调动投资热情。与此同时，也要为文化企业提供专业化、综合性的投融资服务，探索创新文化产业担保方式，建立多层次文化企业投融资风险分担和补偿机制。

（六）引入智慧旅游理念，做大做强文化旅游业

文化旅游业在呼伦贝尔市文化产业市场中占据着非常重要的地位，属于文化领域中发展较为成功的传统文化业态。虽然如此，其仍存在较大的发展空间。第一，结合现有自然和文化旅游资源，打造除大草原以外的大森林、大水域、大冰雪、大口岸、大民俗等旅游品牌形象，进一步提高呼伦贝尔文化旅游的知名度与美誉度。第二，为了适应现代旅游业的发展形势，推进旅游信息化与旅游产业化的融合，引入智慧旅游理念，创新旅游信息传播方式，运用网络把涉及旅游的各个要素联系起来，切实发挥信息网络化工作对旅游经济发展的推进作用，不断为游客提供智慧化的旅游服务。智慧旅游是旅游业发展的大势所趋，呼伦贝尔市文化旅游要实现精益化发展，必须推出智慧旅游服务，要不断加强网站建设，发挥网络宣传作用；利用微信、微博、QQ等即时通信平台推介旅游资源，及时主动发布旅游资讯，提供吃、住、行、游、购、娱等服务指南，并针对网上热点，与网民沟通释疑，努力打造集信息发布、民意沟通、舆论引导于一体的网络问政渠道；充分利用现代科技手段在旅游业中的应用，大力打造完全智能化的智慧旅游景区，提升游客的旅游经历，延长游客的游览时间。

总之，呼伦贝尔市文化旅游需要在今后的发展中实施精益化的经营管理，需要通过科技和人才战略，打造集成程度高、综合效益好的可持续发展模式，通过文化的深入挖掘和高新技术的运用增加文化旅游产品的附加值，克服单纯依赖游客观光旅游的单一消费"瓶颈"，最终实现对整个文化产业的示范和带动作用。

（七）扩大文化产品和服务对外贸易，加强与周边国家合作

呼伦贝尔市地处祖国北疆，北部和西北部以额尔古纳河为界与俄罗斯接壤，西部和西南部同蒙古国交界。边境线总长1723.82千米，其中中俄边界1048千米（不含未定界部分），中蒙边界675.82千米。良好的地理区位对于开展对外贸易、发展国际合作有着天然的优势。

因此，呼伦贝尔市可以另辟蹊径，积极贯彻国家"一带一路"战略，深度参与"中俄蒙经济走廊"建设，实施文化"走出去"战略，主动打造中俄蒙经济合作机制，积极开展国际文化合作和市场开发，通过对外文化贸易和国际合作推动文化产业的发展和壮大。第一，大力扶持具有国际竞争力的外向型文化企业，通过一系列的导向性政策，鼓励其对外进行文化产品输出，支持他们参加境外艺术节、图书展、文化遗产展等国际文化活动和展会，支持开展境外舞台艺术精品演出、非物质文化遗产展示等活动，鼓励演艺团队走出去，拓展呼伦贝尔市文化产品和服务贸易出口。第二，了解国际市场的文化需求，找准彼此文化的契合点，有针对性地研发出口文化产品，通过对外文化产品和服务贸易来拓宽文化市场的容积率，推动呼伦贝尔市文化产业快速发展。第三，通过举办和参加一系列的文化交流论坛、文化展览、文化产品出口等活动，增加中俄蒙之间的文化了解与交流，从而为文化"走出去"与"请进来"做好充足准备。第四，建立交流合作平台的长效机制，通过建设中俄蒙文化交流培训中心、文化产业人才培养基地，扩大中俄蒙在文化领域的交流合作，扩大与俄蒙的文化交往与投资贸易，通过努力，逐步使呼伦贝尔市成为对俄蒙文化产业交流合作中心。第五，继续发挥呼伦贝尔市文化旅游的发展优势，借助于近年来中俄两国间互办旅游年，两国之间进行旅游业深层合作的大好机会，以旅游业作为龙头和抓手实施外向型发展战略，逐步将旅游产品以外的其他文化产品推向国际市场，并将交流合作和文化产品贸易领域扩展到俄蒙以外的其他国际领域，真正实现呼伦贝尔市文化产业国际化发展。

总而言之，呼伦贝尔市文化产业发展的条件比较优越、现有基础较好，其发展已经排在自治区各盟市的前列。今后要继续发挥以往的经验和优势，加大政府的扶持力度，大胆引进优秀人才、先进技术，坚持国际化发展理念，逐步将文化产业做强做大。

第 三 章

通辽市文化产业发展报告

　　近年来，通辽市树立了"文化强市"的发展理念，把发展文化产业作为全面提高通辽市核心竞争力，推动地区经济社会科学发展的战略之一加以引导和扶持，目前已收到良好的效果，形成了蓬勃的发展态势。

一、通辽市文化产业发展现状

近年来，通辽市经济发展态势较好，增速较快。2014 年，在全国市场需求不足、经济下行压力加大等严峻复杂的经济形势下，全年完成地区生产总值（GDP）1886.80 亿元，按可比价格计算，比 2013 年增长 8.6%，增速高于全区 0.8 个百分点。在良好的经济发展形势下，通辽市文化事业和文化产业继续快速发展，取得了喜人成绩。截至 2014 年，通辽市全市有艺术事业研究所 2 个，文化馆 9 个，博物馆 5 个，城市电影院 3 个，图书馆 9 个，图书馆藏书 100.27 万册。艺术表演团体 9 个，艺术团体共演出 1427 场（次），观众达 80.43 万人次。全市有线广播电视台 7 座，乡广播电视站 74 个，通电视的村 2127 个，调频台 42 座。无线广播电台 1 座，广播节目 4 套，广播节目综合人口覆盖率 99.17%。电视节目综合人口覆盖率 98.67%，比 2013 年提高 0.12 个百分点。有线电视入户率为 53.1%，比 2013 年提高 10.1 个百分点。①

据不完全统计，2014 年全市文化产业增加值实现 17.06 亿元，占 GDP 比重 0.95%。全市文化产业企业（经营户）达 4300 家，从业人员 16000 人。近年来，通辽市先后兴建了科尔沁博物馆、科尔沁体育中心、通辽职业艺术学院、辽河大剧院、12 个特色博物馆以及孝庄河景观带、科尔沁历史文化长廊、森林公园等文化景观项目。各旗县市区均完成了综合文化楼、宣传文化中心的建设任务，建成苏木镇综合文化站 77 个，草原书屋 1082 家，公共文化服务能力显著增强。此外，该市还建设了通辽市文化产业项目库，储备了阿古拉文化旅游、哈民遗址公园、中华麦饭石公共服务平台等近百个文化产业项目。②

（一）政府重视程度高，政策跟进速度快

一直以来，通辽市市委市政府高度重视文化产业的发展，于 2004 年适时提出了建设科尔沁文化大市的发展战略，成立了科尔沁文化大市建设领导小组和专家委员会，相继制定出台了《通辽市 2004～2010 年科尔沁文化大市建设发展纲要》、《通辽市旅游发展总体规划》、《通辽市文化产业发展"十二五"规划》、《2014 年通辽创建文化旅游名城行动计划》等政策性文件。这些政策性文件为通辽市文化产业的发展确定了发展目标，扫清了障碍，各级政府、各部门和社会各界对文化产业的认知、关注程度不断提高，全市逐步形成了有利于文化产业发展

---

① 通辽市统计局.2014 年通辽市国民经济和社会发展统计公报.http：//www.tltj.gov.cn/.
② 文化产业如何发展，通辽市文化企业达 4300 家，网易内蒙古自治区，http：//hhht.news.163.com/15/0410/16/.

的良好氛围，对于文化产业发展的引导，调整和优化文化产业发展布局，促进文化产业依托区域性文化资源特色化、规模化、品牌化发展等方面都起到了至关重要的作用。

（二）文化产业发展格局初具规模

据统计，通辽市文化产业拥有九大类 4000 多家经营单位，包含新闻出版发行服务、广播电视电影服务、文化艺术服务、文化信息传输服务、文化创意和设计服务、文化休闲娱乐、工艺美术的生产、文化产品生产的辅助生产、文化用品的生产。缺项类为文化专用设备的生产。[①] 产业增加值逐年递增，2014 年全市文化产业增加值实现 17.06 亿元，占 GDP 比重 0.95%。整个产业呈现出良好的发展态势。

（三）产业内部亮点不断

1. 文化与旅游融合发展成效显著

近年来，通辽市文化旅游业得到了长足发展。由于政府对文化旅游业的重视，文化旅游基础设施不断完善，文化旅游产品和服务质量不断提升，文化旅游知名度与美誉度不断提高，接待游客数量、旅游收入在逐年攀升。2014 年全年旅游总收入 150.08 亿元，同比增长 25.1%。接待国内外旅游者 630.10 万人次，同比增长 26.0%；其中，接待入境旅游者 2.4 万人次。国际旅游外汇收入 1901.63 万美元，国内旅游收入 148.88 亿元。现有 A 级景区 23 家，3A 级景区达到 10 家，4A 级景区 4 家；有星级饭店 31 家。[②] 通辽市旅游业经过多年的培育发展，成功地将草原、民族、寺庙等文化元素融入其中，实现了文化与旅游的完美结合，加快了文化旅游产业的发展。孝庄园文化旅游区、后旗大青沟、扎旗山地草原、奈曼宝古图沙漠文化旅游项目、库伦银沙湾文化旅游景区、开鲁县古榆园等一批园区都秉承文化与旅游融合发展理念，已逐步显现其融合发展态势。尤其是通过举办集文化娱乐、经贸洽谈、旅游观光为一体的群众节庆文化活动，如库伦宗教文化旅游节、科尔沁艺术节、奈曼国际沙漠文化旅游节、"8·18"哲里木赛马节、霍林郭勒草原婚礼节、科尔沁·库伦沙漠越野群英会等，在繁荣了文化旅游业的同时，也在很大程度上带动了其他相关产业的发展。

2. 公共文化体系建设日臻完善

近年来，通辽市建成了一批标准较高的博物馆、美术馆、图书馆、文化馆，

---

① 关于通辽市文化产业发展情况的调查报告. 中国人民政治协商会议通辽市委员会官网，http://www.tlcppcc.gov.cn/.

② 通辽市统计局. 2014 年通辽市国民经济和社会发展统计公报. http://www.tltj.gov.cn/.

其中博物馆5个，美术馆1个，图书馆9个，文化馆9个，全部免费对公众开放。全市有县广播电视台7座，乡广播电视站74个，通电视的村2127个，调频台42座。无线广播电台1座，广播节目4套，广播节目综合人口覆盖率99.17%。电视节目综合人口覆盖率98.67%。此外，初步形成了覆盖市、县、乡、村四级公共文化服务阵地网络，建成苏木镇综合文化站77个，草原书屋1082家，公共文化服务能力显著增强。

3. 文化娱乐休闲业发展迅速

随着通辽市经济的快速发展以及居民生活水平的提高，人们的文化娱乐休闲需求日渐旺盛，从而促进了通辽市文化娱乐休闲业的快速发展。经过近几年的发展，通辽市歌舞、休闲、游戏、健身及综合类经营娱乐业的数量、规模增长迅速，形成了多门类、多层次、多投资主体的文化娱乐市场，在满足了居民文化娱乐需求的同时，也为社会提供了大量的就业岗位，一定程度上缓解了社会就业压力。

4. 重点文化产业项目建设有很大突破

文化产业的发展不能搞"一刀切"，需要通盘考虑，整体规划，重点突出。对于一些具有地方特色、可操作性强、影响力和知名度高、经济效益相对较好、容易形成品牌效应或容易实现精品策略的项目要重点打造，从而起到带动和示范作用。近几年来，通辽市重点项目推进速度较快。

（1）通辽市民族歌舞团已与浙江美盛集团合作，注册成立了内蒙古自治区来盛演艺有限公司，发展成为通辽市演艺业的领军企业，全力开发我市科尔沁特色民族舞台艺术资源。

（2）三大文化旅游区并驾齐驱。孝庄园文化旅游区，计划投资3.2亿元，总规划面积8900亩，由十大景点组成。该项目将成为国家5A级旅游景区和历史文化题材影视拍摄基地，是通辽市着眼于深度挖掘和开发民族历史文化资源、大力弘扬和打造民族历史文化的品牌。大青沟文化旅游区，是通辽市目前唯一一处既能领略大自然之神奇，又能观赏到质朴热情的民族歌舞，购买到具有民族文化特征的旅游纪念品的文化旅游胜地，其以独特的自然景观著称于国内外旅游界。科尔沁莫力庙民俗综合旅游区，是以民俗文化发展为主体的综合旅游区，融古建筑庙宇、草原风光、大漠景色、沙湖水库、沙地葡萄、风电景观、民俗表演于一体。该项目总占地面积5000亩，复建区占170亩。工程总投资7000万元，预计年利润可达3000万元。

（3）文化产业园区建设初具规模。奈曼旗中华麦饭石产业园区、哈布图哈萨尔胜地蒙古风情园、投资5亿元的通辽市印刷产业园区、库伦旗三大寺文化产业园区、银沙湾沙漠文化产业园、奈曼旗宝古图沙漠文化产业园区、开发区笔克·那达慕风情园、哈萨尔圣地文化产业园二期工程、蒙古王文化产业园、元都科尔沁文化产业园区、以 12 个特色博物馆为中心的文化会展产业园区等一大批产业园区项目的推进,为通辽市文化产业的整体发展提供了有力支撑,为推动文化产业提档升级、蓬勃发展奠定了坚实基础,并在增强文化产业发展的内生动力和外部活力等方面作用明显。

5. 文娱演出业特色鲜明

随着经济、社会的快速发展,通辽市居民文化需求日益旺盛,从而使文娱演出业获得了较大的发展空间,民族艺术得到空前呈现,文化交流水平不断提升。目前通辽市共有艺术表演团体 300 多个,一大批独具草原特色和浓郁民族风格的民间文学、美术、音乐、舞蹈、曲艺、传统文化活动及民族风情演出得到了很好的呈现和展示,诸如蒙古长调、马头琴艺术、呼麦、好来宝、乌力格尔、蒙古族民族舞蹈、那达慕、祭敖包、赛马、摔跤、射箭等传统的民族艺术和技艺越来越多地受到了民众的喜爱和重视,得到了前所未有的发展良机,在全国的影响力逐步提高。此外,通辽市与国内、国际的文化交流越来越多,文化交流水平不断提升。2014 年 7 月,通辽市代表团赴蒙古国开展了为期 5 天对外文化交流活动,向蒙古国宣传展示了科尔沁版画、科尔沁民歌、乌力格尔、蒙古四胡等优秀科尔沁民族文化的魅力,实现了通辽市文化产品走出国门的战略构想。

6. 文化艺术精品迭出

为了推动文化艺术产品的发展,通辽市成立了艺术创作委员会,实施“三个一”精品创作工程,文化产品供给能力不断提升。民族舞剧《天上的风》,创作非常成功,深受区内外广大观众喜爱;全市艺术创作人员共创作歌曲 50 余首,舞蹈 30 余件,电视剧多部,如大型乐舞诗《蒙古风》、乐舞诗《蓝色安代》、舞台剧《安代魂》及电视剧《达那巴拉》、《祥云奈曼》、《铁血北疆曲》、《嘎达梅林》等等;出版了优秀文学艺术作品集《岁月足音》,编辑整理出版了《吴云龙四胡曲 110 首》;创作了适合在旅游景区驻场演出的具有民族文化特色和历史民俗风情的节(剧)目 8 台,为重点旅游景点、文化名人、古迹遗址创作经典传奇故事 10 余篇,促进了文化旅游的进一步融合,为旅游注入更多的文化内涵;面向全国征集“通辽市城市形象口号”和“传奇故事”,共收到作品 300 余件;承办了第六届自治区乌兰牧骑艺术节,有 10 件作品获创作奖,14 人获表演奖,获奖数量全区第一;舞蹈《科尔沁姑娘》,歌曲《守望相助》,图书《库伦历史文化研究》、《瞩目·地平线上的背影》荣获第十二届自治区“五个一”工程奖。① 科左中旗乌兰牧骑队长赵海君获全国文化先进工作者称号(全区共 8 人),通辽

---

① 通辽市政府网.2014 年通辽市文化产业发展情况.http://www.tongliao.gov.cn/.

鼓乐艺术团获"盛世夕阳红"2014 中国中老年北京文艺总会演钻石大奖。此外，科尔沁民歌、安代舞、乌力格尔、科尔沁版画四大文化精品创作风生水起，精品迭出；经过多年的打造和培育，通辽市业已涌现出一批内容丰富多彩、地方特色鲜明、具备一定知名度的特色节日活动，如科尔沁艺术节、哲里木赛马节、大青沟旅游文化节、安代艺术节、国际草原婚礼节、科尔沁读书节、少儿版画艺术节、中国·蒙古四胡艺术节、乌力格尔艺术节、红干椒节、西瓜节等，这些节日活动不但丰富了广大城乡居民的生活，还繁荣了地方经济、提高了地方知名度和美誉度。所有这些文化精品的出现，繁荣了通辽市的文化市场，丰富了居民的文化生活，夯实了文化产业的发展基础，加快了文化产业的发展步伐。

7. 文化产业发展与文化遗产保护实现"双赢"互动

文化资源是文化产业发展的基础和依托，文化产业依赖于对当地文化资源的挖掘和打造；反过来，文化资源通过文化产业的发展获得了挽救和保护，二者之间是一种"双赢"、"互动"的关系。通过对文化资源，特别是一大批文化遗产资源的开发、利用，涌现出了一大批文化艺术精品，对于文化市场的繁荣、文化产业的发展起到了积极推动作用。另外，为了更好地促进文化产业的发展，实现可持续发展战略，通辽市对很多文化遗产资源进行了卓有成效的保护。

第一，摸清家底，找准方向。通辽市认真实施第一次全国可移动文物普查，完成了对全市各国有企事业单位文物申报信息的核查认定，从而使下一步的开发和保护工作有的放矢。第二，实地调查，搜集整理。对科尔沁长调民歌进行了田野调查，录制了《珠色来》、《成吉思汗的教诲》、《四季》等 30 余首长调民歌，搜集整理科尔沁抒情民歌 800 余首。第三，实施保护，见诸行动。国家文物局对奈曼王府的修缮、库伦寿因寺大殿保护维修、三大寺兴源寺嘛呢殿壁画维修和灵安州城墙遗址抢险加固等文物保护工程立项批复；僧格林沁王府修缮工作如期开工；建成库伦安代艺术保护区和 9 个非物质文化遗产传承基地，建立基地传承制度，进行活态传承；划定了 10 万亩田野文物保护区，在对文物进行"点"的保护的同时，扩大了"面"的保护。第四，加快建设，推进保护。公布了 10 项市级非遗名录；完成了蒙古族服饰博物馆、马头琴博物馆等 12 个博物馆布展设计工作；市非遗中心积极推动科尔沁非物质文化遗产数据库建设，市博物馆积极筹备科尔沁非物质文化遗产博物馆建设；完成了《南宝遗址出土文物专题展》布展工作；《非物质文化遗产展览》正在设计布展；哈民遗址公园博物馆、哈民遗址展示馆项目正常推进，完成了基础部分的建设；举办了科尔沁非物质文化遗产展演（展示）活动。第五，实施激励，促进传承。开展了科尔沁文化民间传承人才评选活动，对 6 名科尔沁文化传承功勋人物、13 名科尔沁文化民间传承名人、87 名科尔沁文化民间传承杰出贡献者予以表彰奖励；推进非物质文化遗产生产性保护和民间手工艺创作，促进相关产业发展，实现非物质文化遗产与区域文化产业协调发展的良性互动。

8. 文化惠民已显成效

2014年，通辽市大力推进文化建设，不断丰富广大群众的文化生活，真正实现了文化惠民、亲民。据通辽市政府网介绍，2014年通辽市结合文化旅游名城创建活动的开展，每月在主城区举办一场大型文艺演出，受到市民的欢迎；继续开展"百团万场"下基层演出活动，专业艺术表演团体和民营剧团共完成演出4500余场，实现了每个行政村每年看2场演出；市图书馆为农牧民赠送100余张文化信息共享工程光盘，1000余份科技信息宣传单和科普手册《绿色风》；举办了全市广场舞大赛，有22支队伍，1000多人参加了比赛；举办了叙事民歌、乌力格尔、蒙古四胡三项大赛和中韩文化交流书画摄影展；举办了"科尔沁图书文化展"，活动历时半个月，图书销量达1万册；认真实施"十个全覆盖"文化室建设工程，700个嘎查村文化室设备配置均已完成；结合幸福社区和社会主义新农村建设工作，建成社区文化活动中心69个，示范性文化室、文化广场各105个；全年扶持组建100个小型剧团（其中50个村剧团，50个社区剧团），逐步实现村村都有小型剧团（演出队），充分发挥其服务农牧民、占领农村牧区文化主阵地，抵制歪风邪气，树立文明新风的作用；3.8万平方米图书馆新馆开工建设；新建4个社区图书馆分馆和一批社区、农村图书阅览室；建农村牧区小舞台5个；通辽市图书馆建成的"中国盲文图书馆"——内蒙古自治区通辽市支馆，为有视力障碍的朋友提供文化服务，填补了通辽市公共文化服务的一项空白；开展了"科尔沁读书计划"活动，在全市营造崇文重教的浓厚氛围。科尔沁区积极探索公共文化服务标准化、均等化模式，完善综合文化服务中心建设，被确定为自治区公共文化服务标准化、均等化试点；开鲁县加强文化队伍建设力度，积极筹备成立文物局，通过招考26名大学生，为每个文化站配备3个专职管理人员；科左后旗新组建民间剧团105个，库伦旗组织基层文化馆站业务培训5次，受训人数达500人。为繁荣城乡文化生活，构建覆盖城乡的公共文化服务体系做出了有益的尝试。①

9. 文化体制改革进展顺利

2006年，通辽市被确定为内蒙古自治区4个文化体制改革综合试点之一。按照自治区的要求和部署，结合本地的实际，通辽市在充分尊重文化发展规律和市场经济规律的基础上，成立了文化体制改革工作领导小组，坚持统一规划，制定了《通辽市文化体制改革试点方案》，明确了改革目标、范围、方式、内容和步

---

① 通辽市政府网. 2014年通辽市文化产业发展情况. http://www.tongliao.gov.cn/.

骤。本着政事分开、政企分开、事企分开、管办分离的改革原则和"扶持一批、转制一批、重组一批、剥离一批"的工作思路，将全市文化单位划分为公益性、过渡性、经营性和执法类4类，先后研究制定了《通辽市文化市场综合执法改革实施方案》、《通辽市广播电台、电视台两台合并实施方案》、《通辽市文艺院团转企改制实施方案》等文件，对全市文化体制改革工作做出了整体分类部署。通过多年的不懈努力，通辽市文化体制改革取得了骄人成绩：通辽市原电影公司在转企改制中，对人员进行资产性安置，实现了身份置换，在此基础上组建了自主经营的通辽市蒙古语影视译制中心和蒙语电影放映队；东方影剧院参照国有企业改革办法，由文化事业单位转制为企业单位，实现自主经营；《通辽日报》印刷厂从日报社剥离出来，职工完成了身份转换，组建哲里木民族印刷有限责任公司，实行了企业化经营。通辽市属三家媒体在改革前就实现了局台分开，管办分离。通辽电视台将广告经营全部由广告公司代理，实现市场化运作；《通辽电视报》实行了独立经营，以广告收入供养采编人员，实行自收自支；《通辽日报》成立了通辽日报广告传媒公司，广告经营实现市场化运作；科尔沁都市报将采编部分保持了事业单位性质，广告、发行、印刷统一承包给科尔沁都市传媒公司；通辽电台也将广告业务承包经营，实现了采编与经营彻底分开。在全市文化系统所有事业单位全部实行人员聘任制，推行结构工资制、考评常规制和岗位任期制，三家新闻单位的干部全部由任命改为聘任，并实行了绩效工资制。由于工作出色，成果明显，2011年在全区文化体制改革工作会议上，通辽市荣获自治区文化体制改革单项工作先进地区荣誉称号，2012年，通辽市荣获全国文化体制改革工作先进地区殊荣。文化体制改革的顺利进展，无疑会对通辽市文化产业发展起到强大的促进作用，从而全面激发文化产业的活力，提升全市的文化软实力。

二、通辽市文化产业发展的有利条件

（一）优越的区位条件

通辽市被自治区政府定位为省域副中心城市，位于内蒙古自治区东部，处于东北与华北的交会处，地理位置重要，区位优势明显。东靠吉林省四平市，西接赤峰市、锡林郭勒盟，南依辽宁省沈阳市、阜新市、铁岭市，北边与兴安盟以及吉林省白城市、松原市为邻，是环渤海经济圈和东北经济区的重要枢纽城市。这个区位，"外连内接"均有不错的地理优势，既能融入东北、环渤海经济圈，又能享受国家西部开发、振兴东北、中央支持内蒙古自治区经济社会又好又快发展意见等优惠政策。此外，通辽市交通便利，是内蒙古自治区东部和东北西部重要的交通枢纽，对于经济发展具有极为便利的条件。

（二）良好的经济社会环境

通辽市地处松辽平原西端，科尔沁草原腹地，既属于东北经济区，又是中国西部大开发区域中的东部地区，土地肥沃、资源丰富，是国家的重要商品粮生产基地和畜牧业生产基地。近年来，在中央、自治区的重视和指导下，在市委市政府的不懈努力下，通过区域经济一体化、非均衡发展策略、技术创新、可持续发展、外部市场驱动等策略的实施，通辽市经济发展快速，社会繁荣稳定。初步核算，2014 年完成地区生产总值（GDP）1886.80 亿元，按可比价格计算，比上年增长 8.6%，增速高于全区 0.8 个百分点。其中，第一产业增加值完成 267.61 亿元，增长 4.3%；第二产业增加值完成 1065.47 亿元，增长 10.1%；第三产业增加值完成 553.72 亿元，增长 7.3%。全市公共财政预算收入累计完成 113.06 亿元，比上年增长 9.1%。近年来，通辽市承接产业力度加大，固定资产投资较快增长，工业化进程明显加快，财政收入与城乡居民收入不断提高，在蒙东地区乃至东北地区的影响力不断提升。在自治区"8337"重要战略思想的指引下，初步构建了多元发展、多极支撑的产业构架，煤电铝、煤化工、玉米生物科技、农畜产品加工、现代蒙药、新能源、装备制造、新型建材、镍铬合金以及新材料十大产业逐渐成形，商贸物流、旅游会展、金融保险、文化传媒等现代服务业加快发展。

（三）丰富的文化资源

通辽市是我国蒙古族人口最集中的地区，其历史悠久，文化底蕴深厚，是科尔沁文化的发祥地，也是红山文化和富河文化的发祥地之一。有清代孝庄文皇后，清代名将僧格林沁，民族英雄嘎达梅林，民间艺术大师琶杰、毛依罕等历史文化名人；保留有元代佛塔、金代界壕、清代王府、辽代古墓等大量的历史古迹，承载着大量的历史文化信息。作为全国蒙古族人口最集中的地区，其民族文化元素丰厚，是"中国安代艺术之乡"、"中国马王之乡"、"民族曲艺之乡"、"科尔沁版画之乡"，其集中华民族、草原文化及科尔沁文化于一体，如饮食文化、服饰文化、蒙古族草原歌曲、蒙医蒙药、安代舞、乌力格尔、版画、蒙古族生活习俗及天然草原生态等以其独特的地域和民族魅力闻名遐迩，成为发展通辽市文化产业的重要资源，是通辽市大力发展文化产业的核心生产要素。

三、通辽市文化产业发展中存在的问题

由于通辽市具有优越的区位条件、良好的经济社会环境、丰富的文化资源，加之中央和自治区的重视指导、市委市政府的真抓实干，文化产业发展迅速，取得了不错的成绩。然而，通辽市文化产业起步晚、基础薄，发展过程中存在的问题依旧突出。

（一）对文化发展的认识不足

任何事情都是相对而言的，纵向来看，通辽市市委市政府对于文化产业重视程度较高，政策跟进速度较快。然而，与全国其他地区特别是东部发达地区进行横向比较发现存在以下问题：政府的重视程度仍然不足，政策的支持力度依旧不够。

2009 年国务院出台了《文化产业振兴规划》，2010 年央行等九部委联合发布了《关于金融支持文化产业振兴和发展繁荣的指导意见》，自治区党委、政府出台了《内蒙古自治区贯彻落实国务院〈文化产业振兴规划〉实施意见》、《内蒙古自治区人民政府关于进一步促进文化产业发展的若干政策意见》等一系列指导性文件。通辽市也把文化产业发展纳入"十二五"规划，从市场准入、财政支持、税收优惠、工商管理等方面作出了规定。然而在贯彻实施的过程中，并未能很好地落实，至今在投融资、高端技术引进、高端人才引进和培养等方面仍旧落实不力，没有制定可操作性的实施细则和办法。为了更好地发展文化产业，自治区文化厅专门设置了文化产业处，邻近的赤峰市设置了文化产业科，兴安盟设置了文化产业开发办公室，通辽市则没有设置专门机构，至今没有专职人员来实施对文化产业的统一规划、组织协调、管理、引导。此外，文化产业统计工作迟迟未能得到落实，直到 2015 年通辽市统计局才制定出《通辽市文化及相关产业统计调查监测实施方案》。由上可见，政策的迟滞和落实不力，各政策间的不协调、不配套等，必会导致文化产业发展速度的延缓，影响文化产业的发展壮大。

（二）文化企业数量多、规模小、竞争力较弱

2014 年通辽市全市文化产业企业多达 4300 多家，而从业者仅有 16000 人，每家企业人均不足 4 人。很显然，内蒙古自治区文化企业更多的是作坊式企业，规模小，专业化程度差。这些作坊式企业主要集中于科技含量低、附加值低的领域，如销售文化用品和办公用品的商户、小广告公司、小印刷厂等，从事文化创意、文化演出、文化经纪、网络科技等的企业很少。这需要进一步采取措施，通

过政策引导、市场运作等手段培育一批在主要文化领域能够站住脚、叫得响、综合竞争力强的文化企业，拉动文化产业整体水平的提高。

（三）文化产业管理人才匮乏

通辽市文化创意、文化经纪、网络科技、动漫游戏、影视制作、体育俱乐部等企业很少，有的甚至完全没有。究其原因，主要是因为高科技领域的专业人才较为匮乏。如上所述，通辽市文化企业数量多、规模小、专业性差，很多企业经营了多年，但既没有质的提高，也没有规模的扩大，严重缺乏竞争力强、规模大、专业化程度高的龙头企业，这充分说明，通辽市文化产业中缺乏善经营、懂管理的人才队伍。据通辽市政协教科文卫体委员会调研发现：通辽市当前文化人才数量较少，结构呈现"三多三少"，即传统意义上的文化人才较多，现代创意文化人才少；专业研究的人才较多，熟悉文化市场、擅长资本运作的经营人才少；具备基本专业素质的人才较多，高层次和复合型领军人才少。文化事业创意领军人才、专业拔尖人才稀缺，急需的专业应用型人才招不来、留不住，断档现象比较突出。文化事业和文化产业管理人才和经营人才总量储备不足，结构不尽合理，以致文化产品品质不高、提质不快，高品质文化产业难以形成。加快人才队伍建设的任务十分迫切。可以说，人才问题已经成为制约通辽市文化事业、文化产业发展的关键问题。①

（四）文化产业发展经费不足，融资体系不健全

当前通辽市文化产业处于起步阶段，市场机制不健全，尚属市场培育阶段。在这个阶段，仅凭市场的自我调节和自我配置很难取得成效，因此需要政府予以经费支持，通过"扶上马，送一程"，抓大扶小的发展策略予以前期支持。然而，通辽市现阶段经费投入极为有限，尚未设立文化产业发展专项扶持资金，文化产业融资平台尚未搭建成型，融资渠道明显不足，很显然这是无法满足"文化强市"建设与发展的要求。特别需要强调的是，通辽市数千家文化经营企业绝大多数存在着规模小、资金不足、竞争乏力的问题，靠自身的力量难以做强做大，因此政府加大经费投入、优化投融资环境、打造良好的投融资平台显得尤为重要。

（五）文化产业与科技融合不够，产品科技含量低

文化产业要实现跨越式发展，需要创意和科技。若无创意和高科技，产业只

---

① 中国人民政治协商会议通辽市委员会官网．关于通辽市文化产业发展情况的调研报告．http：//www.tlcppcc.gov.cn/shichadiaoyan/2015/06－15/331.html.

能在低端市场徘徊，难成大器。只有依托良好的文化资源，凭借天马行空的创意，借助于高科技手段，才能真正地实现文化产业的升级改造，才能真正占有市场。然而，通辽市文化产业发展既缺乏好的创意，又没有高新科技手段，最终导致文化产品科技含量差、附加价值低的现状，难以形成市场影响力，竞争明显乏力，难以调动广大人民群众的消费热情，也难以激发和释放市场活力。近年来，通辽市在现代传媒、动漫游戏、数字视听、演艺娱乐、会展博览等科技含量高的新兴文化产业领域建树不多，无法形成具有核心竞争力的品牌产品和品牌企业。由于通辽市文化产业只徘徊在低端市场，因此其经济贡献率较低。

（六）文化产业特色不够鲜明

通辽市文化资源并不少，然而在发展的过程中对文化的挖掘明显不足，没有形成自己的特色，更没有铸就自己的品牌。通辽市处于科尔沁草原的腹地，是科尔沁文化的发源地，科尔沁民族文化是通辽市文化产业发展最重要的资源，也是最具特色和代表性的资源。因此，文化产品创意、文化与旅游融合应该突出科尔沁民族文化这个特色，通过开发利用，提升科尔沁民族文化知名度，着力打造自己的文化产业，形成自己的特色品牌。然而，目前通辽市对于民族文化挖掘得明显不足，历史文化挖掘欠深度，地方民俗文化挖掘少重点，因此产品的文化品级不高，文化特色不足。尤其是在具有地方特色的科尔沁民族文化产业的挖掘、打造上，还没有统一的发展规划，没有规范的管理规则，没有高远的目标要求和品牌意识，对已经兴起多年的特色文化产业缺乏有意识的扶持和培育，没有着力整合、提升、塑造，几乎是放任自流，自由发展。从而造成与邻近的赤峰市、兴安盟文化产品雷同率高，文化内涵不够丰富，文化品级不足的尴尬局面。因此，通辽市应该立足自己的特色资源，吸纳高端专业人才，引进高新科技，在更高的起点上打造独具科尔沁民族特色的文化精品，并对之加强扶持和培养，使之不断发展壮大，成为通辽市具有较强影响力和知名度，具备足够市场竞争力的文化品牌。

四、通辽市文化产业发展对策

（一）进一步加大政策支持力度

虽然市委市政府对文化产业的发展给予一定的重视，也出台了一系列助推产业发展的政策，然而，从通辽市文化产业发展的现状来看，还需要政府再接再厉，继续提高重视度和关注度，继续出台相关优惠扶持政策，并严加落实，不能出现文件多、成效差的状况。第一，抢抓中央及自治区大力发展文化产业的大好机遇，推动通辽市文化产业发展。第二，提高重视度，把文化产业作为"一把手"工程，纳入各地区年终实绩考核指标。第三，加强领导，要借鉴自治区文化厅及周边盟市的做法，成立专门行政管理机构，具体落实文化产业发展的各项工作，行使政府对文化产业发展的统一调控、监管和服务职能，机构需要具有独立的人员编制和专项经费，从而加强文化产业的监督管理与服务引导，促进文化产业快速发展；成立文化产业协会，建立联席会议制度，形成党委领导、政府引导、企业主导、全社会共同参与的领导体制和工作机制。第四，加大扶持力度，制定有关资金、税收、土地使用等方面的扶持、优惠政策，设立文化产业发展专项资金，鼓励社会力量兴办文化产业，考虑税收减免等问题，并与金融办、银行等金融机构协调贷款问题，提供贷款贴息，扶持文化企业特别是骨干企业发展壮大。加强跨区域文化合作，组建文化产业专业招商团队，用引进工业项目的方法推动文化产业项目的落实。

（二）积极培育文化企业龙头作用，发挥引领示范作用

通辽市文化企业小、弱、零、散，实力不足，专业性不强，抵御风险能力差，缺乏市场竞争力。因此，扶植文化企业，提高市场竞争力，打造实力"战舰"，成为通辽市文化产业发展面临的重要课题。首先，通过制定和完善工商登记、项目审批、土地征用、税费减免、财政扶持、投融资等优惠政策，帮助小、弱、零、散企业不断做强做大，增加抵御风险能力，提高经济贡献率。其次，对众多小微企业中有规划、有前途、经营较好的企业给予重点帮扶，引导他们充分提高文化内涵，加快市场开拓，提升竞争优势，最终发展成为文化产业中的骨干企业。最后，从全市的文化旅游、文艺演出、新闻出版、广播电视、文博会展等重点产业中挑选具有相当实力、已经具备一定的创意、科技、人才条件的大型企业给予大力扶持，采取重点投融资、引入高科技等手段，形成专业性强、竞争力大、占据相当市场份额的企业"战舰"，使之成为产业龙头，起到良好的带动和示范作用。对于这类文化企业，除了资金、用地、税收等政策支持外，还要给予水、电、气等常规资源的支持。

（三）加大人才引进与培养力度

人才是文化产业发展的关键因素。面对通辽市文化产业人才匮乏的窘境，建议采取如下措施予以破解：第一，通辽市具有内蒙古自治区民族大学、通辽市职业学院等一批高等院校和职业学校。通辽市可以充分发挥这些高校和职校的资源优势，培养、培训文化产业人才，实现"就近取材"，"就地发展"。第二，可以委托区内外其他高校、知名企业予以进修、培训。第三，实施人才引入战略。制

定富有吸引力的薪资待遇机制，打造适合人才发展的上升平台，提供良好的工作环境，解决人才家属、子女等工作就学问题，吸引区内外、国内外的优秀人才汇聚通辽市，为产业发展贡献力量。当前，通辽市最为短缺的是文化产业经营管理人才、新兴文化产业的技术专业人才。因此，要结合通辽市文化产业发展的实际，重点引进一批熟悉文化产业经营管理、富有创新意识、掌握现代传媒技术的人才及文化经纪人、主持人、艺术家、会展策划、动漫游戏制作、影视制作、体育产业运作等人才。第四，采取社会招考、客座兼职等方式解决人才匮乏的问题。第五，制定良好的激励机制，做到把高水平人才引得进、留得住、用得好，并通过这些人帮、扶、带，培养起一批本地人才。第六，通过"科尔沁文化贡献奖"、"文化新人奖"等各种表彰机制、激励机制，吸引各类文化产业人才投身到通辽市文化产业发展中来。总之，通过多种途径解决通辽市文化产业人才匮乏的问题，打造多领域、多层次、有纵深、讲团队的人力资源队伍。

（四）搭建高效的投融资平台

经费不足、融资困难是通辽市众多文化企业共同面对的难题。为了更好地解决这一问题，政府需要加大投资力度，并牵头打造一个科学、高效、稳定的投融资平台。过去的几年来，政府通过直接投入、招商引资等措施培育出一批具有一定市场竞争力的文化企业，打造了一大批重大文化产业项目。但就通辽市文化产业发展的现状来看，目前的投入还远远不够，市政府及各旗县政府还需设立文化产业发展专项资金，并列入年度财政预算中，主要用于企业项目补助、贷款贴息、绩效奖励等，以及扶持重点文化产业项目的开发与运营，支持创新型文化产业和新产品的开发等。

光靠政府投资，难以做强做大文化产业，因此，需要由政府牵头搭建投融资平台，建立多元化投融资机制，拓宽投融资渠道。第一，政府鼓励、支持、引导金融部门投资文化产业。为了缩小银行风险，减轻文化企业的还贷压力，政府可以进行补贴、奖励、贴息等。第二，鼓励社会资本进入文化产业领域，通过建立灵活、高效的运行机制，最大限度地吸引社会资本。投资方式上，可以采取独资、合资、合作等多种形式；投资资本上，可以以人才、设备设施、资金、土地、技术等形式入股。第三，放宽对文化产业项目的准入限制，坚持"谁投资、谁受益、谁所有"的原则，允许企业、个人、团体、境外资金等社会力量兴办文化产业，并从中受益。第四，优化投资环境，制定更多优惠政策吸引投融资。例如，对大型文化产业建设用地予以优惠，采取一事一议的方式提供文化产业用地，降低土地使用费，用以吸引投融资。对新办文化企业，特别是动漫游戏、影视制作、文化创意等高新技术文化企业予以税费优惠等。第五，做好宣传推介工作，利用通辽市的区位优势加强与东北三省、京津冀地区的合作，通过合作获得更多资金，壮大文化产业，从而进一步推进通辽市融入东北经济圈和环渤海经济圈中。

（五）打造新兴文化产业，推动高科技与文化融合

内蒙古自治区在"十二五"规划中初步确立文化产业产值在 2015 年要达到 GDP 的 4% 左右。通辽市结合文化产业发展的实际情况，提出到 2015 年文化产业产值争取达到全市 GDP 的 3%，使文化产业成为经济社会协调发展的重要产业。要想提高文化产业的经济贡献率，提高文化产品的文化内涵，增加技术含量，提高市场竞争力和占有率是关键。当前，通辽市基于传统文化资源的文化旅游、演艺、文化服务等企业占绝大多数，而运用高新技术手段的新型文化产业发展滞后，诸如现代传媒、动漫游戏、数字视听、影视制作、文化创意等企业寥寥无几。众所周知，科技与文化结合，能够产生意想不到的经济效果。通辽市文化资源丰富，但在开发利用的过程中，缺少高新技术的支持，从而出现文化产品知名度低，竞争力差，难以形成品牌的现状。对此，通辽市应该积极采取以下举措：第一，由政府出面引进高新技术和相应的技术人才，通过高新技术联合实施一批具有民族特色的文化产业项目，加快产业发展，提高经济贡献率。第二，鼓励企业建立自己独立的科技研发机构或代理研发机构，并给予适当的经费支持，使之结合市场实际，进行与自己企业特色相符的产品研发和制作，创造独具特色、具有文化内涵和市场竞争力的产品，提高企业的市场占有率。第三，加大科技成果转化力度，培育、鼓励创造具有科尔沁风格的动漫形象和品牌，提高网络音乐、网络美术等网络文化产品的原创水平，发挥网络文化产业在文化建设中的重要作用，提升文化品位。① 第四，充分利用本地区高校、职校的资源，提高学研能力，做好科技转化和推广，引入文化产业领域，助推通辽市文化产业发展。第五，注重创意元素和新技术手段相结合，并嫁接到传统文化产业领域，实现传统文化产品的更新换代，提高市场竞争力和经济贡献率。

（六）文化的发展必须在特色上下功夫

通辽市作为民族地区，对民族文化元素挖掘并不深，开发得也不够充分，很多有价值、有特色的民族文化只是做了浅层挖掘和低层次的开发，因此，没有形成有影响力的文化产品，产品知名度不足，吸引力不强。针对这一情况，通辽市要立足自身优势，注重产业创新，加大文化挖掘力度，聘请文化产业知名专家、

---

① 中国人民政治协商会议通辽市委员会官网．关于通辽市文化产业发展情况的调研报告．http：//www.tlcppcc.gov.cn/shichadiaoyan/2015/06－15/331.html.

学者进行顶层设计和远景规划，打造优势品牌，构建符合科尔沁特色的文化产业新格局。要制定统一的特色文化发展规划，制定规范的特色文化企业、产品的管理规则，树立民族文化品牌意识，对已有的特色文化企业加大扶持和培育，通过整合、提升、塑造，形成特色文化品牌，真正做到"人无我有，人有我精"。

第四章

兴安盟文化产业发展报告

兴安盟地处祖国北部边疆，内蒙古自治区东北部，总面积 59806 平方千米，人口 167.4 万[①]，是一个以蒙古族为主体，汉族占多数，由蒙古族、汉族、朝鲜族、回族等 20 多个民族组成的地级盟市。其东北、东南分别与黑龙江省和吉林省相邻，南部、西部、北部分别与内蒙古自治区的通辽市、锡林郭勒盟和呼伦贝尔市相连，西北部与蒙古国接壤，边境线长 126 千米。作为具有光荣传统的革命老区，兴安盟是新中国第一个少数民族红色政权——内蒙古自治区的诞生地，被誉为"内蒙古自治区的延安"。

[①] 兴安盟统计局 . 2014 年兴安盟国民经济和社会发展统计公报 . http://www.xamtj. gov. cn/tjgg/ndtjgb/.

一、兴安盟文化产业发展现状

兴安盟在国内地处东北经济区，在国际上处于东北亚经济圈，地理位置十分优越，但由于历史发展的原因以及自然资源的局限，兴安盟一直是内蒙古自治区经济发展较为滞后的地区之一，从而导致文化产业发展难以上升到地区主导产业地位，文化消费低，文化产业基础薄弱。尽管如此，近年来随着兴安盟社会、经济的逐步发展，以及自治区、盟委盟政府规划引导以及政策支持，全盟文化产业发展初具规模，形势喜人。特别是在产业规划和政府管理机制方面先行于部分地区，其着力点在于充分挖掘本地区独特的优势文化资源，针对不同的旗县进行文化产业布局。①

（一）文化事业的发展为文化产业奠定了坚实基础

兴安盟虽然经济发展滞后，但其文化事业建设发展较快，从而为文化产业的培育、发展提供了良好环境。截至2014年年底，盟旗两级共有图书馆7个，藏书量29.65万册，博物馆3个，群艺馆（文化馆）7个，文物管理站（所）7个。文化信息资源共享工程县级中心5个，乡镇苏木综合文化站69个，村嘎查草原书屋847家。全盟有国家级重点文物保护单位6处，自治区级16处，旗县级79处。国家级非物质文化遗产名录5项，自治区级34项，旗县级277项。国家级非物质文化遗产项目代表性传承人2人，自治区级36人，旗县级616人。有自治区级文化生态保护区1个。全盟文化行政事业单位工作人员639人，其中专业技术人员488人，具有副高级以上专业技术职务54人、中级专业技术职务151人。全年专业艺术团体送文化送戏下乡605场（次）以上（由盟文体局提供）。此外，全盟有旗县级以上广播电台6座，广播综合人口覆盖率93.00%；有电视台6座，电视综合人口覆盖率98.58%；数字电视用户16.00万户。2014年全盟运动员参加省级以上比赛共获得奖牌64枚，其中，金牌36枚，银牌16枚，铜牌12枚。全盟共举办县级及以上运动会11次，参赛运动员2400余人次，观众18万余人次。②

（二）涌现了一批实力较强的文化企业

随着兴安盟经济、社会的快速发展和文化市场的日益繁荣，以及自治区、盟

---

① 柴国君，张智荣. 内蒙古自治区文化产业发展报告 [M]. 北京：经济管理出版社，2014.
② 兴安盟统计局 . 2014 年兴安盟国民经济和社会发展统计公报 . http：//www.xamtj.gov.cn/tjgg/ndtjgb/.

委盟公署的规划引导，兴安盟文化产业规模不断扩大，产业影响力及经济贡献率逐年增加，文化企业的数量明显增多，并涌现出了一批具备一定规模、影响力较大的企业。其中，具有代表性的骨干文化企业有内蒙古自治区莱德马业有限责任公司、乌兰浩特新华彩印有限公司、突泉县山泉书画苑、乌兰浩特市润满古玩城、乌兰浩特市三人行传媒有限责任公司、科右中旗艾吉玛乐器厂以及乌兰浩特市蒙帝马头琴厂等。

内蒙古自治区莱德马业有限责任公司成立于 2006 年，总部及主体设施就设在科右中旗，截至目前，莱德马业共有员工 485 人，2014 年营业额达 1.2 亿元人民币，实现利润 3500 万元。经过近 10 年的发展，内蒙古自治区莱德马业有限责任公司已经成为中国领先的民营马业企业、中国最大的非农耕马繁育公司和马饲料提供商。莱德马业形成了集"赛马、育马、马匹进口、牲畜交易、饲料种植加工、俱乐部连锁管理"等于一体的全产业链模式，企业综合实力位居国内马业同行之首。香港世铭投资集团、深圳创东方投资公司、北京达泰资本等先后为莱德马业注资 1.9 亿元，是国内市场第一个获得大规模风险投资的马业公司，并已按照股份制公司规范运作，大举扩张，计划 2016 年上市。

2012 年，图什业图赛马场被自治区民委、体育局联合命名为"全区少数民族传统体育示范基地"。科右中旗被自治区文化厅和体育局命名为"赛马之乡"。以"全国中国马速度大赛"为核心的"科尔沁赛马节"、"马文化产业园"已纳入自治区和兴安盟"十二五"规划。2012 年，科右中旗马文化产业获批"自治区级文化产业示范基地"和"全区重点文化产业项目"。2013 年，科右中旗被中国马术协会授予"全国马术赛事优秀承办单位"，莱德马业被兴安盟行署授予"农牧业产业化重点龙头企业"，董事长郎林被上海马博会授予"中国杰出马主"称号。2014 年 1 月，莱德马业荣登第七届"中国创业投资价值榜"，被评为"创业投资最具投资潜力企业 20 强"之一，并排在 20 强企业的首位。2014 年 11 月，莱德马业集团董事长郎林在新西兰受到国家主席习近平的亲切接见。

莱德马业集团通过 A 轮融资、B 轮融资、C 轮融资已经募集资金 1.9 亿元，现莱德马业经专业机构评估审计的市场价值总额为 5.4 亿元。作为中国唯一引进风险投资金的马业公司，莱德马业立志成为兴安盟本土首家上市公司、内蒙古自治区文化产业首家上市公司、中国马业首家上市公司。

乌兰浩特新华彩印有限公司，原是兴安日报社印刷厂，2000 年改制为乌兰浩特新华彩印有限公司。公司占地 10.8 万平方米，厂房面积 4.4 万平方米，固定资产净值 4600 余万元。现有员工 200 余人，其中中高级专业技术人员 130 余人，拥有国内一流的彩色电子出版系统、先进的直接制版系统、7 台四色胶印机、6 条瓦楞纸板生产线、模切机、贴面机等生产设备及四色水印机、六色凹印机、四色不干胶印刷机、丝网印刷机等高档印刷设备100余台套，承制报纸、书刊、画册、纸盒、纸箱、塑料袋、不干胶、宣传画等产品，现在承印45种报纸，给当地的酒厂、烟厂、奶厂印制包装，年销售额达4000余万元，交税240万元。另外，该公司在乌兰浩特市工业开发区投资进行新厂建设，2015年全部迁入，扩大规模后，新华彩印公司年销售额可达1亿元。

突泉县山泉书画苑，成立于2011年3月，内设策划部、培训部、创作部、展览部、市场部、加工车间六个职能部门，建有"山泉书画苑"画廊。几年来，创作加工了大量艺术产品，并在白城市、通辽市、长春市建立了销售窗口，还在北京市通州画家村建立了向国外销售介绍产品的平台，打开了艺术品市场。2012年，突泉县山泉书画苑着力打造了一批突泉的品牌文化名人，举办了各类以品牌文化名人为主体的文化活动。

乌兰浩特市润满古玩城位于乌兰浩特工业经济技术开发区内，2012年12月18日正式营业，是内蒙古自治区东部首家成立的门类齐全的艺术品交易市场，总面积2万平方米，流动资金、固定资产及各类藏品总市值数亿元，连带从业人员数千人，已同全国三十几个大中城市古玩城有业务联系，除主营项目外，还有寄卖和艺术品委托拍卖业务。经营有玉雕厂、木雕厂，有叶腊石原生矿坑口三处，有产于归流河流域的黄蜡石，约0.8千米宽5千米长的砂矿床。主营有古玩杂项、珠宝玉器、瓷器、字画、各类蒙古族民俗文化藏品，蒙元时期、辽金时期的文化藏品，还有利用本地特产蒙古黄榆制作的纯传统手工，具有元代风格的原生态仿古家具，有俄罗斯、蒙古、朝鲜、缅甸等国进口的玉石原料、玛瑙原石。为了吸引商户，古玩城对入驻商户实行两年内不收房屋租赁费、装修费、水电费的优惠政策。经过两年多的经营、推广，目前乌兰浩特市润满古玩城已经初具规模，在当地文化市场中稳稳地占据了一席之地。

内蒙古自治区三人行广告传媒有限责任公司成立于2005年11月，是集广告策划、创意、设计、制作代理发布和电视片制作于一体的综合性广告公司。现有员工80多人，下设广告经营部、发行服务部、平面设计部、电视制作部。目前，公司独家代理《兴安日报》、《兴安日报》（红城版）、《兴安日报》（农村版）、《兴安广播电视报》的广告业务，公司主办的《内蒙古自治区三人行广告》是经内蒙古自治区工商局核准注册的固定形式的印刷品广告，免费向乌兰浩特特区的机关事业单位、国有企业、私营企业、个体工商户投递发放。

科右中旗艾吉玛乐器厂成立于2000年10月，专业生产制造民族乐器，主要有马头琴、潮尔、四胡以及各类专业木雕工艺品等。其产品除在国内市场较受欢迎外，还远销美国、日本、澳大利亚、蒙古等国。2012年12月哈达厂长被确定为第四批"国家级非物质文化遗产项目代表性传承人"。他制作的特大四胡"阿布日古四胡"高 8.16 米，重达 3000 斤，耗资 10 万元。2012 年 7 月 25 日，为特大四胡举行剪彩仪式，并为现场观众演奏了科尔沁民歌《嘎达梅林》与《达雅波尔》。

乌兰浩特市蒙帝马头琴厂于 2008 年 7 月创立，2009 年注册了自己的品牌蒙帝乐器，提高了品牌意识。当前蒙帝乐器厂开发新技术，引进了数控设备，大大提高了工艺及效率，由于选材上乘、加工科学、工艺独特、造型及音色音质出色，深受众多专家的肯定与赞赏。产品不仅畅销国内各省市，还远销至美国、加拿大、日本以及东南亚等国的音乐艺术院校和专业文艺团体。经过几年的不断努力，该公司已被评为全国文化体制改革优秀企业。

此外，阿尔山市白狼天原林产有限责任公司、兴安盟红强文化传媒有限公司、科右中旗图什业图雕塑装饰有限责任公司、科右中旗老特画廊等文化企业发展迅速，均已成为兴安盟文化产业的骨干企业。这些文化企业和单位不仅丰富、活跃了全盟广大群众的精神文化生活，而且在促进兴安盟经济发展和社会进步、扩大就业、涵养税源等方面也做出了积极贡献。

（三）采取了一系列行之有效的措施

一是设置专职部门。为了更好地发展文化产业，兴安盟行政公署于 2008 年 3 月，成立了文化产业开发办公室。办公室由综合科、产业规划科、项目建设科组成。从此，兴安盟文化产业的项目规划、政策拟定、工作协调、监督管理、项目建设、人才管理有专职负责部门，工作有的放矢，效果极为显著。

二是加大扶持力度。兴安盟提出要建立健全党委统一领导、党政齐抓共管、宣传部门组织协调、有关部门分工负责、社会力量积极参与的工作体制和工作格局，加强宣传文化部门与发展改革、财政、税务、金融、国土、工商、统计等部门的沟通协调，形成推动文化产业发展的强大合力。并进一步提出各地各部门要把重大文化产业项目纳入当地经济社会发展重大项目中进行统一立项、统一规划、统一实施，用抓经济项目的方式抓文化产业发展，要把重大文化产业项目纳入地方资金安排，争取资金支持，为文化产业重大项目落地提供保障。兴安盟决定在准入制度、融资渠道、税费减免、土地使用、设立基金、规划园区和命名基地等具体工作上予以文化企业极大的扶持，特别是在税收上对新兴的文化产业进行减免，并于 2013 年 8 月以后实行营业税改增值税，文化企业受益良多。

2015 年 8 月，兴安盟出台了《兴安盟文化产业发展扶持政策》，制定出台了若干扶持政策，具体内容包括：①放宽文化企业冠名权限制。文化企业不限制其注册资本，均可申请冠以"兴安盟"或各旗县市名称，以文化旅游为主题的景区、景点和度假村，规模在 5000 万元以上（含 5000 万元）的，一律可以冠名盟级文化产业示范基地的称号。②加大资金投入。设立兴安盟文化产业发展专项引导资金3000万～4000万元。符合高新技术企业条件的文化企业，可以提出申请，通过审核后发放10万～100万元扶持资金。被评为国家、自治区、兴安盟级的文化产业示范园区或基地，由盟行署一次性给予奖金，国家级奖励100万元，自治区级奖励50万元，兴安盟级奖励20万元。③文化企业10年内免征一切税收（自治区减免期限为5年）。该条政策同时适用于在兴安盟开发文化旅游园区的文化产业项目以及在兴安盟开办文化旅游方面人才培训机构的企业和个人。④放宽文化产业园区和文化产业示范基地在工业园区内土地的使用规划和用途。⑤成功引入外地文化企业和文化产业项目落地兴安盟，资产达到1000万元的一次性奖励50万元，达到5000万元的奖励100万元，资产超过亿元的按1.5%奖励。①

三是重视人才培养。兴安盟致力于文化产业人才体系建设，大力扶持文化产业人才培训工程。首先，大力支持协调在兴安盟各职业院校设立与文化产业相关的专业，鼓励相关培训机构建设，支持文化产业人才到相关高校及培训机构接受文化产业方面的培训，努力实现人才的本地化培养。其次，百年大计，人才为本。为了促进文化产业中长期发展战略，为产业发展提供强有力的人力支持。兴安盟强化人才观念，创新用人理念，拓宽用人选人视野，积极推进文化产业人才基地建设，创建文化产业人才库，为文化产业的可持续发展储备人才。最后，通过良好的待遇和政策积极引进文化产业人才。制定并落实鼓励创业的优秀创意人才的薪金、租房补贴、购房及子女就学和社会保险等方面的政策，积极设立文化产业方面各种人才的奖励资金或基金。②

二、兴安盟文化产业发展的有利条件

（一）优越的地理位置

兴安盟地处内蒙古自治区东北部，地理位置重要，潜在优势突出。由于兴安盟既是内蒙古自治区东部经济区的重要成员之一，又属于东北经济区范畴，因此享有国家实施西部大开发、振兴东北老工业基地以及自治区定点帮扶等带来的多项优惠政策和前所未有的发展机遇。在兴安盟周边400公里范围内，与一国三省一盟三市毗邻，东可连接黑吉辽三省，南可沟通京津冀经济圈，西与蒙古国接壤，是参与蒙古国、俄罗斯资源开发合作的主要后方基地。乌兰浩特市作为本地

---

① 兴安盟文化产业扶持政策.兴安盟文化产业开发办公室官网，http：//whcyb.xam.gov.cn/.
② 内蒙古自治区社会科学院.兴安盟文化产业发展调查报告［R］.兴安盟文化产业开发办公室官网，http：//whcyb.xam.gov.cn/.

区中心城市，正在实施东扩、西移、北延战略，城市框架逐步扩大，交通枢纽作用进一步凸显。阿尔山是面向蒙古、俄罗斯的重要国际口岸城市和著名的旅游胜地，随着兴安盟积极融入东北经济区，主动对接"哈大齐"工业走廊、"长吉图"开发开放先导区，阿尔山必将成为连接东北三省、蒙古国、俄罗斯和东欧各国的重要枢纽和节点。[①]

（二）得天独厚的文化资源

兴安盟具有丰富多彩、特色鲜明的文化资源，具备发展文化产业的先天优势，若政府给予足够的重视、充分的政策支持、科学合理的规划、建立完善的市场机制，其文化产业定会获得理想的发展。

1. 令人向往的阿尔山生态文化

阿尔山市处于特殊的地理环境，位于东北亚经济圈腹地和中国东北经济区西出口，处于蒙古草原、锡林郭勒草原、科尔沁草原、呼伦贝尔草原四大草原交会处，是联合国开发计划署规划的第四条欧亚大陆桥的连接点，是兴安盟林区的政治、经济、文化中心。

阿尔山拥有丰富的矿泉资源，其周围有冷泉、温泉、热泉、高热泉等温度不同、功能各异的饮用和洗浴矿泉逾百眼。阿尔山的冰雪资源堪称一流，阿尔山每年10月初形成有效降雪直至次年的4月，冰雪期长达7个月之久，这里雪期长、雪质好，积雪厚度平均超过350毫米，加上特殊的山形地貌，为开展冰雪运动和冰雪旅游提供了资源。此外，阿尔山地处大兴安岭林区腹地，是呼伦贝尔草原、锡林郭勒草原、科尔沁草原和蒙古草原四大草原交会处。森林覆盖率超过64%，绿色植被率达95%，因此有着丰富的草原、森林资源。阿尔山现已建成国家森林公园、林区牧场、林区风情村和林区鹿场，打造了集冰雪雾凇、火山熔岩、温泉、森林、草原为一体的阿尔山生态文化，其核心价值为：生态文明，健康阿尔山。

2. 积淀深厚的乌兰浩特市红色文化

乌兰浩特市红色文化资源富集，积淀较为深厚。挖掘红色文化、传承红色精神不但能够起到良好的爱国主义教育，也能推动兴安盟文化产业发展。抗日战争时期，东北沦陷，乌兰浩特市被置于日本侵略者和伪满洲国的统治之下，因此遗留下了大批的日军军事要塞、伪军政机关办公楼、野战飞机场、桥梁、车站和兵营等，成为爱国主义和反法西斯战争不可多得的教育资源。此外，乌兰浩特市作为新中国第一个少数民族红色政权——内蒙古自治区的诞生地，具有五一会址、

① 兴安盟国民经济和社会发展第十二个五年规划发展纲要. 兴安盟发展和改革委员会官网，http://fgw. xam. gov. cn/.

乌兰夫办公旧址、五一广场、内蒙古自治区政府办公楼旧址等相关红色文化资源。目前，尚未发掘的红色文化遗址达 20 余处，其中重要遗址有中共西满军区驻王爷庙办事处、内蒙古自治区军政大学、内蒙古自治区银行、内蒙古自治区日报社、内蒙古自治区骑兵第一师司令部等。乌兰浩特地区的红色重大事件、红色重要人物和红色遗址集群，形成了革命老区、区域自治圣地、爱国教育基地三大优势形态，这三大优势形态组合成全国独有的红色文化要素。其核心价值为区域自治摇篮，内蒙古自治区的"延安"。①

3. 丰富多彩的草原文化

兴安盟地处科尔沁草原腹地，自古以来就是少数民族游牧之地，历史上曾有东胡、鲜卑、契丹、女真等少数民族在此繁衍生息。元太祖成吉思汗在统一中国北方后，兴安盟一带为其三弟帖木哥斡赤斤的封地。到了清代，居住在兴安盟一带的主要是科尔沁蒙古族，兴安盟最终发展成为科尔沁文化的发祥地和传承中心，在民族餐饮、歌舞和服饰、乐器、工艺品制作等方面都保留着独特的风格和韵味，呈现出多姿多彩、浪漫缤纷的草原文化。

4. 韵味浓厚的乡土文化

在兴安盟的突泉县有着非常淳朴、浓重、传统的乡土文化。这种乡土文化融合了农耕物质文化、农耕精神文化，以及拉场戏二人转、漫画、剪纸、年画、泥塑等民间文化。特别是突泉县民间美术"突泉剪纸"，传统戏剧"东北二人转"被列入了第一批自治区级非物质文化遗产名录扩展名录，突泉擦笔年画技艺、突泉泥塑技艺、突泉剪纸技艺、突泉根雕、王小二大饼技艺、突泉豆瓣酱技艺、六户干豆腐技艺等 24 个项目被列入第一、二批盟级非物质文化遗产名录。通过几年的挖掘整理，目前突泉县富集的文化遗产资源，尤其是众多非物质文化遗产项目展示出丰富多彩的突泉文化，为创建农村文化示范县注入了强大的动力。②

5. 成吉思汗庙蒙元文化

成吉思汗是世界史上杰出的政治家、军事家，他对于蒙古民族的形成、蒙古帝国的建立、中国疆域的奠定作出了杰出的贡献。兴安盟是成吉思汗军事活动的重要地区和蒙元文化的主要形成地区，成吉思汗庙作为全国重点文物保护单位，其唯一性和排他性举世公认。成吉思汗庙蒙元文化主要蕴含了蒙古人胸怀大志、雄心勃勃、不怕艰苦、百折不挠、勇往直前的民族精神。成吉思汗庙的建设，不但是蒙古人有了祭祀自己祖先的场所，更是一种精神传承。同时，成吉思汗庙蒙

---

① 任翔. 解读"六大文化"产业资源——对兴安盟文化产业发展的再思考［EB/OL］. 兴安盟文化产业开发办公室官网，http：//whcyb. xam. gov. cn/.

② 突泉县打造特色文化品牌文化 让乡土文化放异彩［EB/OL］. 内蒙古自治区新闻网，http：// www. nmgnews. com. cn/.

元文化展示了蒙古人悠久的文化艺术，其中，美妙的建筑艺术、成吉思汗座像、成吉思汗箴言、祭祀形式都是蒙元文化的内涵和符号。成吉思汗庙所折射出来的崇尚英雄、民族精神、文明历史形成了三大优势形态，组合成蒙元文化的基本要素。其核心价值为：民族精神，文明史诗。①

6. 异彩纷呈的葛根庙宗教文化

葛根庙位于兴安盟乌兰浩特市东南30千米的洮儿河左岸，陶赖图山南坡脚下。建于1798年，是东北地区最大的喇嘛庙。作为嫩科尔沁十旗共同供奉的大庙，葛根庙是东蒙古和锡察哈尔，以及昭乌达盟等佛事和旅游中心。随着藏传佛教的传播，古印度文化、藏文化等与汉文化不断交融，葛根庙不断成为东北重要的文化中心，通过对佛教哲学、历法、数学、医学和其他文化艺术的研习，葛根庙把印度、西藏和内地的文化传播汇集到蒙古地区。随着印度、西藏、内地的医学源源不断地汇入葛根庙，促进了蒙古医学的快速发展。以《四部医典》传入为基础，产生了许多蒙医和蒙药以及一些独特的诊疗法。因此，葛根庙具备了宗教文化、旅游和蒙医蒙药三大优势，成为兴安盟较为倚重的文化旅游资源。

三、兴安盟文化产业发展中存在的问题

兴安盟虽然文化资源丰富多彩，具备发展文化产业的先天优势，但还有很长的路要走，尚有诸多亟待解决的问题。

（一）投资不足，融资乏力

兴安盟文化产业的发展长期存在着投资不足、融资乏力的问题。2012年，内蒙古自治区人民政府下发《关于进一步促进文化产业发展的若干政策意见》，以推动文化产业的进一步发展。然而兴安盟能从自治区出台的该项政策中得到融资的企业极少，盟里没有及时出台扶持文化产业的财政政策，投入的财力极为有限。此外，由于产业发展滞后，地区文化消费不旺，大型的文化体育活动仍以政府投入为主，主要依靠财政拨款，很多社会资金和民间资本没有投资热情，还没有充分调动起多种所有制经济成分共同投资文化产业的积极性，致使文化产业融资困难，融资渠道不够畅通，难以扩大发展。2015年8月，兴安盟出台了《兴安盟文化产业发展扶持政策（征求意见稿）》，计划设立兴安盟文化产业发展专项引导资金3000万～4000万元，并对高新技术企业、文化产业示范园区或基地、引入的外地文化企业或文化产业项目实施奖励政策。虽然政策尚未落地，但政府

---

① 柴国君，张智荣. 内蒙古自治区文化产业发展报告［M］. 北京：经济管理出版社，2014.

已经表明了加大投入的态度。

（二）文化产业链短，经济效益差

由于兴安盟文化产业起步晚，文化消费不足，地区经济发展滞后，从而导致创意不足、影响较小、效益不显著。截至目前，兴安盟很多优势文化资源都没能够很好地转化为文化特色产品，更没有形成品牌。虽然几经努力，将一些文化项目和产品创新不足的公司打造成了文化精品，但其文化产业链较短，未能达到真正的产业化和市场化，经济效益明显不足。例如，兴安盟蒙元文化及宗教文化风格独特，内涵丰富，但却缺少开发相关文化产品、旅游纪念品；又如，乌兰浩特红色文化资源富集，但在开发的过程中并没有形成延伸产品和延伸企业，诸如与之契合的红色纪念品、红色演艺、红色餐饮等并不多见。科右中旗生产的四胡音质好、品极高，但是却缺少以四胡为主体开发的旅游纪念产品和延伸产业链。

（三）文化产业企业少，专业化程度不足

当前，兴安盟文化产业尚且处于起步阶段，虽然产业准入门槛并不高，政策支持力度较大，但受观念陈旧、文化消费不足的影响，文化企业并不多，规模大、专业化程度高的大型文化企业更是凤毛麟角。全盟大多数文化企业是固定资产几万元、流动资金几千元的小微企业，固定资产超过百万元的仅有不足 20 家。在全盟 1000 多家的文化企业中，超过 90% 是打字复印、歌厅茶社、音像零售和广告装潢业，从事信息、影视、会展、演艺、出版等新兴产业的企业数量极少。能够积极挖掘当地文化资源，能够代表和体现当地民族文化、地方特色的文化企业不多见，其所占比例明显不足，影响力也很有限。正是由于文化企业少，品牌建设不足，专业化程度低，因此其经济贡献率极为有限，全盟文化产业增加值占GDP 比例偏低。

（四）专业人才凤毛麟角

任何产业的发展都离不开人才的有力支撑，没有专业人才的产业发展注定要举步维艰。兴安盟文化产业起步晚，优惠政策出台滞后，行业法律法规不健全，加之当地有关部门领导及群众观念相对陈旧，从而导致文化产业从业人员积极性不足，专业提升缓慢，人才引进乏力，进而导致文化产业从业人员整体素质不高，缺乏项目编制、活动策划、市场运作的专门人才。乌兰浩特市三人行传媒有限责任公司董事长向内蒙古自治区社科院调研组反映："落后地区人才流失问题显得尤为突出。留住人才很困难，特别是高素质人才，培养了两三年，考公务员、考事业单位走了。民营企业争取人才比不了党政和事业单位。这里走了 6 个

人，到兴安盟电视台3人，前旗电视台3个。现在就剩2个编导，1个还要去市里工作呢。"① 综观兴安盟文化产业整个人力资源配置情况不难发现，文化产业专业人才的缺乏，对产业的发展影响是巨大的。当前，兴安盟不管是文化产业管理部门，还是文化企业都存在着专业人才匮乏的"瓶颈"，急需有关部门及企业建立人才发展及引进机制，解决这一发展难题。

（五）政策支持相对滞后

文化产业发展的初级阶段需要政府给予政策、资金等方面的扶持，"扶上马，送一程"之后才能逐渐实现市场化运作。近年来兴安盟在制定文化产业发展扶持政策方面，做了很多工作，前后制定了大约三套文化产发展扶持政策或优惠政策，并决定在2015年下半年对2014年制定的《兴安盟文化产业八条优惠政策》进行修改和完善。很显然，这一工作并不及时，这对产业及时进入发展轨道，尽快开启快速发展模式是有影响的。此外，关于文化产业发展专项资金的设立及其评估考核机制，部分文化企业的摸底调研，文化产业的规范统计工作的推进等进展缓慢。

（六）文化市场不够成熟

文化产业的发展需要市场化运作，市场化的前提是需要具备一个规范、活跃、开放、成熟的文化市场。当前，兴安盟文化市场的发展相对滞后，真正的文化市场并未被激活，更谈不上活跃和成熟。究其原因，一方面居民文化消费观念还没有得到更新。当前，文化消费受到社会的广泛关注，已成为具有广阔拓展空间和巨大潜在市场的消费潮流。但由于兴安盟当地居民文化消费观念和方式正处在过渡、变化之中，尚未形成良好的文化消费意识和消费观念。另一方面受地区经济发展水平的影响，兴安盟城乡居民文教娱乐用品和服务的消费支出费用较低，居民消费能力有限。

四、兴安盟文化产业发展对策

兴安盟具有丰富多彩的文化资源，具备发展文化产业的文化先天优势。然而受经济发展滞后、先天基础不足、专门人才匮乏以及发展观念落后等影响，使得兴安盟文化产业发展不尽理想，尚未达到应有的水平。因此，需要厘清思路，合理规划，采取切实可行的措施，推动兴安盟文化产业的发展。

---

① 内蒙古自治区社会科学院．兴安盟文化产业发展调查报告．兴安盟文化产业开发办公室官网，http://whcyb. xam. gov. cn/.

（一）坚持"一轴、两中心、三集中区、四基地"的整体布局发展思路

一轴：以成吉思汗庙文化旅游景观区为轴端，连接市区内蒙古自治区民族解放纪念馆，东接葛根庙宗教文化旅游景区。

两中心：新区文化会展中心和文化产业园交易中心。

三集中区：科右前旗、扎赉特旗、科右中旗科尔沁草原文化旅游集中区。

四基地：科右中旗马文化产业基地、阿尔山生态文化产业基地、白狼林俗文化产业基地、突泉农耕文化产业基地。

实践证明，兴安盟"一轴、两中心、三集中区、四基地"的产业整体布局发展战略符合产业发展实际，具有思路正确、科学合理、实事求是、因地制宜和可操作性强的发展特点，要坚持不懈，一以贯之。

（二）进一步加大政策扶持力度

中央及自治区已相应出台了一系列文化体制改革和文化产业发展的政策性文件。特别是自治区在2012年出台了专门的扶持文化产业发展的若干意见。而兴安盟已经制定了几套扶持政策，但最终成熟、完善的扶持政策尚在讨论、修改中。希望最终的扶持政策能得以尽快出台，从而给予文化企业在税收、土地、资金、产业园区基地等方面的支持，特别是财政方面要实行必要的倾斜政策和优惠政策，较大幅度地增加用于扶持文化产业的专项资金，较大程度上减免相关文化产业的各项税费，以保障文化产业早期资金的大量投入和运营，使其快速成长并发展起来。与此同时，兴安盟公共文化设施建设欠账太多，缺乏文化产业孵化的"温床"。而文化产业基础设施匮乏，直接影响文化产业起步。因此，要加大财政投入，力争投资增幅接近财政增幅，为文化产业发展夯实基础工程。

（三）搭建融资平台，多渠道筹措资金

整个产业的发展全靠财政投入是不现实的，因此要由政府出面搭建融资平台，鼓励、吸纳和支持多种所有制资本进入非特殊性的文化领域，鼓励社会资金和民间资本打破旧有观念，消除现有顾虑，看到文化产业发展前景，从而积极跟进，实现文化产业投资主体的多元化，进而拓宽融资渠道，助推文化产业快速发展。具体措施：一是创造文化产业投融资环境。大力开展文化产业项目招商活动，积极引入投资大项目、大资本和大园区的战略伙伴，鼓励社会资金参与兴安盟文化产业的投资、经营、销售和管理。对民间资本进入文化产业领域，除按规定政策给予优惠，还可采取特事特办。二是创建文化产业投融资管理体制。建立高效的政府、企业、金融及中介机构之间的投融资关系，鼓励和引导非公有资本及海外资本进入文化产业。通过做大做优文化企业贷款担保资金，建立文化创意产业无形资产评价机制，实现无形资产有效质押，以及为重点企业与项目提供文化产业专项贷款绿色通道。三是建设文化产业投融资服务功能平台。通过研讨会、洽谈会、推介会、博览会等方式，积极拓展市场营销渠道，推动社会资本流向文化产业。通过联合、兼并、收购、重组等多种方式，培育一批以资本为纽带的大型文化产业集团。选择重点企业进行上市培训，支持具备条件的文化企业适时上市融资。①

（四）立足优势资源，着力打造文化品牌

兴安盟文化资源优势明显，要结合实际，深入发掘优势资源，打造地方品牌。要紧紧抓住红色文化、宗教文化以及蒙元文化等优势资源，大力打造民族文化旅游业，加大民族工艺品、纪念品、乐器等的开发力度，弘扬马文化、做大马文化产业基地，振兴民族制药业，培养民族会展业等。由于起步晚，兴安盟文化产业可以有更多的经验可以借鉴，有更多的先进技术可资利用，有相对成熟的发展模型可供学习，因此要着力发挥文化产业的后发优势，实现快速、全面发展。

发挥政府的主导作用，调动各文化企业的创作热情，积极打造具有地方特色的文化品牌，是提升影响力、提高经济效益、发展文化产业的有效途径。在这个环节中，政府要做好兴安盟文化品牌的规划工作，并积极为文化品牌建设创造条件。品牌的锻造除了我们做大做强自身的文化产品外，还需要积极有效的营销策略。要将传统传媒与互联网结合，提高营销效率，同时还要进一步发挥"互联网＋"的强大优势，将营销工作推向高潮，提高品牌的知名度。

（五）培育龙头文化企业，扶植重大文化产业项目

文化企业是文化产业的主要细胞，是文化市场的主体和核心，文化企业做强做大，整个产业必然会得到繁荣。因此，政府要深入文化企业体制改革，做好引导、扶持、培养文化市场的主体工作，要坚持"试点先行、逐步推开"的原则，大力推动文化事业单位向企业体制改革，借鉴兴安日报社、盟民族歌舞团、兴安电视台改革试点的成功经验，逐步扩大文化体制改革范围，大力推进国有经营性文化单位转制，完善法人治理结构，培育新型文化市场主体。要面对兴安盟的文化企业散、弱、小，不能应对市场风险的事实，鼓励有实力的文化企业跨地区、跨行业经营和重组，培育龙头文化企业，打造文化领域的战略投资者。对有一定实力和上升空间的企业要直接给予政策倾斜。例如，乌兰浩特市政府扶持蒙帝马

① 柴国君，张智荣．内蒙古自治区文化产业发展报告［M］．北京：经济管理出版社，2014.

头琴厂资金150万元，支持该厂迁入工业园区，并给3年不收费的待遇。此外，要打造、扶持一批重大文化产业项目，发挥它们在整个产业中的示范和带动作用，并将之打造成地区品牌，提升整体知名度和影响力。

打造重大文化产业项目要有内容丰富、特色突出，最好是地区独有的文化资源。正如兴安盟党校赵晓云老师所说："根据兴安盟现有的条件，我们最有吸引力、最独特的优势和特色是自然生态和红色文化，把蒙元文化、科尔沁文化的元素融入我们的红色文化与绿色资源里。就蒙元文化而言，鄂尔多斯、锡林郭勒、呼伦贝尔等地的对外宣传、打造的重点或多或少都与蒙元文化有关，所以我们兴安盟的优势并不突出。还有科尔沁文化，它不是只属于我们兴安盟，所以我们的优势也并不明显。唯有红色文化方面，兴安盟是独有的，从全国、全区角度看，占有绝对优势，所以打造兴安文化品牌，扶植兴安盟重大文化产业项目，应该从兴安盟红色文化和自然生态文化入手。"

（六）实施人才引进与培养战略

专业人才是文化企业发展的关键，是提高其核心竞争力的第一资源，同时也是整个文化产业发展的第一要素。近年来，兴安盟文化产业的发展始终受到专业人才匮乏的困扰。针对这一情况，可采取如下措施予以解决：第一，聘请区内外甚至是国际文化产业方面的专家、学者、业内精英到兴安盟研究、指导，为产业发展出谋划策；第二，为全盟现有的为数不多的专业人才提供发展的平台和空间；第三，在现有的职业院校、职业中学中设置相关专业，在龙头骨干企业中建立专业人才培训基地，从而实现人才的自我培育；第四，下大力气从国内外引进专业人才，建立人才引进机制，完善人才保障政策；第五，加快人才数据库的建设，建立有效的人才激励机制和文化创意人才建设工程，不断培育、发现和储备一批具有经营意识和开拓创新精神的高素质文化经营人才，搞好梯队建设，以确保兴安盟文化产业的可持续发展。总之，要通过"引、聘、请、租、借、会等多种形式引进文化产业专业人才和先进产业发展理念"。

（七）积极引导文化消费

激活文化市场不是一个短期行为，而是需要为之付出不懈的努力。第一，要不断加快地方经济发展，事实证明，文化市场的发展与地方经济发展密切相关，经济发展水平将会给文化产业提供资金、人才等保证；反过来，文化产业的发展也会为当地经济注入新的活力。第二，政府应该加大对文化产业，特别是品牌产品的宣传，引导居民消费新观念，培养文化消费新习惯，提高居民的文化消费水平，将潜在的本地文化消费需求转化为现实的经济消费支出。第三，充分运用高科技手段特别是发挥"互联网＋"的优势，做好文化产品的包装、设计、营销等环节，从而吸引外地消费能力进行本地消费和本地产品外销，拓展消费能力和范围，以市场需求和民众消费拉动本地文化的产业化发展。第四，继续实施品牌战略，挖掘和创作独具特色的文化产品，进行文化品位提升和包装，推出一批富有地域文化特征，体现兴安文化品位的精品项目，实现靠独特的文化产品抢占文化消费市场。①

---

① 赵新友. 大力发展文化产业提升兴安文化软实力. 兴安盟文化产业开发办公室官网，http：//wh-cyb. xam. gov. cn/.

第五章

赤峰市文化产业发展报告

　　赤峰市位于内蒙古自治区东南部，蒙冀辽三省区接壤处，是内蒙古自治区省域副中心城市，同时也是内蒙古自治区第一人口大市（截至 2014 年年底，全市常住人口430.38 万人）。近年来，经过市委市政府以及全市人民的不懈努力，赤峰市文化产业取得了长足进展，在自治区各盟市中处于领先地位。

一、赤峰市文化产业发展的有利条件

赤峰市地理位置优越，文化资源丰富多彩、举世瞩目，经济发展形势较好，具有发展文化产业的良好基础。

（一）区位优越，交通便利

赤峰市地处内蒙古自治区东南部，交通便利，区位优势明显。全市处于蒙古高原向辽河平原的过渡地带，大兴安岭西南段山脉与内蒙古自治区高原、西辽河平原、燕山北麓山地截接复合部位。东与通辽市为邻，西、北靠近锡林郭勒盟，东南与辽宁省朝阳市毗邻，西南与京津冀地区邻近。

赤峰市是连接华北、东北和内蒙古自治区东西部的交通枢纽，北京市区至赤峰地界仅 315 千米，有人把赤峰市称为"北京后花园"。赤峰距天津、北京、沈阳等大城市均在 500 千米范围内，距锦州、葫芦岛、秦皇岛等出海口不足 300 千米。境内有 8 条国省公路干线连接四方；南部由京通、叶赤两条铁路交会成网，与东北、华北紧密相连，北部有集通、赤大白铁路横贯腹地；有直通北京、哈尔滨、沈阳、大连、山海关等城市的旅客列车，民航班机直飞北京、呼和浩特等城市。此外，赤峰连通京沈高铁项目获得国家发展改革委批复，高铁建成通车后赤峰到北京、赤峰到沈阳均在 2 小时之内。

（二）文化资源得天独厚

赤峰市是内蒙古自治区文化资源最具魅力的盟市之一，自然、人文资源门类齐全，特色鲜明，闻名遐迩。

1. 优质自然旅游文化资源门类齐全

赤峰市具备全部 3 类景系和 10 景类中的 8 类，98 景型中的 87 种，占全国基本景型的 88.8%。拥有自然景观 30 种，占全国 37 种景观的 81.1%。大型的自然景系景类单体数目高达 96 个，山地、高原、丘陵、盆地、平原俱全，生态景观形态多样，地质景观、石水林原和优质杂粮是最突出的资源。全市共有国家森林公园 6 处，国家级自然保护区 7 处，世界级文化旅游品牌 3 处，与周边盟市共享森林、草原、沙漠等自然资源。

2. 历史文化资源丰富多彩

赤峰市是举世闻名的红山文化和辽文化发祥地，是游牧与农耕文明千年交融地，是中华文明的源头之一。赤峰市境内相继发现并命名了"小河西文化、兴隆洼文化、赵宝沟文化、红山文化、富河文化、小河沿文化、夏家店上下层文化"

8 种考古学文化类型，是全国以考古学文化命名最多的地级市。全市有历史文化遗址达 7340 多处，占内蒙古自治区的 1/3，是全国文化遗存最密集的地级市之一，其中国家级重点文物保护单位 50 处，也占全区的 1/3，自治区级重点文物保护单位 27 处，市县级重点文物保护单位 115 处。全市非物质文化遗产列入国家级保护项目的有 4 个，列入自治区保护项目的有 32 个，列入赤峰市保护项目的现有 68 个。

3. 民族文化资源悠久灿烂

赤峰市自古以来就是一个民族文化鲜明，民族英雄辈出的地方。历史上曾有东胡、匈奴、乌桓、契丹、蒙古、女真等诸多少数民族在此繁衍生息，并留下了丰富灿烂的民族文化遗产，最终形成了今天赤峰市别具特色的民族风情与民俗文化，从而丰富了游客的旅游经历。

4. 巴林石文化资源魅力四射

巴林石主要出产于赤峰市的巴林右旗大板镇西北，雅玛吐山北面的大小化石山一带。其学名叫叶腊石。与寿山石、青田石、昌化石并称为"中国四大印石"。巴林石隶属叶腊石，石质细润，通灵清亮，质地细洁，光彩灿烂，颜色妩媚温柔，似婴儿之肌肤，娇嫩无比，色泽斑斓，软硬适度，纹理奇特，质地温润，钟灵毓秀，堪称精美绝伦。早在 800 多年前就已发现，并作为贡品进奉朝廷，被成吉思汗称为"天赐之石"。在"四大印石"中巴林石最为年轻，但因品质高，且产量逐年减少，升值潜力巨大，市场价值已经高于其他的传统印石。巴林石作为独特优质的印章用石、雕件用石，具有非常珍贵的艺术价值、收藏价值和数倍翻番的增值潜力，这为巴林石文化产业的发展提供了长续久用的资源保障和重要依托。

赤峰市文化资源丰富，自然和人文景观富集，并以独特的文化内涵和历史特色，吸引中外游人前来访古览胜。

（三）良好的经济发展形势

近年来，赤峰市经济社会稳步增长，居民生活水平逐年提高，为文化市场的发展繁荣奠定了坚实的基础。据初步核算，赤峰市 2014 年实现地区生产总值 1778.37 亿元，按可比价格计算，比 2013 年增长 7.9%。其中，第一产业增加值 274.39 亿元，增长 4.1%；第二产业增加值 892.01 亿元，增长 9.7%；第三产业增加值 611.97 亿元，增长 6.3%。按常住人口计算，人均生产总值达到 41309 元，增长 8%，按年均汇率计算折合为 6725 美元。全年全体居民人均可支配收入 14948 元，比 2013 年增长 10.3%。其中，城镇常住居民人均可支配收入 23199 元，增长 9.7%；农村牧区常住居民人均可支配收入 8114 元，增长 11.4%。全年全体居民人均消费性支出 10820 元，增长 10.5%。其中，城镇居民人均消费支出 14329 元，增长 10.2%；农村牧区居民人均消费性支出 8109 元，增长 9.9%。城乡居民恩格尔系数（食品支出占消费总支出的比重）分别为 32.6% 和 38.5%。[①] 2014 年，赤峰市人均 GDP 已经高达 6725 美元，全体居民人均可支配收入 14948 元，比 2013 年增长 10.3%，城乡居民恩格尔系数不足 40%。由此可见，赤峰市居民文化消费必将快速增长，加之赤峰市作为内蒙古自治区第一人口大市所提供的人口数量，赤峰市文化产业市场必将不断扩大，文化企业将大有可为。

二、赤峰市文化产业发展现状

（一）文化事业发展突飞猛进

在赤峰市市委、市政府的高度重视下，文化产业发展的各项投入持续增加，文化基础建设不断完善，文化事业体系逐渐形成，全市文化事业取得了突破性进展。

截至 2014 年年底，全市博物馆发展到 20 座（市级 1 座，旗县区级 11 座，民间博物馆 8 个），公立博物馆现有馆藏文物总计达到 14 万件（组），其中国家一级文物 648 件（组），二级文物 1528 件（组），三级文物 2560 件（组）。现已建成公共图书馆 14 座，其中市级 1 座，旗县区级 12 座，民族少儿图书馆 1 座；馆藏图书总计 138 万册。现有市级群众艺术馆 1 个，旗县区文化馆 12 个。全市乡镇苏木 132 个，已建成文化站 157 个。全市共有行政村 2040 个，到 2014 年，提供图书 326 万册，实现了农村牧区村级草原书屋的全覆盖。现有市书画院 1 个，红山区美术馆 1 个。全市现有体育场馆 16 处（市级 2 处，旗县区级 14 处），旗县科技馆 2 个、展览馆 2 个。城镇大中型文化广场 33 处，社区游乐园 46 处。全市现有专业文艺团体 10 个，其中市民族歌舞剧院（含达丽雅民族歌舞演艺公司）1 个，旗县乌兰牧骑 9 支。全市现有广播电视台 12 个，广播电视传输卫星地球站 7 座，卫星收转站 8 座，微波站 10 座，电视转播发射台 13 座，有线电视用户 85 万户。全市现有报业 5 家，出版社 1 家，文学刊物 1 家。[②]

（二）文化产业发展快速增长

近年来，在市委市政府的高度重视下，赤峰市充分发挥本地资源、政策优

①　赤峰市统计局．赤峰市 2014 年国民经济和社会发展统计公报．http：//www.cftj.gov.cn.
②　根据赤峰市文化局提供的资料整理。

势，大力发展文化产业，现已形成新闻出版发行服务、广播影视服务、文化艺术服务、文化创意和设计服务、文化休闲娱乐服务、文化信息传输服务、工艺美术品生产、文化产品生产及辅助生产八大文化产业体系，同时，影视、动漫、游戏、数字文化等新兴产业业态已初步兴起。截至 2014 年末，全市拥有各类文化产业经营单位 7280 家，文化产业增加值实现 54 亿元，文化产业增加值占全市GDP 的比重由"十二五"期初的 1% 提高到 3%，超过全区平均水平。

全市有国家级文化产业示范基地 1 个（内蒙古自治区力王工艺美术有限公司），自治区级文化产业示范基地 3 个（赤峰市红山文化传媒有限公司、赤峰市巴林右旗巴林石集团有限责任公司、赤峰春晖文化传媒有限责任公司）。全市在建文化产业园区 4 个（上京契丹辽文化产业园区、巴林石文化创意产业园区、敖汉史前文化产业园区、红山文化旅游商贸城产业园区），拟建文化产业园区 5 个（林西文化产业园区、宁城辽中京文化产业园区、阿旗蒙古族汉庭文化产业园区、翁旗玉龙文化产业园区、喀喇沁旗文化产业园区）。2015 年，全市实施文化产业重点项目 37 项，截至目前，完成投资 4 亿多元，其中上京契丹辽文化产业园区、巴林石文化创意产业园区、敖汉史前文化产业园区、内蒙古自治区小河沿文化创意产业园项目、宁城道须沟文化旅游开发项目、林西墨玉工艺品加工项目、龙谷沙漠温泉文化旅游度假区项目投资较大，进展顺利。2014 年，完成了全市文化产业项目库建设，编印了《赤峰市文化产业项目册》，录入项目 104 项；编印了《赤峰市文化产业招商引资项目册》，录入项目 35 项，项目总投资 227 亿元。[1]综观赤峰市文化产业发展的整体情况，其新兴产业业态刚刚起步，传统文化产业领域依旧占据主导地位。

1. 文化旅游业发展迅速

文化旅游一直是赤峰市文化产业中的优势领域。多年来，赤峰市依托丰富多彩、特色鲜明的旅游资源，通过政府政策支持和资金投入，旅游基础设施不断完善，景区景点的周围环境、人文品质、服务设施不断得以改善、提高和优化，地方文化不断得到挖掘与保护，实现壮美的自然风光和独特的人文资源有机结合，从而进一步提升了旅游吸引力和知名度。此外，赤峰市每年还举办红山文化节、辽中京文化节、中国巴林石节、草原旅游文化节和王府文化节，以及旅游纪念品及土特产品大赛、民族手工艺品展销会、民间收藏展示交流大会等富有特色的文化旅游节庆活动。这些节庆或活动的举办，为赤峰市文化旅游发展注入了新的活力，文化旅游已成为赤峰市最具增长活力、最具发展潜力、最富拉动作用的新兴文化产业之一。2014 年全年接待游客 1139 万人次，比 2013 年增长 20.9%；旅

---

[1] 根据赤峰市文化局提供的资料整理。

游创收 180 亿元，增长 23.9%。①

2. 工艺品加工收藏业稳步增长

赤峰市巴林石品质高，储量大，市场价值高于其他传统印石，属收藏珍品。以巴林石集团为龙头的巴林印石业，已形成集开采、加工、销售为一体的产业链，销售网点遍布全国各地，每年创直接和间接效益 10 多亿元，带动就业 10 万多人。巴林石集团被列入自治区级文化产业示范基地。总投资 3.94 亿元的巴林石文化创意产业园正在抓紧建设中。工艺美术方面，涌现出大大小小多家企业，其中内蒙古自治区力王工艺美术有限公司是赤峰市工艺美术业中的绝对佼佼者，公司主要生产青铜器工艺品、纯毛手工工艺挂毯、辽代瓷器仿制工艺品、各类民族工艺品和民族旅游纪念品五大系列 5000 多个品种，青铜器工艺品获 1 项国家工艺发明专利和 45 项国家外观专利，年销售收入 3000 多万元，部分工艺品被作为国礼馈赠给几十个国家的领导人，是自治区首批十大文化产业示范基地，全国第六批文化产业示范基地，全国工业旅游示范单位，国家高新技术企业。此外，赤峰市收藏品交易业较为活跃，出现了赤峰古玩城、新城区玉龙文化园、金钰大都会文化广场等专业交易场所，其中赤峰市古玩城是内蒙古自治区东部地区最大的古玩交易文化市场。

3. 演艺娱乐业厚积薄发

通过深化文化体制改革，充分调动文艺演出团体和演艺人员的积极性，文化艺术创作精品迭出，经济效益及社会效益不断显现。通过深化文艺院团内部机制改革，恢复和组建了新机制的话剧团、戏曲剧团、蒙古族民乐团，拓展了新的发展空间，一批话剧、评剧、京剧、民乐作品和歌曲舞蹈作品不断呈现，增强了文艺创作的活力。2014 年排演的话剧《太阳一定升起》获自治区草原艺术节优秀剧目奖，并在全区进行了 9 场巡演。《爱在身边》在全市巡演，累计演出 30 场，深受群众好评。2014 年，市民族歌舞剧院共演出 116 场，其中赴川、鄂等省演出 10 场，其他盟市巡演 9 场，《我从草原来》参加北京市公益演出招投标并成功中标，进京演出 19 场。在文化惠民服务方面，通过加强对社区的艺术辅导与合作，社区文艺活动不断繁荣。通过落实文艺院团下乡演出补贴政策，演职人员积极性大大增强。赤峰市民族歌舞剧院坚持每周五在小剧场奉献一台惠民演出；群艺馆走出殿堂，进入社区、广场，组织开展活动，激情广场活动月前后演出 26 天，共有 50 个社区参与，每场观众达到万人以上；六一儿童节、十一国庆节两大综艺晚会的举办，全面展示了群众文化的演出水平。与此同时，各旗县区夏季广场活动也开展得有声有色，活动规模越来越大，水平越来越高，已经成为夏季市民

---

① 赤峰市统计局. 赤峰市 2014 年国民经济和社会发展统计公报. http：//www.cftj.gov.cn.

的文化夜宴。与此同时，通过举办全市专业表演艺术大赛、赤峰原创歌曲、原创舞蹈大赛，达到了督促练兵，培养和发现人才的目的。①

4. 广播电视制播水平不断提高

近年来，赤峰市积极推进文化体制改革，努力提高赤峰市广播电视制播水平。首先，在广播电台和电视台内部进行了机构改革，将原来以业务类型为标准的部门制度改革为频率频道制，实行总监负责制，对打造特色频率频道，培育本土品牌栏目提供了广阔的前景。其次，为了调动各岗位工作人员的积极性，激发其工作热情，广播电视台实施全员岗位竞聘，任用一些业务精湛、工作能力强，有责任心和积极性，具有一定组织协调能力的人员担任环节干部，打破了在编职工与聘用职工的身份界限，从而调动全体职工的工作积极性，彰显了公平和公正，改变了过去"干多干少一个样，干与不干一个样"的大锅饭局面。最后，大力整改广播电视节目，把一批有着创新理念和发展前景的栏目推向前台。通过整体改版，电视新增设 6 个栏目，广播新增设 17 个栏目，在基本不增加人员和设备投入的情况下，通过科学合理地配置资源，实现了资源利用的集约化和高效化。2014 年，在内蒙古自治区电视台发稿 595 条，在内蒙古自治区广播电台发稿得分 7570 分。在自治区广播影视和新闻奖评选中，赤峰市获一等奖 1 个，二等奖 10 个，三等奖 13 个，优秀栏目奖 3 个。

5. 商务会展业初露端倪

近年来，赤峰市重点培育和开展运动休闲、工艺美术、文化旅游、古玩玉器、创意农业、图书印刷、版权交易等特色文化会展活动，以赤峰市国际会展中心为依托，注意专业会展的规范化、品牌化、市场化、国际化。赤峰国际会展中心，自 2007 年 7 月试营业以来，成功举办了数十次大型展会，吸引了大量参展商和观展群众，初步显现了会展平台的拉动作用和辐射带动效应。此外，还定期以大型公开课、专家讲座、高峰论坛、企业内训等多种形式开办"名师大讲堂"，收到了良好的社会效益和经济效益。今后将进一步整合提升全市文化、体育、节庆活动，延伸会展产业链，拓展创意策划，会展传播、招商代理等配套服务，推动文化会展及相关产业发展。

6. 影视动漫业前景看好

赤峰市影视动漫业处于刚刚起步阶段，与发达城市和地区相比还有较大的差距。但是。自 2009 年年初赤峰市动漫协会成立以来，取得了一系列可喜的成绩，令我们看到了影视动漫业的发展前景，特别是一批有活力、实力、竞争力的民营创意文化企业加入影视动漫领域，使整体实力大增，焕发出勃勃生机。赤峰无界

---

① 本报告部分数据和资料由赤峰市文化局提供。

影视传媒公司、三和影视传媒公司和飞鱼雅罗文化传媒公司等影视动漫文化创意企业，已经由初期生产制作简单的动漫作品发展到生产制作大型影视动漫系列产品。从 2010 年开始，赤峰市已举办了两届中国·赤峰动漫博览会，吸引了全国近百家动漫企业参展。赤峰无界影视传媒公司受内蒙古自治区公安厅委托拍摄的 30 集动画片《安全驾驶 30 招》在全国成功发行，使动漫文化精品"走出去"实现了零的突破。飞鱼雅罗文化传媒公司首部动漫电影《飞鱼雅罗》制作成功。赤峰三和影视传媒有限公司于 2012 年获批广播电视节目制作经营许可证，并被授予 2011 中国广告年度优秀广告策划机构。由赤峰市中原集团投资 400 万元，与中央电视台"探索·发现"栏目合作拍摄了五集历史文化纪录片《契丹王朝》顺利完成并在央视 10 套、9 套、4 套播出，取得了非常好的社会效益。①

7. 文化产业园区项目建设成绩斐然

文化产业园区建设一直是赤峰市文化产业发展的"重头戏"，经过多年的不断努力，目前有在建及建成文化产业园区 9 个，其中自治区级文化产业园区项目 1 个，即上京契丹辽文化产业园，有赤峰市级文化产业园区项目 8 个，分别是"中国印城·赤峰"文化产业园、赤峰国际草原城、巴林石文化创意产业园、克什克腾现代文化产业示范区（乌兰察布系统生态文化旅游区）、二道井子遗址公园、红山文化展示中心、敖汉史前文化产业园区、红山文化旅游商贸城产业园区。另有旗、县（区）级文化产业项目 9 个，文化企业投资建设的文化产业项目 6 个。此外，还有拟建文化产业园区 5 个（即林西文化产业园区、宁城辽中京文化产业园区、阿旗蒙古族汉庭文化产业园区、翁旗玉龙文化产业园区、喀喇沁旗文化产业园区）。到 2015 年，全市将实施文化产业重点项目 37 项，其中上京契丹辽文化产业园区、巴林石文化创意产业园区、敖汉史前文化产业园区、内蒙古自治区小河沿文化创意产业园项目、宁城道须沟文化旅游开发项目、林西墨玉工艺品加工项目、龙谷沙漠温泉文化旅游度假区项目规模较大，投资较多。

三、赤峰市文化产业发展中存在的问题

经过多年的发展，赤峰市文化产业成绩喜人，发展空间和前景看好。但是，在发展的过程中，依旧存在着以下问题：

（一）文化基础设施建设有待提高

赤峰市文化产业无论是在产业总量上，还是在文化品牌打造、文化产业园区

---

① 柴国君，张智荣. 内蒙古自治区文化产业发展报告［M］. 北京：经济管理出版社，2014.

建设上都处于自治区各盟市的前列。但是，由于经费不足，融资不力，赤峰市在基础设施建设方面却处于全区中下游水平。旗县区级图书馆、博物馆、群艺馆得到部分改建和新建，但和其他盟市比，差距很大。市本级就更差一些，到现在没有独立的图书馆、群艺馆、大剧院、音乐厅等专业的文化设施。现在已有的文化基础设施多数已经老化，标准不高，功能不全，数量不足，很难发挥应有的作用。目前，全市文化馆达到国家一级标准的只有一个巴林左旗文化馆，而全区一级文化馆多达 20 个，鄂尔多斯市、包头市、呼伦贝尔市的一级文化馆均在 3 个以上；市群艺馆只符合国家三级标准。全市只有 1 个一级图书馆和 1 个二级图书馆，而全区一级图书馆有 7 个，二级图书馆有 9 个。赤峰市本级中心图书馆 2014 年进入二级图书馆行列，馆藏图书只有 45 万册，至今没有专门的图书馆大楼，而是设置在博物馆西侧的厢房里。市歌舞剧院只有老城区 2000 平方米用房，而且在居民楼下。在现已建成的 157 个乡镇文化站中，80% 都建在乡政府大楼里，无法很好地开展活动。各种展馆面积不够，设备设施严重不足，全市博物馆共有 14 万件组各级文物，展陈总数不到 10%。市博物馆 1.5 万件组文物，只展陈了 1500 件组。革命历史博物馆、自然博物馆、民俗博物馆因为没有场地，至今缺项。市本级的群艺馆、歌舞剧院的舞台装备更是简陋。赤峰市作为文化大市，至今尚且没有专业剧场和专业音乐厅，大型室内演出达不到演出条件，文化基础设施建设落后，严重制约了文化事业和文化产业的发展，很难满足当地居民精神文化需求。

（二）人才匮乏，且流失严重

如同自治区其他盟市一样，赤峰市文化产业发展中也存在着专业人才匮乏的问题。截至目前，赤峰市依旧没有一个有效的人才引进和激励机制，因此既不能很好地引进人才，也不能留住现有人才，人才流失现象较为严重。赤峰市目前的文化人才队伍，在公共文化服务方面基本能够满足要求，但在演艺创编方面，差距非常大。近十年来，赤峰市流出和政策性提前退休人员达到 320 人，目前的演艺队伍中，几乎没有在整个自治区有影响的演员和编导。伴随着全市旅游接待业务的大量增加，市旗两级文艺院团民族歌舞演员不断加强，但其他艺术形式诸如影视艺术、话剧、音乐剧、曲艺、小品等创作力量薄弱，几乎没有创作成果。由于经费不足，市旗县两级文艺院团，只是保证了人员基本工资，至于养老保险、创作经费、培训提高经费和下乡演出经费，各级财政不予列支，自身又缺乏造血功能，严重影响业务创作和人员培训提高工作。此外，在文化产业中的新型高新技术领域，人才问题更是突出，例如创意设计、文化科技、广告传媒、数字广播电影电视、体育健身、休闲养生等新兴业态的文化产业领域专业等。由于新型文化业态的人才问题，导致传统文化产业比重过大，新兴的文化产业比重偏小，以传统文化经营为主，以信息化、数字化为核心的新兴产业发展缓慢。

（三）企业规模小，实力弱

赤峰市经济发展运行平稳，人口多，基数大，加之历史文化资源丰富，项目可选择的范围较大，总体发展情况较好，产业的发展前景也较为乐观。但要将文化产业发展成为赤峰市的支柱产业，还有很长的路要走。从赤峰市文化产业发展的整体来看，文化经营单位虽然多达 7000 多家，但企业的规模小、实力弱、市场竞争力差，产业集中规模化和集约化程度低，真正具有竞争力、集约化的大型文化产业企业极少，缺少骨干企业和知名文化品牌。近几年兴办的文化产业项目大多是民营企业或者个人投资，额度小、规模小、档次低，难以提升赤峰市文化产业的整体水平。

（四）缺少具有一定影响力的文化品牌

赤峰市文化资源十分丰富，具有历史文化遗址多达 7340 多处，占内蒙古自治区的 1/3，其中国家级重点文物保护单位 50 处，也占全区的 1/3，自治区级重点文物保护单位 27 处，市县级重点文物保护单位 115 处。但是，这些文化储存从原始社会新石器时代一直到近现代，时间跨度较大，文化旅游开发中，挖掘和开发得并不理想，文化整合转化不足。当前，赤峰市历史文化资源主要是以文物等静态景观为主，缺乏特色和吸引力，如红山文化、青铜文化等史前文化，仍基本停留在专家学者的学术研究阶段；辽代建筑损毁严重，仅存几座辽塔、石窟寺和一些馆藏文物，随着契丹民族的消亡和文字消失，文学艺术等非物质文化也已失传，辽文化的可视性不足；蒙古族文化深层挖掘不够，表现形式缺乏特色和创意，趋同化现象严重。民族歌舞表演规模小，艺术水准低，形式单调，表演粗糙，不能真正反映蒙古民族文化的艺术品位。[①] 因此，从整体来看，赤峰市一直未能发挥文化资源富集的优势，开发上更多的是四面出击，深度不足，没能集中力量真正打造出具有地方特色、市场竞争力强、知名程度高的文化品牌。

四、赤峰市文化产业发展对策及建议分析

通过如上分析可知，赤峰市文化产业发展还面临着很多问题，还有很长的路要走。赤峰市要顺应文化市场的发展规律，认清今后的发展趋势，正确处理文化

---

① 柴国君，张智荣. 内蒙古自治区文化产业发展报告［M］. 北京：经济管理出版社，2014.

产业发展的各种关系，形成本市的内生动力，从而推动文化产业进一步发展，提高文化产业的经济贡献率，形成多种所有制文化企业共同发展、体系完备、结构合理、特色鲜明、效益显著的文化产业发展新格局。

（一）加强文化基础设施建设，为文化产业大发展奠定坚实基础

完善的基础设施是文化产业发展的重要条件之一。赤峰市当前必须要解决文化基础设施多数老化、标准不高、功能不全、数量不足的问题。首先，政府进一步加大投入力度。为适应新的形势，除了每年正常的文化产业项目投资外，赤峰市委市政府设置了每年2000万元文化产业专项扶持资金，对那些符合条件的文化事业项目、文化经营单位等予以支持，从而在一定程度上缓解基础设施建设经费不足的问题。其次，建立科学高效的文化产业投融资平台。文化产业发展仅靠政府财政投入是无法取得太大发展的，因此需要打造一个科学高效的融资平台。文化产业投融资平台的建立需要政府出面策划、组织、协调，并提供必要的政策保障，从而建成以政府资金为引导、以企业投入为基础、以银行信贷和民间资金为主体、以股市融资和境外资金为补充的多元化文化产业投融资体系。成功吸纳来自各个方面的资金流，如政府资金、企业投入、银行贷款、文化基金、证券融资、民间捐助、境外资金等，用以推进基础设施建设和文化产业项目的完成，最终推动全市文化产业快速发展。

（二）建立科学的人才引进、培养和使用机制

人才的引进、培养和使用是文化产业发展中一个极其重要的环节。赤峰市文化产业发展先要做好人才的引进与培养工作，然后科学合理地使用人才，使之能够安心、快乐地工作，实现人尽其才，物尽其用。

首先，建立一个科学、合理、公正、有效、规范的人才引进机制。要对引进人才的目的、已有的工作基础、对产业发展的预计贡献等做出清醒的认识和论证，然后依据地方实际情况，大力引进一些高水平的专业人才，引进后，可以直接纳入本市有关部门（如市文化局、市人社局）的管理，制定特殊政策，享受特别待遇，不论国籍、年龄，可予以长期或短期聘用，可每年定期或不定期来国内工作，不拘一格，招揽人才。同时，人才的引进，必须结合本地的实际需求和产业的发展计划，讲求实效，宁缺毋滥。

其次，在进行人才引进的同时，更要重视人才的培养，引进与培养同步进行。赤峰市要采取有力措施，充分调动赤峰学院及其他职校的教育资源和设施，结合国内其他高等院校、大型企业的进修、培训等加大本市人才培养力度，尽快打造一支层次结构较为合理的人才队伍。

再次，一方面要结合本市目前的社会经济现状，建立一个符合人才价值规律的薪金分配制度来约束和规范人才的薪酬问题，在薪金分配上要充分体现人才的价值。另一方面，要做好人才住房、子女入学、医疗、配偶工作等一系列保障工作，使之没有后顾之忧，从而专心地投入工作中。

最后，在人才使用上，要依据人才的特点、能力、专长等量才使用，要采取一切措施激发他们的工作热情，对于薪金和各项福利要按约兑现，保持公信力。此外，要注意平衡引进人才与原有人才队伍，在薪酬水平上的关系，体现公正、合理的原则，做到既能调动引进人才的积极性，又能激发原有人才的工作热情，不能顾此失彼，得不偿失。只有这样，才能既减少矛盾，调动整支队伍的积极性和热情，又避免不必要的人才流失，减少损失，稳定队伍。

（三）培育骨干企业，发挥引领作用，提升产业整体实力

骨干企业是一个行业中经济规模、技术含量、人才队伍、市场竞争力、社会影响力以及发展势头和前景等方面均具有重要影响力和地位的企业。整个行业的发展规模、方向以及整体实力取决于骨干企业发展的质量和水平。随着全国文化产业的快速发展，骨干文化企业的数量、特色、市场竞争力、经营状况等已经成为衡量一个地区文化产业发展水平的重要标志。由于骨干企业对推动整个文化产业的发展，创造社会财富、吸纳社会就业、带动中小文化企业发展等方面具有极为重要的作用，因此，培育骨干文化企业，提升整体实力成为各地文化产业发展中至关重要的一个环节。

赤峰市具有极为丰富的文化资源，但是一直未能形成在国际、国内叫得响的品牌，即便在自治区内也不具备绝对的优势，目前，赤峰市谋划和在建的龙头项目数量少、规模小，骨干企业和龙头项目数量少，带动弱。因此，在接下来一个相当长的时间段内，赤峰市要着力培养骨干企业，提升文化产业的整体实力。首先，加强对赤峰市历史文化和民族文化的研究和开发，应加强对河洛文化的研究与发掘，创作既立足于重大历史题材又关注当代现实题材，既依托赤峰市历史文化和民族文化资源又面向全国、面向世界的文学艺术精品，并以文学创作为基础，推进全市影视、动漫、美术、书法摄影、音乐、戏剧等产业及艺术的全面繁荣，进而带动产业发展，打造知名文化企业。其次，积极创新工艺技术、服务方式和管理模式，努力培植一批基础扎实、善于经营的骨干企业。再次，坚持政府引导、市场运作、科学规划、合理布局原则，加大对全市重点文化产业项目的扶持力度，对已有的大型企业、项目予以政策倾斜，努力将其扶植为产业龙头。如规模比较大的巴林石集团、内蒙古自治区力王工艺美术有限公司、赤峰日报传媒集团、赤峰广播电视台、内蒙古自治区新华发行集团赤峰市分公司、内蒙古自治

区科技出版社、赤峰达丽雅民族歌舞演艺公司、蓝哈达艺术团、赤峰无界影视传媒公司、三和影视传媒公司和飞鱼雅罗文化传媒公司，等等，通过政策引导，在资金、土地、税收等方面的支持使之不断做强做大。最后，从区内外、国内外积极引进大型文化企业或企业集团前来设置分支机构，从而利用他们的技术、资金、人才、市场、经验等打造本地区的有实力、有竞争力的骨干文化企业，增强全市文化产业的整体实力和市场竞争力。

（四）依托文化资源，打造文化品牌

赤峰市文化资源丰富、特色鲜明，有打造文化品牌的天然基础，但是打造文化品牌是一个系统工程，不能一蹴而就，需要步步为营，逐步实现。首先，要结合地方的资源特色及优势，找准发展和打造方向，进行科学定位。赤峰市有"龙凤之乡"的美誉，是红山文化和契丹文化的发祥地，要仅仅抓住"龙文化"和"辽文化"两大优势品牌予以打造。因此先将现有的"大辽皇都、契丹祖庭"、玉龙广场、中国印城·赤峰等文化品牌做强做大，在此基础上继续谋划新的文化品牌项目。其次，继续整合各种资源，根据品牌定位筛选与品牌定位相关的各文化因素，包括内部的各种文化资源和外部管理、技术、经验、人才等，然后集中最优势和精华的部分予以挖掘和开发。要将赤峰市"中华龙的故乡"、"辽王朝的故地"、"世界地质奇观"、"距北京最近最美的草原"等旅游优势资源加以整合，打造赤峰文化旅游胜地，开辟最具赤峰特色的文化旅游精品线路，使赤峰文化旅游成为最具吸引力的文化品牌。最后，品牌初具规模后，要加大管理力度和宣传营销力度，建立品牌文化管理体系。与此同时，还要实施监控，在品牌文化定位的基础上防止品牌文化的变异。总之，赤峰市文化资源异常丰富，历史文化深厚悠久，民族文化五彩纷呈。要将这些有力的资源优势加以整合塑造，形成全区乃至于全国范围内知名的文化品牌，继而由点到面，带动整个文化产业的发展。

（五）推动"互联网＋文化产业"的发展模式

2015年3月5日，第十二届全国人民代表大会第三次会议上，李克强总理在政府工作报告中提出："制定'互联网＋'行动计划，推动移动互联网、云计算、大数据、物联网等与现代制造业结合，促进电子商务、工业互联网和互联网金融健康发展，引导互联网企业拓展国际市场。""互联网＋"以一个前所未有的高度，出现在总理的政府工作报告中，这表明国家最高权力机构正式向全国发出关于"互联网＋"推介与号召，"互联网＋"自此在中国得到前所未有的热议，各行各业都在积极探索与互联网取得最佳融合的可能性。

互联网作为兼容性极强的主流平台，有很大的合作空间，可以和很多行业广泛合作。近些年来，互联网发展迅速，特别是移动互联网的普及，已经完全渗透到人们经济和生活之中。当前，从电子阅读的逐渐普及到剧场、影院的网络低价售票，互联网已经开始融入文化产业中，"互联网＋文化产业"已成为文化产业发展的新趋势。文化产业投入互联网怀抱，将会加速相关行业的转型，并带来新的发展机遇。因此，赤峰市要积极推进"互联网＋文化产业"，各个文化企业要积极适应互联网时代的发展步伐，根据自身的情况不断提升，并在这个新的生态链中找准自己的位置，积极与互联网技术、电商结合，对接线下营销，进行线上线下的合作，并进一步积极探索与互联网融合的最佳模式，从而推动整个文化产业快速发展。

（六）加快发展智慧城市、智慧旅游建设

当前，随着赤峰市城镇化步伐不断加快、城市人口不断膨胀，资源短缺、环境污染、交通拥堵、安全隐患等城市常见问题也接踵而来。这些问题不但影响着城市的建设和管理，也制约着文化产业的发展。因此，赤峰市要借助于包括射频传感技术、物联网技术、云计算技术、下一代通信技术在内的新一代信息技术，积极打造智慧城市。通过推动智能化、信息化、网络化的智慧城市建设，使城市变得更易于被感知，城市资源更易于被充分整合，在此基础上实现对城市的精细化和智能化管理，从而减少资源消耗，降低环境污染，解决交通拥堵，消除安全隐患，最终实现城市的可持续发展，进而为文化产业的发展提供更加便捷的服务和环境。

随着互联网技术和通信技术的快速发展，智慧旅游已经成为旅游业发展的必然趋势。越来越多的游客开始习惯于借助互联网络了解和订购旅游产品；越来越多的旅游景区、旅游酒店、旅行社等旅游企业加快了智慧旅游信息平台建设步伐，打造旅游信息查询平台，及时为游客提供旅游动态信息，不断提高旅游的智能化和信息化程度。赤峰市应尽快适应当前信息化发展和智慧旅游工作要求，在智慧城市的基础上，全面启动智慧旅游工作，加快建设全市智慧旅游平台，提高信息化水平。要按照智慧管理、智慧服务、智慧营销的架构，建立全市智慧旅游数据库，最终建成完善成熟的智慧旅游网络，全面提高赤峰市的智慧旅游信息化水平，进而全面带动文化产业的智能化与信息化发展。

（七）抓住国家"一带一路"的发展机遇，引领赤峰市文化产业发展

文化是一个国家或民族的灵魂，是一切财富的创造源泉。随着国家"一带一路"发展战略的提出，中国文化产业将迎来巨大的发展空间和前所未有的历史机

遇。作为中国向北开放的重要窗口，内蒙古自治区被确定为"一带一路"沿线18 个重点省份之一，从而为内蒙古自治区文化产业的发展提供了历史性的发展契机。赤峰市要紧紧抓住"一带一路"的发展机遇，拓展文化产业发展空间，提升文化"走出去"的质量与水平，大力推进文化产业国际化发展的步伐。

首先，赤峰市政府要谋划与蒙俄以及中亚、欧洲国家在旅游、文化交流、民间交流、软件等文化领域的合作。其次，全市具有一定经济和经营实力的文化企业应以更加积极的姿态做好"走出去"的准备，加强对国际商务的各种通行惯例和规则的学习，对目标国家或者地区的政局状况、法律规章、风俗人情、社会风气、人际关系、环境意识等做充分的了解。最后，努力提升企业综合实力，积极提升产业层次、科技含量、供应链管理、品牌打造等。

第 六 章

乌兰察布市文化产业发展报告

　　乌兰察布市位于环渤海经济圈和"呼包鄂"经济带结合部，地处京、津、冀、晋、蒙走廊，东连京津冀地区，西通呼、包、鄂、银、榆城市群，南与山西接壤，北与蒙古国、俄罗斯互通。良好的区位交通优势为乌兰察布市的文化产业发展奠定了自然基础。作为自治区欠发达地区，近几年乌兰察布市依托丰富的地区文化资源和地域优势，逐渐形成了由实体产业、交叉产业、延伸产业构成的文化产业基础体系，以及由文化产品销售业、新闻出版业、文艺创作演出业、影视制作放映业、网络文化业、文化旅游业、娱乐业、广告业、文化会展业、工艺美术业等为体系的文化产业雏形。

一、乌兰察布市文化产业发展现状

近年来，乌兰察布市立足文化资源优势，采取合理规划、加大扶持力度、重点突破的原则，文化产业得到长足发展。

（一）乌兰察布市文化资源优势突出

乌兰察布市既是草原文化的典型区、全国罕见的蒙元文化遗迹富集区和蒙元文化重要组成之一的察哈尔文化发源地，也是农耕文化与游牧文化、黄河文化与草原文化相互融合发展之地。其丰富的文化资源可以从以下几方面梳理：

1. 文物遗址资源

乌兰察布市是内蒙古自治区文物遗址分布较多的地区之一。根据全市第三次全国文物普查数据，现有各类不可移动文物遗址点 3071 处。其中有国家级重点文物保护单位 7 处，自治区级文物保护单位 32 处，市级重点文物保护单位 47 处，其涵盖时代从新石器时代至近现代。文物遗址点类型有古遗址、古墓葬、古建筑、石刻及近现代代表性遗址点等。主要反映的文化内涵为农耕民族文化和草原游牧民族文化，以及两种文化在此交错地带上发生、发展、演变、融合的过程。据历史记载，在这里生活和居住的北方少数民族主要有匈奴、鲜卑、突厥、契丹、女真、蒙古等。他们遗留下了大量的历史遗迹和事件的记述，其中环岱海古文化遗址群、庙子沟古文化遗址、集宁路等遗址，为乌兰察布市区域特色文化产业发展奠定了丰富的文化资源基础。

2. 文化旅游资源

乌兰察布市拥有国家 4A 级旅游景区 5 家、3A 级旅游景区 4 家。其中，格根塔拉典型草原景区、辉腾锡勒高山草甸草原景区以及高原湖泊岱海景区，在区内外享有较高知名度和美誉度。由自治区旅游局、市政府联合举办的旅游那达慕大会，已经成为全区文化旅游业的一大品牌。此外，察右后旗察哈尔文化研究及其成果转化的旅游产品、集宁区三山两河生态旅游景区，凉城县红色文化项目建设等，都将成为乌兰察布市文化旅游的重要内容。

3. 艺术教育与人才资源

位于内蒙古自治区乌兰察布市集宁区的集宁师范学院，现设幼师学院、中文系、政史系、外语系、数学系、计算机系、物理系、化学系、体育系、音乐系、美术系、蒙文系、生物系、经管系、思政教学部 15 个教学单位，教学资源丰厚，是乌兰察布市重要的艺术教育与人才培养基地。此外，乌兰察布市民族艺术学校是国家级重点艺术中专院校。学校设立声乐、器乐、舞蹈、戏剧表演、节目主持、群众文化、民族艺术传承班等八大门类 50 多个专业的中等艺术教育课，其中武利平二人台艺术明星班、"宝音德力格尔长调传承班"、"非物质文化遗产"项目马头琴教育成为乌兰察布市艺术教育的品牌。

4. 文化艺术资源

乌兰察布市具有独特的察哈尔、杜尔伯特蒙古族民族艺术、东路二人台地方戏以及晋剧艺术等，拥有一批优秀剧目和优秀编创演职人员。察右前旗、化德县、凉城县、商都县 4 个旗县是自治区的先进文化县，化德县白音塔拉乡、丰镇市隆盛庄镇、新城区分别是自治区政府命名的剪纸之乡和民间艺术之乡。"隆盛庄六月二十四庙会"和"东路二人台"被列入自治区级非物质文化遗产名录，并且有国家和自治区级非物质文化遗产项目代表性传承人，民俗文化异彩纷呈、各具特色。此外，蒙古族民族艺术和东路二人台艺术呈现出乌兰察布市的艺术特点，蒙古族民族歌舞《察哈尔婚礼》，蒙古族宫廷音乐《阿斯尔》，影视《察哈尔足迹》、《嘎查的故事》、《尼玛家的女人们》等一批优秀剧节目，为发展文化产业探索出了一条积极的路子；东路二人台艺术以其独特地域环境和历史文化交融的艺术形式成为个性特点，《摘花椒》、《风雨山乡路》、《光棍汉与外来妹》等东路二人台艺术精品，也成为发展文化产业的优势项目。

5. 文化市场资源

据统计，乌兰察布市全市文化市场经营场所已达 813 家，其中网吧 236 家，歌舞娱乐场所 170 家，电子游艺场所 93 家，图书音像 79 家，复印打字社 120 家，印刷厂 85 家，演出地、团体及场所 30 家。

（二）乌兰察布市文化产业发展目标明确

围绕党的十八大提出的"促进文化和科技融合，发展新兴文化业态，提高文化产业规模化、集约化、专业化水平"以及自治区"8337"发展思路，近年来乌兰察布市加快发展文化产业，努力使文化产业成为乌兰察布市经济发展的新的增长点和支柱型产业，已成功打造"吉祥草原、京津夏都·北京后花园"强势品牌。下面分阶段介绍其文化产业发展目标。

1. 近期发展目标（2013～2015 年）（基础建设期）

重点加强文化产业发展的基础设施建设，发展具有较大市场潜力和相对优势的传统文化产业，以建设文化产业园区和大的龙头项目为抓手，在总量扩展的同时促进质量的提升。加强四子王旗格根塔拉草原、察右中旗辉腾锡勒草原、凉城县岱海、集宁元代古城、兴和县苏木山高山森林、察右后旗火山等几个龙头级示范景区的建设。

加强丰镇、隆盛庄等古镇村落的建设。结合旧城拆迁改造，引进战略投资者，加大基础建设力度，打造自然环境优美、旅游功能要素齐全、特色鲜明的文化旅游名镇，使之成为当地最大的综合文化产业区。

加强文化产业的信息化建设，通过网络集中展示和推广乌兰察布市的文化产业资源和项目。

到2015年，完成乌兰察布市文化产业基本框架的雏形，形成以龙头项目为主导、重点项目为支撑、一般项目为基础、基本建设全面启动的新格局；努力使文化产业增加值占GDP比重达到2%以上。

2. 中期建设目标（2015～2017年）（品牌建设期）

以文化旅游产业作为乌兰察布市转变经济发展方式、优化经济结构和促进经济持续增长的重要抓手，调整文化产业结构和提升文化产业质量，促进文化与旅游的深度融合，搞好文化旅游业发展规划，明确建设的重点项目，加快建设步伐。开发多样化的文化旅游项目，将创意文化和文化旅游业深度渗透。大力发展文化风光游、特色文化游、休闲度假养生游、特色产业游、乡村游。

主动融入全区和周边地区旅游市场，坚持"以我为中心"，设计打造好旗县游、市内游、区内游、跨区游、跨国游等不同的精品线路。

到2017年，建成国家级、自治区级文化产业示范基地或示范园区1～2个，知名文化旅游企业、文化旅游品牌5～8个，文化企业领军人才10个，文化技能大师工作室20个。文化产业增加值占GDP比重达到3%。

3. 远期建设目标（2017～2020年）（支柱产业确立期）

全面提升文化产业整体素质，完成文化产业的整体转型和文化产业内部及相关行业的融合，使文化产业渗透和关联效应更加显著，文化产业增加值占GDP比重达到5%，使文化产业真正成为乌兰察布市的支柱产业，推动全面建成小康社会的实现。

就其"近期发展目标（基础建设期）"而言，乌兰察布市的文化产业初显繁荣。各类文化产业竞相发展，文化市场开放正在向统一、开放、竞争、有序的方向迈进。

（三）确立了乌兰察布市文化产业发展战略

乌兰察布市文化产业的发展，不仅要借力周边地区文化产业项目的经济关联性，发挥地域优势、区位优势，还要顺应国际国内文化产业发展的新趋势。当前，乌兰察布市"12368"文化产业发展战略格局基本确定（见图6-1），它连通环渤海、呼包鄂银榆、冀晋、俄蒙等地区和国家，按照"一核（集宁区）、两轴（横轴线：卓资县—集宁区—察右前旗—兴和县；纵轴线：丰镇市—凉城县—察右前旗—集宁区—察右后旗—商都县—察右中旗—四子王旗—化德县）的思路，建设三大景区（格根塔拉、辉腾锡勒、岱海景区）、六大基地，发展八大文化产业"，以形成以点、轴、圈、面为空间格局全市域、全方位深度开发的新局面，志在创建"吉祥草原、京津暑都·北京后花园"强势品牌，全面提升乌兰察布市文化产业的综合实力，打造京津冀晋蒙省际文化旅游中心和中、俄、蒙三国新的文化交流中心。

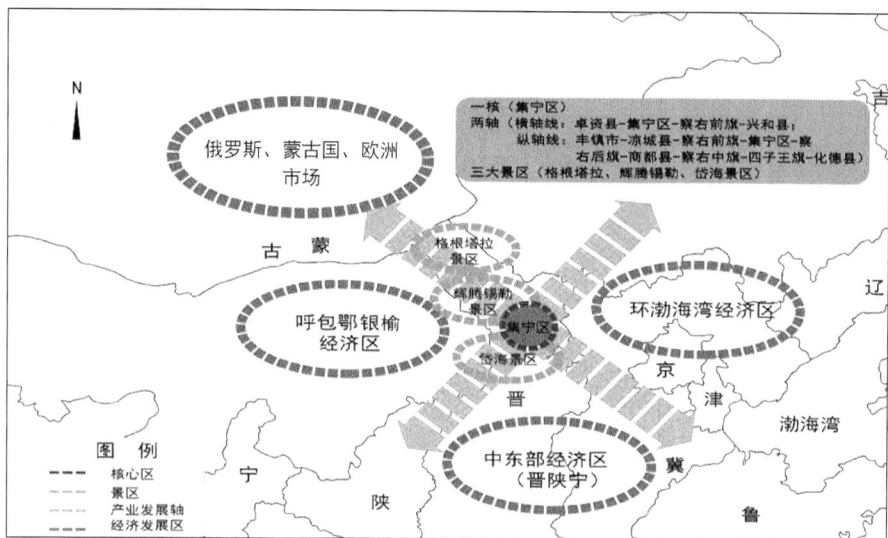

图6-1　乌兰察布市文化产业发展战略格局

1. 创建以集宁区为核心的乌兰察布市文化产业发展核心区

集宁区是乌兰察布市政治、经济、文化的核心，历史悠久，人文、自然资源丰富，文化产业发展基础较好，文化市场较为繁荣，是乌兰察布市文化产业发展的核心区。核心区重点建设四大园区。

（1）集宁古城"特色街"园区。集宁古城"特色街"园区位于集宁区桥西区内，园区内重点建设休闲酒吧文化街、传统戏曲文化街、地方戏曲音像示范街、古玩文化街、传统美食文化街、民族手工艺品街、民族服装服饰街等一批特色文化街区。

（2）元代集宁路文化产业园区。依托元代集宁路古城深厚的历史文化底蕴和国内外具有的知名度，以元代集宁路遗址、庙子沟新石器遗址和乌拉哈"万亩滩"、岱青山防空洞、部分黄旗海湿地为开发对象，打造集休闲、旅游、娱乐、餐饮等为一体的综合性文化产业园。开展文化艺术品展示和交易、创作演艺、会议培训、高端度假等业务，多渠道招商引资，实施市场化运作。

（3）"三山、两河"生态旅游、休闲度假、文博会展文化产业园区。白泉山主题公园、老虎山生态公园、卧龙山生态公园以及霸王河综合治理工程、泉玉林河生态园区将成为集宁区集生态旅游、休闲度假、文博会展于一体的文化产业特色。此外，利用乌兰察布市集宁冬季寒冷漫长的气候条件和霸王河生态园区的自然条件，在冬季开展以冰雕为主的冰雪文化活动，将会丰富乌兰察布市冬季文化产业的内容，逐渐形成乌兰察布市文化产业的新型业态，打造乌兰察布市冰雪文化新品牌。

（4）东路二人台艺术精品演艺区（武利平大戏台）。依托乌兰察布市独特的东路二人台地方戏以及乌兰察布市民族艺术学校设立的内蒙古文艺人才培训基地、武利平二人台明星班、东路二人台品牌专业等文化艺术资源和人才资源，打造集艺术教育、艺术创作与研发、艺术表演、艺术交流为一体的乌兰察布市民族和地方文化品牌，使该演艺区发展成为地方传统民间戏曲艺术原创中心和传播中心。

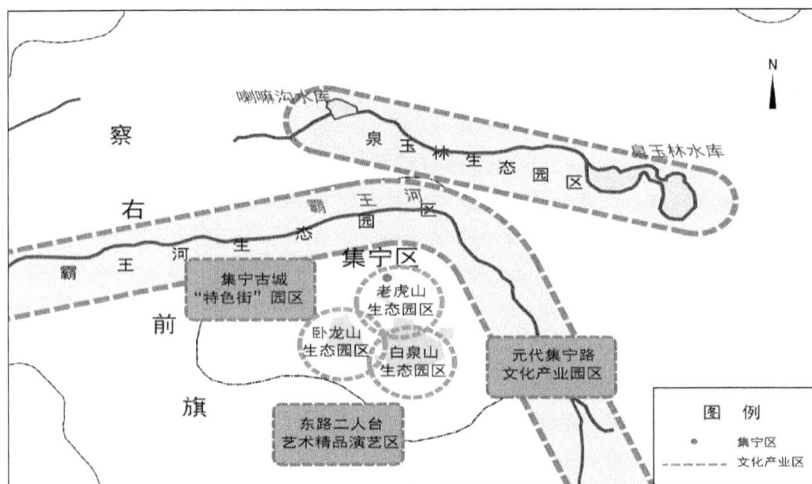

图 6 - 2　集宁核心区重点建设文化产业
—— "三山、两河"、产业园区

2. 打造纵横两条文化产业发展轴线

乌兰察布地理位置优越，在交通方面正在形成公路、铁路、机场立体交通枢纽。目前，集宁南站日经列车达 66 次，北京、天津、上海三个直辖市和 17 个省会城市以及 110 多个地级城市可直达集宁，公路、铁路的覆盖面广、通达性强。在区位方面，乌兰察布市与山西省、河北省接壤，地处京蒙走廊，是自治区 12

个盟市中距离首都北京和首府呼和浩特最近的城市，是京津等大城市进入内蒙古自治区旅游的门户，是京津晋冀蒙自驾游的优选地，已成为京津的避暑胜地。特别是随着口岸建设的推进，也已具备了发展边境游、跨国游的条件。

积极发挥乌兰察布市地域优势，打造纵横两条文化产业发展轴线，即横轴线：卓资县—集宁—察右前旗—兴和县，纵轴线：丰镇市—凉城县—察右前旗—集宁区—察右后旗—商都县—察右中旗—四子王旗—化德县，连通环渤海、呼包鄂银榆、冀晋、俄蒙等地区和国家；以集宁城区为纵横两轴交会的核心区，以轴线两翼旗县市区为发展空间，整合开发文化资源，把轴线地区建设成为一个集文化交流、生态旅游、观光购物、休闲度假、文博会展为一体的特色突出、个性鲜明的文化产业带。

3. 着力建设格根塔拉、辉腾锡勒、岱海三大景区

围绕四子王旗格根塔拉草原、察右中旗辉腾锡勒草原、凉城县岱海等地特色资源，着力建设更高水准、更高品位、更好管理的自然景区。充分发挥乌兰察布市自然风景秀丽、历史文化资源丰富的优势，紧紧围绕建设草原文化旅游中心这一目标，打造乌兰察布市独具特色的文化旅游知名品牌，开发"生态文化旅游"精品线路。

（1）一线。以黄花沟为中心，市博物馆——十大生态广场——集宁路遗址——庙子沟遗址——集宁战役博物馆、察哈尔民俗博物馆——民族风情晚会。

（2）二线。以格根塔拉为中心，四子王旗王爷府——神舟家园——四子王旗净州路——犀牛化石博物馆——四子王旗元代敖包。

（3）三线。以岱海为中心，凉城县环岱海史前聚落遗址群（园子沟遗址、老虎山遗址、王墓山遗址）——绥蒙革命红色文化产业基地（红色旅游景区和爱国主义教育基地）——二龙什台国家级森林公园、岱海农家乐旅游景区。

4. 建设六大文化产业基地

（1）凉城绥蒙革命红色文化产业基地。该项目位于凉城县府所在地的东南，依照"一带、两轴、三点、八区"的功能区划建设，添补自治区纪念红色文化园空白，打造一个具有代表性的红色旅游景区和爱国主义教育基地。以绥蒙革命纪念地为龙头，建成集贺龙革命活动旧址、蛮汉山马头山抗日革命根据地、绥南专署旧址——烧天贝村、绥南专署专员程仲一牺牲地——郭木匠沟、凉城县政府旧址——乔郭天村为内容的红色革命旅游景区。同时，仿建微缩战场，采用声光电等现代手段模拟战争场景，建设夏令军营，开展军事拓展项目等。

（2）集宁红色文化教育基地。依托老虎山、集宁战役纪念馆等红色文化资源优势，整体规划，打造一座集爱国主义教育基地、革命传统教育基地、未成年人思想道德教育基地、红色旅游基地等多种功能于一身的红色文化教育基地。

（3）乌兰察布生态影视基地。依托岱海、红召、九龙湾等旅游区，建设组团式影视基地，确立三个功能定位：一是影视拍摄，为电影、电视剧拍摄提供外景基地；二是旅游观光，通过电影、电视剧宣传、包装，提高知名度，实现提升文化旅游目的；三是休闲娱乐，对现有建筑物进行充分开发利用，建设高档会馆、餐饮、娱乐，建成高档休闲娱乐区。有效地整合区域内的各种资源，以生态环境建设为基础，以影视拍摄、旅游为载体，以文化为灵魂，拓展发展空间，把影视基地建设成为一个集影视拍摄、文化旅游、休闲娱乐为一体的大型文化产业项目。

（4）卓资县图书批发集散基地。依托卓资山镇已经形成的全国性图书交易市场，打造以卓资为中心、覆盖全市、辐射全区的出版物集散地和全市对外文化交流窗口。规划建设集图书批发零售、网上交易、物流配送、展览推荐、版权交易等功能于一体的图书大厦，实现卓资县"图书之城"的发展战略。

（5）察右后旗察哈尔文化发展基地。依托察右后旗丰富的察哈尔文化资源，加强资源整合，注重收集、整理、挖掘察哈尔阿斯尔音乐、察哈尔服饰、察哈尔长调民歌等非物质文化遗产，丰富察哈尔文化内涵，并加强对察哈尔文化遗产的保护和传承，促使察哈尔文化焕发出新的活力，着力打造察哈尔文化产业强势品牌。

（6）乌兰察布市文化产业创新人才培养基地。依托集宁师范学院和国家级重点中专艺术学校——乌兰察布市民族艺校以及增设的乌兰察布旅游文化艺术技工学校，创新人才培养模式，实施文化产业人才培养计划，搭建文化产业人才终身学习平台。强化学校与企业、学校与政府、学校与民间机构的合作，建立互惠共赢的"合作办学、合作培养、合作就业、合作发展"机制。面向区内各中职学校开展文化产业管理专业的师资培训；面向文化产业各种业态企业，开展分类、分层次的职业培训和管理培训，重点开展文化企业（事业）管理、新闻传媒、数字出版、书画交易、版权交易、景区管理、文博会展等行业的相关职业培训，打造区域内文化产业的实用人才培训基地。

5. 重点发展八大文化产业业态

乌兰察布市在今后几年中志在完善生态文化产业，健全文化产业的价值增值链，延长文化产业的产业链条，不断降低文化企业的生产和交易成本，提高文化产业的运营质量，营造文化产业招商引资的良好环境，推动文化产业的规模化发展，优化产业结构，大力提升文化产业发展水平。增强出版印刷发行、广播影视、工艺品制造、文化用品流通、文化旅游、演艺娱乐和文博会展等传统支柱产业的增长力度；加快广告传媒、数字动漫、文化服务、休闲度假等新兴产业的发展速度；促进文化中介、创意设计、策划服务、艺术品拍卖与零售、艺术与创意教育、文化研究等基础行业与区内外强势资源的合作；鼓励、支持和引导数字音像、数字娱乐、数字媒体等新兴行业的规模化发展。力争到 2020 年基本建立较为完善的具有民族和地域特色的文化产业体系，为文化产业的持续、高效、科学发展打下坚实的基础。相关部门将重点支持以下八大类型的文化产业：

（1）文化生态旅游业。深入挖掘旅游资源的生态内涵和文化内涵，整合资源加快与动漫、演艺、会展、创意、科技和教育等的深度结合，着力打造一批旅游度假精品项目：以展示察哈尔传统文化为主的草原民俗风情文化游；以集宁战役、凉城绥蒙革命红色文化产业园区、大青山支队革命史迹、贺龙革命史迹为重点，反映革命历史的红色文化旅游基地；依托集宁古城特色街区和元代集宁路文化产业园区，开展以察哈尔文化为特色的草原文化游；借力集宁现代物流园区、有色金属加工园区、风力发电设备制造园区、风力发电厂区、新型皮革工艺制造区等现代工业基地，开展现代工业文明游；同时，积极发展集宁皮革城、特产购物城、商都陶瓷文化园等具有乌兰察布市特色的文化产品交易产业。

（2）演艺娱乐业。持续推进文化产业体制改革，优化文化艺术人才才艺发展的市场环境，依靠市场的作用，促进文化艺术资源的产业转化，跨越式提升演艺娱乐业的经济效益。发挥政府职能，加大政策支持，加大资金投入，快速壮大演艺娱乐业，使其成为乌兰察布市文化产业实现快速发展的重要支撑点。演艺娱乐业的发展，要集中提炼精品项目，合力打造两部代表地区最高演艺水准的体现察哈尔文化和乌兰察布地域特色的大型演艺项目。

（3）文博会展业。以集宁区为中心，充分发挥各旗县市区各具特色的文化产业优势，积极扶持文博会展业，打造乌兰察布文博会展品牌。在持续做好国际皮草节、马铃薯节、草莓瓜果采摘节、那达慕大会、苏木山登山节、隆盛庄传统文化庙会等文博会展专题活动的基础上，创造条件，壮大实力，承办若干次有国际影响力的文博会展活动，快速发展文博会展业，快速提升乌兰察布市的文博会展品牌。

（4）出版印刷发行业。支持卓资图书文化城的建设，巩固其已有的发展地位，整合资源，加强合作，促进乌兰察布市出版印刷发行业的转型与发展；构建版权交易平台，成立"乌兰察布出版社"；开发电子出版领域，发展版权产业；积极引导印刷企业数字化改造和高新技术的应用；规划建设卓资文化图书城电子商务网络平台和图书发行物流园区，延长文化产业链条，进一步发展壮大卓资图书文化城的产业功能，大力推进乌兰察布市出版印刷发行业的规模化发展进程。

（5）广播影视业。深化文化产业体制改革，依托已有的广播影视资源和优势，提升电视剧和其他非新闻类电视节目的生产能力，着力打造乌兰察布市精品舞台剧、纪录片《洒落的珍珠》、大型民族音乐剧《草原英雄拓跋珪》、影视剧

《草莽惊雷》等项目；运用声光电等现代科技手段，再现传统文化尤其是元代集宁路古城遗址的文化史实；扩大影视制作、发行、播映及其衍生产品的开发，实施广播电视数字化改造工程。

（6）工艺品制造、书画创作交易产业。发展富有生命力的传统工艺品、民间民俗艺术品、高级复仿制艺术品，积极推动工艺美术品研发和生产基地建设；加强工艺品生产的艺术指导和市场推广，鼓励高校艺术设计专业在工艺品生产制造企业建立产学研合作的实习基地，建立文化产品合作创新机制；重点打造察哈尔民族服饰制作、察哈尔民族工艺品制作、高端剪纸装帧等民族手工艺产品项目，支持上述项目传承人创办、领办、合办以民族商品生产为主的特色企业和特色产业，促进文化经济化。

（7）广告、创意设计业。围绕广告、创意设计业的核心业务，整合创意、策划和设计力量，促进配套企业的空间集中与产业聚集；积极扶植一批创意设计生产大型企业，推动创意设计业向第一、二、三产业延伸，鼓励和支持媒体创意、生活创意、视觉设计、工业设计、环境设计等创意设计机构的发展；以自然生态体验、历史文化体验、工艺文化体验、生活教育体验、饮食文化体验、家饰时尚体验等生活创意产品为拉动，实现创意设计向现实生产力的转化。

（8）数字动漫业。乌兰察布市可以以元代集宁路文化产业园区为基础平台，优化投资环境，吸引动漫企业空间聚集，促成集群化发展的格局，形成规模化的成长趋势，发展壮大动漫产业整体实力；鼓励数字动漫企业开展多形式、多主题和全方位的合作，通过跨地区、跨所有制形式的联合，发挥集成优势，增强渗透力和带动力，延长产业链，迅速扩大产业规模。

具体到文化项目上来，在未来几年乌兰察布市要做大、做强以下32项文化产业重点项目，以实施重点文化产业项目带动战略，并引导乌兰察布市文化产业向集约化与规模化方向发展。

表6-1　乌兰察布市重点文化产业项目指引

文化产业重点项目	所属行业
元代集宁路文化产业园区	文化遗产保护与服务
卓资图书文化城	新闻出版
乌兰察布火山地质公园	文化旅游
察哈尔右翼中旗黄花沟旅游区	文化旅游
四子王旗格根塔拉旅游区	文化旅游
集宁城市生态旅游区	文化旅游
凉城环岱海休闲文化旅游	文化旅游

文化产业重点项目	所属行业
丰镇西口古城·隆盛庄古镇	文化遗址保护与服务
内蒙古自治区文化艺术旅游人才培养基地	文化旅游服务
集宁皮革文化产业园	文化旅游
"集宁战役"革命教育基地	文化遗址保护与服务
凉城绥蒙革命红色文化产业园	文化遗址保护与服务
东路二人台民俗风情产业园	文化艺术服务
蒙古族乐器暨工艺品研发制作中心	文化艺术服务
大型民族歌舞剧《草原英雄拓跋珪》	文化艺术服务
大型民族音乐剧《洒落的珍珠》	文化艺术服务
察哈尔文化科研与民族工艺品制作基地	文化创意、设计、工艺
乌兰察布报业印刷发行基地	新闻出版
神州家园科普影视传媒基地	影视文化传媒
薯都文化餐饮娱乐一条街	文化旅游
察哈尔民族风情餐饮娱乐一条街	文化旅游
苏木山、蛮汉山、红召国家登山基地	文化旅游
国际马拉松·徒步行基地	文化体育
集宁红海子生态文化旅游集散中心	文化生态旅游
蒙中医草药研发生产基地	文化遗产保护与服务
岱海温泉养生休闲中心	文化旅游服务
格根塔拉国际那达慕	文化旅游
中俄蒙皮革文化节	文化旅游
京津晋冀蒙省际养生文化节	文化旅游
京津夏都消夏文化艺术节	文化旅游服务
"西口情"二人台文化艺术节	文化艺术服务
小庙子蒙古族文化风情园	文化旅游服务

二、乌兰察布市文化产业的发展"瓶颈"分析

（一）文化产业结构不尽合理

目前，乌兰察布市文化产业发展规模较小，产业结构不尽合理，文化产业有

着较大的发展空间。文化产业业态主要集中在文化旅游、工艺品制作、休闲娱乐等传统产业，新型文化产业业态严重缺乏。

（二）文化市场发展不足

市场主体的竞争力不强，集约化程度不高。文化企业"小、散、弱"现象突出，没有现代大中型文化企业，资源相对分散，形不成规模优势。单纯依赖数量、规模扩张的粗放型增长方式。如何通过跨地区跨行业的联合、兼并、重组，重点培育和发展一批实力雄厚、具有较强竞争力和影响力的大型文化企业和企业集团，以提高集约化经营水平和产业集中度是下一步发展的方向。

（三）文化产业发展资金融资渠道单一

进入乌兰察布市文化产业的社会资本偏少，在利用社会力量发展文化产业的"量"的积累上严重欠缺。在文化艺术、新闻出版以及与社会其他领域的结合方面，社会资本比较分散，资本额比较小，与先进地区相比，差距甚大。此外，多年来由于受地区经济发展滞后的影响，财政对文化的投入较少，欠账较多。文化设施、设备陈旧老化制约了文化事业和文化产业的发展，特别是转化资金、扶持资金等缺少，文化产业没有资金保障，因而难以发展。如何鼓励社会资本进入文化产业发展领域，以实现"社会资本投入、政府引导扶持、企业经营运作"的发展思路，是今后努力的方向。

（四）文化产品品牌体系建设滞后

创意、科技、人才是文化产业发展的重要条件。作为西部少数民族地区，创意、科技、人才的相对匮乏成为乌兰察布市文化产业发展的重要制约因素。目前乌兰察布市的文化资源发展项目多而杂，未分层级、有些项目刻意拔高，缺乏战略定位。此外，文化资源还没有得到充分的深度挖掘，文化产品不够丰富，文化品牌知名度不高，文化与现代创意结合得不够、文化资源占有意识和创新开发意识相对薄弱，文化资源优势没有充分转化为产业优势，急需实现由文化资源向文化经济的跨越。如何依托各类文化艺术院校、艺术院团、群众文化艺术馆等推动艺术教育培训业的发展，深入挖掘传统优秀的文化娱乐资源，以引领健康文明、时尚高雅的文化娱乐项目，构建群众性体育休闲娱乐体系是下一步努力的方向。这就需要乌兰察布市必须在人才、资金、信息、技术等方面，不仅实现和自治区内的区域合作，更应借助北京等周边发达地区先进技术、最新创意成果等优势资源，引进文化产业发展高端人才，实现自身发展。此外，还应加强与蒙古国、俄罗斯、韩国、日本等国家的文化交流，借助外力，扩大影响，坚持"引进来，走出去"的原则，实现各方共同促进区域文化产业发展，共同实现区域文化产业繁荣的战略目的。

（五）文化产业人才缺乏，尤其是多元化人才严重不足

乌兰察布市文化产业方面的人才总量不足、素质有待提高、结构有待完善、缺乏人才发展规划。目前乌兰察布市急需引进和培养七类人才队伍：善于市场运作的文化企业经营管理人才队伍、熟悉金融市场的文化产业资本运营人才队伍、具有创新思维的文化创意人才队伍、文化资源开发推广与传播人才队伍、掌握先进技能的专业技术人才队伍、有创新能力的理论政策研究队伍，以及高素质的文化产业行政管理人才队伍。对此，必须制定乌兰察布市中长期人才发展规划，特别是制定战略性文化产业人才发展规划，明确文化产业人才培养体系和框架。

（六）文化产业与科技融合力度滞后

在"互联网＋"的时代背景下，要积极发展新兴文化产业，就不能不以高新技术为依托，大力发展网络服务、广告会展和具有自主知识产权的动漫、网络游戏、文化创意等新兴文化产业，以形成后发优势。目前，乌兰察布市网络服务业需要迅速扩大规模，不断拓展网上资讯服务，开发网上影视、网上教育、网上医疗服务等系统，提供文化信息资源的链接服务，以形成规模效益。广告会展业要充分利用区位优势物流、资金流、信息流的优势，充分利用多种载体和广告信息资源，建立影、视、声、平面、户外、互联网、移动通信等全方位、多门类的广告媒介体系，以此才能提高档次、品位和服务水平，吸引消费群体。

三、推进乌兰察布市文化产业理性发展的对策

（一）立足优质资源，培养龙头文化企业

在市场主体培育方面，乌兰察布市要加快文化与经济的融合，以文化产业市场主体为本位，深化改革，以京蒙合作为契机，加强与区域周边的文化先进区的横向联合，加快培育文化市场主体，加快文化资源向文化资本的转化，提高文化产品的经济价值，带动相关行业发展。

1. 要培育大型文化企业和集团

以培育和引进骨干企业为重点，发挥资源整合和引导示范作用，带动相关行业发展。一是做大做强国有文化产业集团，培育2~3家大型国有骨干文化企业。以骨干企业为重点，发挥资源整合和引导示范作用，创造更好的社会效益和经济

效益。在市场主体上，扶持一批重点企业向现代企业制度的产业集团发展。二是鼓励和引导非公有制文化企业健康发展。扶持本地骨干企业，引进国内外知名企业和机构，重点扶持一批文化产业领军企业，培育一批特色鲜明、创新能力强的文化科技企业，提高乌兰察布市文化产业市场主体的数量和质量。三是鼓励有实力的企业跨地区、跨行业、跨所有制兼并重组，培育文化产业战略投资者。四是支持企业加大对技术装备和科技研发的投入力度，注重品牌塑造、维护和推广，引进核心创意人才、高端技术人才和经营管理人才，提高文化产业市场竞争力。五是在财税、人才、信息服务、银行信贷、出入境管理等方面，为龙头企业开拓国内国际市场、扩大市场份额、提高国际竞争力创造条件，拓展乌兰察布市有比较优势的文化企业发展空间。

2. 鼓励、支持和引导中小文化企业发展

大力发展中小文化企业，活跃文化市场主体。创新土地、财税政策，完善新创企业孵化服务，引导企业把握技术应用和消费市场的发展趋势，鼓励企业进行产品研发和市场拓展，完善和创新商业模式，开展产业配套协作，提升中小文化企业的专业化程度和经营管理水平，增强文化产业发展活力。为中小文化企业营造公平的竞争环境，通过有针对性的文化经济政策帮助其解决发展中面临的难题，降低创业风险和创业成本，提高创业成功率。

3. 要健全各类文化市场

构建统一、开放、竞争、有序的文化市场体系，促进文化产品和生产要素合理流动。一是要积极发展文化产品市场。运用市场准入、价格调节、财税优惠等政策，引导各类市场主体在出版发行、电影放映、文艺表演、网络服务等领域，积极开发文化市场。二是要充分完善文化要素市场。充分利用国内外资本市场，拓展文化产业投融资渠道。鼓励文化企业通过发行公司股票、企业债券在资本市场直接融资。完善文化企业间接融资制度，规范文化产权交易，重点发展版权和其他无形文化资产交易市场。三是要发展现代流通组织和流通方式。推进连锁经营、物流配送、电子商务，加快文化产品物流中心建设，努力建设区域文化产品物流中心，鼓励跨越区域、管理规范、技术先进、服务优质的现代文化产品物流企业发展。大力发展现代文化产品连锁经营，鼓励出版物发行、票务、互联网上网服务、电影发行放映等文化企业以资本为纽带，形成一批文化产品连锁企业。

（二）强化科技与文化融合，促进产业聚集发展，延伸文化产业链条

文化产业具有集群特性，体现为产业链条长、上下游企业众多特点。这种集群性本质决定文化产业不能单靠某一点发展，而应推动形成文化产业园区，以园区式发展带动文化产业发展。创建文化产业园区将成为各地发展文化产业的主要方式。① 在民族文化资源比较丰厚的地区，通过建设文化产业园区的形式整合区域资源，以空间换时间，实现文化产业跨越式发展，是完全必要和可能的。文化产业园区的建设，有助于文化产业规模化、集约化效应的形成，并可以促进具有关联性产业的聚集，加强文化企业间的合作，起到降低企业交易成本的作用。

乌兰察布市目前并未形成真正的文化产业集聚，仅有的几个文化产业园区也并非按照严格意义上的园区来进行规划与建设的，更多的只是一两个项目的聚拢。推进乌兰察布市文化产业集聚，需要从以下几方面入手：

第一，应围绕乌兰察布市重点文化产业发展领域，结合各区域优势与特点，确定每个区域不同的文化产业发展重点，形成文化产业集聚。

第二，统筹乌兰察布市文化产业园区规划建设，遵循集约发展、突出特色、合理布局的原则，加强规划在产业集聚发展中的引导作用。应对园区进行准确定位，体现园区特色，明确园区整体发展战略，体现园区专业化发展，做好规划，避免与周边城市低品质、同质化竞争。

第三，文化产业园区建设应完善产业链经营，建立起产业链形态的产业集聚。文化产业链包括纵向产业链与横向产业链。纵向产业链是指某个产业上下游的产业链，形成价值链的延伸。横向产业链是指文化产业族群中不同行业之间的结合，比如文化旅游、文化会展、演艺娱乐、影视出版等行业的结合。按照纵向产业链或横向产业链，明确园区整体发展战略，对园区内产业内容进行合理布局。两种产业链有时是交织在一起的。以动漫创意产业园为例，可以有动画节目制作、影视制作、影视动画技术企业、人才培训基地、广告公司、艺术授权公司、衍生产品开发公司等，还可以有动漫嘉年华、动漫剧场、动漫艺术创意雕塑展示等。

第四，文化产业园区应体现产业集聚效应。园区应是在龙头企业的带动下，众多企业的积聚。拥有几家龙头企业，真正有实力的企业集聚，在龙头企业的带动下，一大批中小企业围绕龙头企业提供发展所需配套。应吸引知名大企业入驻，创园区品牌。

第五，文化产业园区应有完善的功能配套。加快基础设施的建设和完善，搭建投融资、技术研发、产业交流和产品展示交易等公共服务平台。比如，园区内建设有信息网络服务平台、技术服务平台（研发中心、新技术印务服务中心、创意产品展示中心等）、产品交易平台、企业孵化及人才培育平台等。

第六，文化产业园区应形成一定产业规模。文化产业园区的建设，能切实推动文化产业多向融合，优化资源配置，培育新兴产业，使产业经济结构调整更加

---

① 陈少峰，张立波. 文化产业商业模式［M］. 北京：北京大学出版社，2012.

完备，强力推动文化产业与第一产业、第二产业、第三产业的相互融合，催生新的产品形态，逐步形成多元化、复合型的文化产品新结构。没有一定产业规模的文化产业园区，难以形成集聚效益，难以发挥园区应有的强大吸纳力和辐射力。文化产业的规模化要求进一步优化文化产业的空间布局，提高文化产业间分工与合作的水平，加速文化市场要素的流通，提高文化产业资源配置能力。因此，乌兰察布市文化产业园区的发展需要在园区发展过程中，以特色文化资源为基础优势，以市场化经济和现代金融手段为杠杆，打造着力于转变文化产业发展方式，实现产业结构、需求结构和要素结构优化的特色文化产业园区，是推动文化产业集约化、规模化和专业化发展的重要路径。

（三）促进文化创意与科技的深度融合

创意作为重要的文化资源来源，主要取决于人力资源开发的力度和水平。创意人才需要具有宽阔的知识结构、灵活的思维方式、丰富的生活经验以及创新能力、思维能力、研究能力、表达能力等关键能力。[1] 在进行创意人才开发时，一要利用素质模型进行甄选；二要开展多样的学习和培训；三要创造优良的创意环境，鼓励员工大胆创新，勇于实践；四要创意管理，通过绩效管理、报酬系统设计、员工职业生涯设计等加强创意管理。

相比较东部沿海等文化产业发达地区，创意人才的匮乏，是内蒙古自治区乃至西部少数民族区域文化产业发展的"软肋"之一。在目前的文化产业化开发实践中，最为突出的问题就是创意和科技的缺乏造成的低效和粗放开发。对此，乌兰察布市应以传统、落后产业的创意化、技术化提升为重点，集聚、整合现有的处于分散状态的科技、人才、品牌、管理、设计、自主知识产权等高端要素资源，积极有效地把区域内研究机构、相关公司、辅助机构、行业协会、高等院校动员起来，着力推动官、产、学、研各界的通力合作。同时，应兼顾生产、市场和营销，通过研究目标市场，寻求生产和营销的应对策略。通过创新营销模式，创造出新的和释放出潜在的市场需求，以拓展产业盈利空间，延长产品生命周期。应通过知识产权的生成和取用，开发衍生产品，延伸产业链条。[2] 此外，依托丰厚的文化资源要素，发展若干高创意、高科技、高附加值、高文化含量、生命周期长、需求收入弹性大、具有唯一性或特色优势、不易被模仿替代、能代表区域经济发展方向的文化主导产业，以改变目前乌兰察布市文化产业竞争力偏低的状况。

---

① 向勇．文化产业人力资源开发［M］．长沙：湖南文艺出版社，2006.
② 王光文．依托草原文化资源发展特色文化产业［J］．浙江在线新闻网站．

（四）实施重大项目带动战略

具有地方特色的重大文化产业项目，在引导文化产业向集约化与规模化方向发展、提升文化产业结构以及提高地区文化产业竞争力等方面发挥着重要作用。[①] 近年来，乌兰察布市认定和实施了一批文化产业重大项目。但是，在重大项目认定、管理方面存在很多问题，重大项目建设重复现象严重，带动作用与影响力不强。乌兰察布市实施重大文化产业项目带动战略，应结合乌兰察布市文化产业发展定位，发展壮大文化产业基地，培育区域性特色文化产业群。为此，乌兰察布市在这方面的工作要努力做到以下几点：

1. 科学合理认定文化产业重大项目

首先，乌兰察布市文化产业重大项目应属于乌兰察布市重点发展的文化旅游、演艺娱乐、广告与文博会展、出版印刷发行、广播影视、工艺品制造与书画创作交易、创意设计、数字动漫等文化产业领域。其次，按照"储备一批、规划一批、建设一批"的滚动发展原则，筹划、论证、筛选、确定好各类重大项目。重大项目实行特事特办，甚至"一项一策"，开辟重大项目审批绿色通道。最后，建立重大项目申报评价机制与办法，评价指标体系应以项目竞争力评价为核心，对申报项目的发展基础、发展潜力和相对优势通过专家团队进行评价，避免重复建设、资源浪费与恶性竞争，确保文化产业项目的整体竞争力得到提升。

2. 加大对重大文化产业项目的管理

各级文化产业管理部门从规划、用地、税收等方面对重大文化产业项目单位进行指导。对于通过认定的自治区级、乌兰察布市级重大文化产业项目，在专项资金支持、土地使用、税收减免、投融资服务、招商推介、信息咨询等方面享受优惠待遇；建立文化产业项目数据库，搭建乌兰察布市重大文化产业项目发展平台。市、旗县市（区）文化产业管理部门责成相应工作机构收集和汇总市、旗县区文化产业项目，由市文化产业管理部门进行整理分类。市文化产业管理部门通过招商引资、提供项目基础设施和产业发展资金扶持等形式孵化和培育文化产业项目；对重大文化产业项目积极进行对外宣传、推介；编制乌兰察布市重大文化产业项目招商手册；加强对重大文化产业项目的跟踪管理。

通过实施重大项目带动策略，建立综合旅游景区、商贸文化中心、文化产业创新创意园区、文化艺术人才教育培训基地等，以重大项目促进大开放，以大开放带动大项目实施，旨在加快文化与旅游、资本、科技的融合，引进战略性投资伙伴进行资本大融合与技术大提升。

---

① 南京大学国家文化产业研究中心．重大文化产业项目带动战略研究，国家文化产业课题研究报告（2008 年度）［M］．北京：云南大学出版社，2009.

（五）整合品牌资源

草原文化品牌是内蒙古自治区的核心文化竞争力，是形成区域文化品牌的关键点。乌兰察布市应以草原文化作为核心品牌，以察哈尔文化、东路二人台为文化内涵，创建"吉祥草原、京津夏都·北京后花园"强势品牌，重点打造以草原文化、民俗风情文化为题材的文化精品，突出民族特色、地方特色，构建特色鲜明、丰富多彩、多元文化交相辉映的文化品牌体系。实施乌兰察布市文化品牌战略，应从以下几点入手：

1. 利用重大文化产业项目打造特色鲜明的区域文化品牌形象

乌兰察布市着力创建"吉祥草原、京津夏都·北京后花园"的城市文化品牌，要对重大文化产业项目进行建设与管理，策划与运作，发挥项目品牌效应，提升项目国内外影响力。同时，要深入研究并挖掘整理乌兰察布市丰富的文化资源，加强各级各类文化遗产名录的申报工作，突出草原城市的特色及民族文化，提升美誉度，增强竞争力。

2. 构建产业品牌体系，扩大文化产业品牌效应

要打造特色鲜明的乌兰察布市文化产业品牌、文化企业品牌和文化产品品牌。要以产品、企业、园区为支撑，构建文化产业品牌体系，扩大资本聚集、消费导向、产业示范和利润增长等多重文化产业品牌效应。要立足乌兰察布市文化资源，打造一批市场占有率高、产品附加值高、经济效益好的在区内外知名的文化品牌和文化精品。要突出文化产品的民族特色、地方特色，将特色文化资源与高科技结合，实现文化资源的优化配置、有效利用和升级创新。要有效地挖掘乌兰察布市民族历史文化资源，大力推广具有民族历史特色的草原歌曲、民族歌舞、民族声乐、蒙古杂技、东路二人台等文艺演出精品，蒙古皮艺等民族手工艺品以及具有草原民族特色的动漫、图书、影像制品。要塑造特色文化产品品牌；以民族艺术演出业、文化娱乐业、民族及民族服饰展示表演业、民族手工艺品制作业、文化旅游业、网络文化服务业和新兴的数字影视传媒业、文博会展业为重点，培育一批能够引导市场选择，具有核心竞争力的文化品牌企业。要全力提升核心文化企业的品牌化经营，集中力量培育和打造在国际具有一定知名度的文化企业品牌，塑造一批品牌文化形象，以文化产业园区、特色街区为重点，打造一批具有产业示范效应和聚集效应，对城市经济具有带动效应的品牌园区。

3. 出台政策培育和扶持一批具有深厚民族文化底蕴和浓郁时代气息的文化品牌

对地域文化特点鲜明、水平较高，有保留和推广价值的品牌，经审核可给予项目补贴。鼓励文化企业实施品牌战略。经审核被命名为市级重点文化产业项目

和重点文化企业的，优先享受国家、自治区和乌兰察布市制定的关于资金支持、土地使用、税收减免、人才引进等各项优惠政策。对新获得中国驰名商标和内蒙古自治区著名商标的文化企业，给予一定奖励。对原创的影视、演艺、动漫、图书等作品，在国家级和省级评比竞赛中获得重要奖项并产生重大社会效益和经济效益的，对作者、拍摄制作单位、创作演出单位给予奖励。对成绩突出的文化企业每年予以表彰，授予"发展文化产业先进单位"称号，并予以奖励。

4. 建立强大的传播体系和交易平台来推广文化产品和营销品牌，提升文化品牌知名度

通过进一步整合电视、网络、移动互联网、移动多媒体等渠道资源，打造和提升乌兰察布市文化品牌核心传播能力。通过数字化、网络化应用，打造不受时间、空间限制，全天候、全时段、全自治区、全国范围内展示、推广文化产品信息的平台，逐步展现乌兰察布市文化品牌效应，促进投融资对接和产品交易，拉动文化消费。打造文化长廊，以国省干道沿线服务区、标志牌、广告牌、建筑物展示提升文化产业品牌影响力，塑造"吉祥草原、京津夏都·北京后花园"强势品牌形象。

（六）实施文化人才发展战略，培养高素质的产业人才

乌兰察布市要坚持服务发展、以人为本的原则，实施人才优先开发战略，要加强文化产业人才队伍建设，引进市文化产业发展急需人才和领军人才。如熟悉意识形态工作、懂经营、善管理、善于市场运作的文化企业经营管理人才；熟悉金融市场的文化产业资本运营等复合型人才；具有创新思维的文化创意、掌握先进技能的文化产业专门技能人才等。要发挥民族艺校、师院艺术系、二人台剧团在培养本土演艺人才的重要作用，加大投入、改革人才培养模式，把民族艺校、师院艺术系、二人台剧团打造成培养本土演艺人才的重要基地，推动乌兰察布市文化事业和文化产业大发展。这就需要相关部门从以下几点入手工作：

1. 制订乌兰察布市文化产业人才中长期发展规划

结合乌兰察布市文化产业发展定位、发展目标、发展重点领域，在文化产业人才数量、结构需求方面做出中长期发展规划。由市文广新局牵头，联合高校、咨询机构和企业，负责全市文化产业人才统计以及人才培养计划的制订、协调等工作。根据文化产业发展需要，对乌兰察布市文化产业人才需求的数量、层次、结构等进行专题研究，在此基础上建立高端领军文化人才库、经营管理人才库、创意策划人才库、专业技术人才库等。

2. 加快培养，造就一批文化产业经营管理人才和各领域优秀拔尖人才

（1）注重引进高层次人才。贯彻实施自治区"千名优秀文化企业家"、"百

名文化艺术大师"培养计划，鼓励以岗位聘用、项目聘任、客座兼职、定期服务、项目合作等多种形式引进高层次文化产业人才，制定乌兰察布市文化产业领域紧缺人才开发引进目录。

（2）加快紧缺人才培养步伐。加强自治区内高等院校文化产业学科建设，引导当地高等院校加快文化产业相关学科建设，增设紧缺专业，培养急需人才。支持文化企业与教育机构联合搭建文化产业人才培养基地，加快培养一批文化产业紧缺人才、专业技术人才和青年后备人才。

（3）注重对各级文化产业管理干部的选拔培养。定期举办文化产业人才培训班、研修班。推进人才培训的国际交流合作，定期选派一批与文化产业发展直接相关的公务员、研究人员和企业经营管理人员到文化产业发达国家和地区学习培训。建立文化产业专业技术人员继续教育体系，系统地进行文化产业人才培养。

3. 通过"引进、激活、培养"的方式，壮大文化产业人才队伍

（1）制定乌兰察布市文化产业人才引进优惠政策，多渠道、多方式引进国内外高端优秀文化产业人才。定期发布文化产业人才需求信息，成立人才中介组织，建立灵活的人才引进机制。

（2）建立健全文化产业人才引进综合评价体系、创新人才评价体系，不断完善人才政策及保障、奖励措施，激活现有文化产业人才。乌兰察布市一方面存在文化产业人才匮乏的问题，但同时也存在用得不好的问题。对此，除一般性松绑和激励外，还应进一步了解研究文化产业人才的特殊性，建立与文化产业发展规律相适应的人才选拔、使用、激励机制。完善公平竞争和分配激励机制，加快人事制度、分配制度、评价与奖励制度改革，支持和激励优秀拔尖人才脱颖而出。尽快完善文化人才编制配备和编制外人员使用体系。积极推行管理入股、成果入股、技术分红等制度，大胆探索知识资本化途径，依法保护知识产权，建立文化产业人才资本及科研成果有偿转移制度。

（3）将文化产业人才培养工作纳入乌兰察布市人才培养规划。积极探索政府、高校、院所、企业合作培养机制，拓宽文化产业人才培养、培训渠道。一方面以具备条件的高校为依托，建立文化产业人才培养、培训基地。不但培养在校学生，还要对各行各业相关人员进行培训，并进行文化产业人才方面的职业资格认证。另一方面将文化产业人才培养纳入各级职业教育培训范畴，形成多层次、立体型的人才培养机制。同时，依托文化产业园区、大型文化项目和骨干文化企业，建立一批文化产业人才实训基地。

（七）加强互联网建设，构建文化产业电子商务平台

文化产业发展是一项复杂的系统工程，组织保障、人才保障、资金保障、政

策保障、公共服务平台保障，缺一不可。只有各个领域和部门统筹协调，发挥各方面的职能作用和工作积极性，才能形成推进文化产业发展的强大合力。在2015年6月内蒙古自治区政府发布的《内蒙古自治区人民政府关于加快推进"互联网＋"工作的指导意见》中明确指出，各项事业要依托"互联网＋"的思路推进工作，内蒙古自治区将把云计算、大数据、"互联网＋"的产业作为战略的新兴产业，进一步加大政策的支持力度，为企业营造良好的发展环境。为此，乌兰察布市相关部门应做好如下工作：

1. 搭建公共信息平台

建立乌兰察布市文化产业发展网络平台。建立项目数据库，搭建乌兰察布市重点文化产业项目发展平台，对乌兰察布市重点文化产业项目进行整理、推介。建立健全文化产业信息发布制度，将发展文化产业的政策、法规以及行业信息在网站上予以公布。定期编制和发布乌兰察布市文化产业年度发展报告。研究建立符合国际惯例、反映乌兰察布文化产业发展特点和水平的统计指标体系，加强文化产业形势分析工作，建立文化产业发展动态、产业政策数据库，为文化产业市场主体提供及时准确的信息支持。

2. 搭建技术创新平台

通过科技计划对文化产业中的共性技术研发进行直接干预，促进共性技术和关键技术实现跨越式突破。采用政府牵头、企业界和学术界广泛参与的方式，积极开展共性技术的预测和共性技术开发计划的制订。对基础性强、公共特征明显的共性技术加大财政投入力度，对于政府和企业合作研发的技术成果，政府在认定其知识产权归属问题上应向企业倾斜，通过授予企业专有权，鼓励企业积极从事共性技术研究和扩散。

3. 搭建金融服务平台，比如引入以众筹为主的融资平台来扶持文体企业的发展

整合金融资源，畅通各种融资渠道。积极支持文化产业的重大项目建设。引导金融机构加大对发展前景好的文化企业的支持力度，集中资金支持重点文化产品出口项目，为文化产品和服务出口大户提供相应的资金保障。在加强信用制度建设，控制金融风险的前提下，在信贷政策方面采取更加灵活多样的措施，探索专利权、著作权以及经过评估的文化资源项目、销售合同、门票等现金流量等作为银行信贷抵押的途径和方式，使文化产业发展得到更多的间接融资支持。

4. 搭建中小企业创业孵化平台

建设创业孵化基地，降低创业成本和创业风险，提高创业成功率。由政府支持设立"共同创作室"，在设计、动漫游戏等重点扶持发展的行业中，为那些具有一定技术但深受资金短缺困扰的中小企业提供长期、系统的扶持。

5. 搭建区域合作平台

树立"大市场、大作为"的观念，了解、收集国家市场信息，利用全国马铃薯大会、国际皮草节等经贸平台，制订本土企业和产品的外向推广计划，支持、鼓励文化企业实施"走出去"、"请进来"的战略。进一步加强本土文化产业与外地企业的合作与互动。

6. 积极发展中介组织

加强政府、企业和科研院所的合作，培育和发展项目推介、商业经济、人才培训、风险投资、代理服务等各类中介服务机构。健全中介组织。促进行业协会市场化运作，健全行业自律机制，增强自律和服务功能。扩大行业协会的覆盖面，使其面向全社会的同行业企业，积极吸收民营企业、外资企业等各类经济组织入会，更好地发挥行业协会的桥梁纽带作用。推动各类中介机构与挂靠的行政部门脱钩，发展一批文化经纪机构、代理机构、仲裁机构等文化中介组织，鼓励文化中介机构向规模化、网络化、品牌化、规范化方向发展。

7. 支持文化产业要素交易平台

利用文化产业发达省份建立的综合性文化产权交易所，进行文化创意项目、产品交易，使原创动漫、歌舞作品、文化创意可以像商品一样挂牌出售，让文化与资本产生有效对接，促进文化产业的巨变。

（八）完善文化产业发展融资平台，拓展文化产业融资渠道

在乌兰察布市文化产业大力发展的过程中，资金的保障就显得不仅必要而且必需。这就需要相关部门做好如下工作：

1. 设立文化产业发展专项资金

文化产业专项资金主要用于培育骨干文化企业、扶持重点文化产业项目、推进文化产业园区建设、引导重点产业和特色产业的培育和形成，采取项目补助、贷款贴息、保费补助、绩效奖励等方式。鼓励有条件的旗县市（区）安排文化产业发展专项资金。完善专项资金管理办法和使用、考核机制。充分发挥财政资金的杠杆作用，在国家政策许可范围内，引导非公有制经济组织和社会资本以多种形式投入乌兰察布市文化产业，参与重大文化产业项目实施和文化产业园区建设。

2. 创新文化产业投融资方式

（1）设立文化产业投资基金。吸收当地骨干文化企业、大型国有企业和金融机构加入，带动社会资本投资乌兰察布市文化产业。该基金委托基金管理公司运作、管理，实行市场化运作，在支持乌兰察布市重点文化产业发展领域、重点文化产业项目、重点文化企业、文化产业园区建设等方面发挥重要作用。

（2）积极开展政银合作，鼓励金融机构加大对文化企业的信贷支持。根据文化产业特点，探索建立文化知识产权第三方评估机制，创新金融产品和金融服务，推动金融机构开发多元化、多层次的信贷产品和贷款模式。

（3）建立文化产业投融资公共服务平台。发布文化产业投融资最新资讯、文化产业投融资政策法规、产业观察等信息，通过搭载文化产业项目评价系统、文化企业信用评级系统、文化产业保险系统、文化产业担保系统以及文化企业股权融资平台、文化企业债券融资平台、政府文化产业投资基金、文化产业产权交易平台等平台，促进文化产业和金融业结合。

（4）支持有发展潜力、效益有保障的文化企业通过创业板乃至主板市场上市，充分利用资本市场的资源做大做强文化产业。

（九）加大政策保障

加大政策保障需要相关部门认真落实中央和自治区关于文化产业发展的各项政策，加快研究制定乌兰察布市文化产业发展的促进政策。发改委、财政、国土、规划、商务、工商、金融、税务等部门，要采取以下具体切实措施加大对文化产业政策扶持力度：第一，促进文化体制改革。全面落实国家文化改革发展配套政策，根据乌兰察布市实际情况，对乌兰察布市转企改制国有文化单位扶持政策执行期限予以延长。第二，加大文化产业基础设施建设力度。多渠道筹措资金支持文化产业基础设施建设。第三，加大财政支持。在政府投入方面，充分发挥政府资金对文化产业的扶持和引导作用。设立文化产业发展专项资金，并制定相应的使用和管理办法。第四，加大税收支持。对文化企业自主创新、文化内容创意生产、非物质文化遗产传承等项目经营按国家规定实行税收优惠。第五，进一步放宽市场准入。允许非公有资本和外资进入政策允许的文化产业领域。尽快制定《乌兰察布市文化产业投资指导目录》，明确鼓励、允许、限制和禁止投资的项目，进一步放宽市场准入条件和领域。在实施优惠政策的投资领域，其优惠政策对所有投资主体同样适用。从长期看，要逐步解除非公有资本投资参股从事文化产业在股份比例方面的限制，以及经营范围限制。降低文化产业市场准入门槛，鼓励投资者以知识产权等非货币出资方式向公司出资。第六，在土地使用方面予以倾斜。具体体现在文化产业建设项目用地、土地出让金等方面。第七，完善文化产业园区、基地和重点项目的认证考核办法。规范文化产业园区、基地的建设和管理，提升文化产业园区、基地发展质量。

此外，要建立健全知识产权保护和服务体系方面的政策。加大知识产权保护力度，鼓励知识产权评价机构发展，建立第三方知识产权评价中心及文化产业知识产权评价制度。建立健全知识产权信用保证机制，支持和鼓励利用知识产权保护实现企业自律和行业自律。加强文化产业版权保护，支持现代著作权保护技术的开发和应用，建立版权侵权举报制度，严厉打击侵权行为，重点打击制作、发行、分销领域内的盗版活动，维护著作人的合法权利。努力提高文化产业知识产权创新能力，鼓励自主创新形成的成果及时申请、注册相关权利，保护和推广文化产业著名商标。

第 七 章

锡林郭勒盟文化产业发展报告

　　锡林郭勒盟位于中国的正北方，内蒙古自治区的中部。北与蒙古国接壤，南邻河北省张家口、承德地区，西连乌兰察布市，东接赤峰市、兴安盟和通辽市，是东北、华北、西北交会地带，具有对外贯通欧亚、区内连接东西、北开南联的重要作用。这里既是国家重要的畜产品基地，又是西部大开发的前沿，是距京津唐地区最近的草原牧区，是内蒙古自治区草原文化的重要组成部分。

一、锡林郭勒盟文化产业发展现状

锡林郭勒盟历史悠久，文化积淀深厚，有不同时期的历史遗迹 1200 多处。其中有世界文化遗产 1 处（元上都遗址）、国家级重点文物保护单位 8 处，自治区级重点文物保护单位 30 处，历史文化名镇 1 处（多伦县）。有各类博物馆、展览馆 38 家。列入国家级非物质文化遗产名录 8 项、自治区级名录 53 项、盟级名录 105 项、旗县市级名录 196 项；有国家级传承人 3 人、自治区级传承人 46 人、盟级传承人 151 人；被命名的文化之乡（基地）有 36 处，数量居全区之首。截至目前，全盟有自治区文化产业示范基地 2 个（太仆寺旗御马苑、多伦县玛瑙艺雕厂），具有较强发展潜力和市场竞争力的骨干文化企业有 10 余家。

（一）锡林郭勒盟文化产业资源丰富

锡林郭勒盟以元上都遗址、中国马都和锡林郭勒游牧生态文化为三大优势文化资源，以二连浩特、珠恩嘎达布其两个口岸为对外文化交流窗口，坚持项目带动、整体推进、重点突破的原则，大力培育骨干文化企业，开展独具特色的文化品牌活动，建设一批体现草原特色、民族特点和时代气息的重点文化产业园区，树立锡林郭勒盟文化形象，整体提升竞争力和影响力。

1. 元上都遗址保护展示区

世界文化遗产元上都遗址是锡林郭勒盟重要的文化产业发展资源。目前，锡林郭勒盟正在以建设元上都遗址考古保护与展示区为平台，深入挖掘元上都遗址所蕴含的历史文化，通过博物馆、考古发掘展示、民族文化展示及相关服务设施建设，展示草原历史文明，弘扬民族文化，进一步打造高档次、高水准的元上都遗址文化旅游区。

围绕元上都遗址建设遗址博物馆、元上都遗址考古公园及民族文化展示区、野生动物保护展示区、遗址景观展示区，锡林郭勒盟正努力充实完善保护区内的各类服务设施。采用现代科技影视手段，将元上都的历史通过数字影视的形式表现出来，并辅以民族歌舞表演、民族服饰展示、民族特色娱乐活动、民族特色工艺品开发、特色餐饮文化开发、民族生活体验等，把承载着辉煌历史文化的元上都展示给世人。

2. 中国马都示范区

中国马都示范区以中国马都核心区建设为重点，依托"白马之乡"、"黑马之乡"、"策格之乡"、"枣红马之乡"、"御马文化之乡"等特色马文化资源，建设蒙古马特殊品种繁育基地、马匹交易中心、马匹检疫中心、马术运动学校、国际标准赛马场、马文化广场、马文化博物馆等交流展示平台，形成了集养马驯马套马赛马、马选美、马术表演、马具展示、马奶保健疗养等为特色的锡林郭勒盟马文化产业体验区。

3. 锡林郭勒盟游牧文化生态保护区

锡林郭勒盟游牧文化生态保护区是以锡林郭勒盟草原国家级自然保护区、西乌珠穆沁旗古日格斯台国家级自然保护区、白银库伦自治区级遗鸥自然保护区、阿巴嘎旗自治区级浑善达克沙地柏自然保护区、二连浩特自治区级二连盆地恐龙化石自然保护区、苏尼特右旗都呼木柄扁桃自然保护区、乌拉盖贺斯格淖尔自治区级自然保护区和东乌珠穆沁旗、阿巴嘎旗自治区级游牧文化生态保护区为龙头，充分发挥锡林郭勒草原生态、游牧文明、蒙古文化三位一体的发展特质，努力打造的国家级游牧文化生态保护区。

（二）锡林郭勒盟文化产业发展成就突出，发展规划完整

近年来，锡林郭勒盟以覆盖全盟、贯穿文化产业全产业链的重大项目着手，实施项目带动战略，通过策划、引进、整合各旗县市区特色文化产业项目，形成区域重大项目组团，以重大项目建设带动全盟文化产业破题与提档升级。目前，锡林郭勒盟"两核、四带、两窗"的区域产业布局已基本形成。

"两核"即以世界文化遗产——元上都遗址和"中国马都"核心区——锡林浩特为核心，集聚优势资源和产业要素，延伸产业链条，打造成为引领全盟、辐射周边地区的文化产业发展核心区。

"四带"即依托区域特色游牧生态文化和草原自然资源，推动重大文化产业园区（基地、项目）建设，形成以锡林浩特—阿巴嘎旗为主体的阿巴嘎部落文化带，以苏尼特左旗—苏尼特右旗为主体的苏尼特部落文化带，以东乌珠穆沁旗—西乌珠穆沁旗—乌拉盖管理区为主体的乌珠穆沁部落文化带，以多伦县—正蓝旗—太仆寺旗—正镶白旗—镶黄旗为主体的察哈尔部落文化带。具体来看，各文化带重点打造的项目如下：

1. 围绕阿巴嘎部落文化带，重点打造四大产业园区

（1）贝子庙文化产业园区。以贝子庙景区修缮建设为依托，按照国家文物局批复的《贝子庙文物保护规划》要求，2013～2017 年投入 1 亿元对贝子庙进行修缮保护。同时，对景区周边进行规划建设，建成以文化会所、民族服饰加工、民族手工艺品制作、旅游产品加工、民族餐饮为一体的集服务、休闲、旅游、娱乐等多功能的产业园区。

（2）毛登牧场文化产业园区。以毛登牧场 64 万亩天然草场、自然景观为载体，开发地热温泉、建设种植园区、高档餐饮、会议中心、健康疗养会所、室内

草原特色植物园、国家级体育健身训练基地以及建设滑沙、滑雪、滑草、野狼谷、狩猎场等，将园区打造成锡林郭勒盟乃至内蒙古自治区集农耕文化、游牧文化之精髓，集草原、农田休闲度假、运动健身为一体的文化产业园区。

（3）阿巴嘎游牧文化产业园区。以自治区级游牧文化生态保护区为依托，建设别力古台祭祀宫、别力古台博物馆、民族风情商业街、别力古台文化广场和成吉思宝格达圣山文化基地、阿巴嘎岩画园区（阿巴嘎岩画鉴赏景区、阿巴嘎旗岩画石器博物馆、展览馆）等。

（4）锡林浩特巨力嘉和影视基地。

2. 围绕苏尼特部落文化带，重点打造两大园区

（1）苏尼特文化产业园区。集聚苏尼特左旗、苏尼特右旗优势文化资源，建设苏尼特博物馆、查干葛根纪念馆、"吉鲁根"文化敖包、"探马赤草原宫"文化创意产业基地、民族手工艺品加工销售基地（沙嘎、绳艺、毡绣、印记等）、温都尔阿尔善疗养中心、王府文化旅游景区等。

（2）骆驼文化产业园区。以苏尼特双峰驼保护基地为依托，建设优良驼种繁育基地、交易中心、检疫中心、赛驼场等，形成集养驼驯驼、驼选美、驼奶保健疗养等为特色的骆驼文化产业体验区，打造骆驼文化之乡。

3. 围绕乌珠穆沁部落文化带，重点打造三大园区

（1）乌珠穆沁游牧文化产业园区。以自治区级游牧文化生态保护区为引领，依托乌里雅斯太山景区、珠恩嘎达布其口岸、蒙古汗城、古诺斯台、成吉思汗瞭望山等重点景区，建设集草原观光、原生态草原文化体验、边境口岸、蒙医疗养、森林草原深度体验、宗教活动等为一体的草原游牧文化体验区。

（2）乌拉盖蒙古族民俗文化产业园区。依托乌拉盖湖、博力彦神泉等自然景区，深度发掘传统民俗、历史文化、草原生态等文化旅游资源，开发具有民族特色旅游产品，兴办民族特色文化旅游项目，打造集蒙古餐饮文化、民族宗教文化、民族演艺、商务休闲、生活服务等为一体的特色文化产业园区。

（3）"狼图腾"影视文化产业基地。以自然景观和人文景观为依托，以"狼图腾"影视剧拍摄地建设为重点，建设以休闲度假、民俗体验、草原观赏、游览娱乐等为一体的综合型文化产业基地。

4. 围绕察哈尔部落文化带，重点打造六大园区

（1）元上都特色文化产业园区。以元上都遗址为重要资源依托，打造集察哈尔服饰、工艺品制作销售、民族餐饮文化、文体表演娱乐、文化旅游、影视拍摄等为一体的集聚孵化功能的特色文化产业园区。

（2）生态多伦文化旅游产业园区。以锡林郭勒盟南部中心城市开发建设为契机，重点建设国家4A级草原水利风景区——多伦湖、国家级森林公园——亚洲面积最大的天然榆树林——榆木川、多伦文化休闲养生度假基地和山西会馆晋商文化产业一条街等，打造集生态观光旅游、休闲疗养度假、健身娱乐培训等为一体的文化休闲养生旅游度假园区。

（3）镶黄旗石材文化产业园区。依托"中国塞北石材之乡"、自治区"双百亿"工程、盟级工业园区为一体的"龙头"文化创意产业基地，重点建设国际石材展览中心和石材产品检测中心，形成中国石材产品的交易集散地。

（4）多伦天创影视基地。利用电视剧《多伦会盟》、《出北口、走草地》建设拍摄影视基地项目，深入挖掘历史文化、民俗文化，包装推出一批文化产业项目，打造综合型的影视基地。

（5）多伦玛瑙产业基地。以内蒙古文化产业示范基地多伦玛瑙艺雕厂为龙头，带动各大型玛瑙加工骨干企业、东城区玛瑙城、玛瑙商店，形成玛瑙开发制作、展示、销售产业链，打造多伦玛瑙集散地。

（6）正镶白旗察哈尔民俗文化产业基地。深入挖掘整理察哈尔部落文化，建设集察哈尔历史文化，民俗风情，旅游观光，民族产品、展销为一体的民俗文化产业基地。

"两窗"即依托二连浩特、珠恩嘎达布其两个常年开放口岸，发展外向型文化产业，举办国际文化交流活动，建设全盟对外文化交流展示窗口。

二、制约锡林郭勒盟文化产业发展中存在的主要问题

总体来看，锡林郭勒盟文化产业发展蒸蒸日上。2014 年 9 月 11 日在习近平总书记出席中、俄、蒙三国元首会晤时中方提出，中、蒙、俄三方合作有着巨大发展空间、可以共建丝绸之路经济带的倡议，这获得了俄方和蒙方的积极响应。随着国家"一带一路"战略的实施，中、蒙、俄经济走廊正在积极建设中。文化产业作为中、蒙、俄开展国际合作的先锋领域，具有强大的关联性，它上承宏观战略，下接市场动态，中促百业融合。在此背景下，深入发展锡林郭勒盟文化产业，对改善睦邻关系和友好邻邦交流交往、互联互通、促进地区经济合作与局势稳定具有深远意义，这势必为三方带来实惠，从而引航利益共同体的共同繁荣，这是关系到"一带一路"战略构想走向落实、关系到民族地区和国家经济发展以及中蒙俄文化交流的重要课题。但是，制约锡林郭勒盟文化产业深入发展的核心矛盾却不容忽视。只有理性客观地分析总结出问题所在，才能有效解决问题，促进锡林郭勒盟文化产业走出去。

（一）传统文化产业比重大，新兴产业规模小

随着世界多极化、经济全球化的发展演变和科学技术的日新月异，文化、经

济与政治相互交融的程度不断加深，文化与科学技术的结合更加紧密，经济的文化内涵日益提高，文化的经济功能越来越强，文化已经成为国家核心竞争力的重要因素。谁占据了文化发展的制高点，谁就拥有了强大的文化软实力，谁就能够在激烈的国际竞争中赢得主动。现在，越来越多的国家十分重视文化的巨大作用。

锡林郭勒盟的文化产业比重仍然以传统文化产业占优势，在消费者的经验印象中仍然是小散弱型的文化企业形象。事实上，文化产业内的各环节、要素之间以及文化产业与其他产业之间应保持一个合适的比例关系。平衡协调、比例适当，才能使文化产业顺利发展，若其中的任何一项畸轻或畸重，比例失调，文化产业就不能顺畅发展。从纵向的产业链条来说，文化产业的创作、出版、展演、传播、教育、销售和消费各环节中哪一方也不可缺少，且必须保持恰当的比例关系。从横向的要素组合来说，文化产业和文化事业、文化基础研究和文化开发利用、外来文化和本地文化、精英文化和大众文化、官方文化和民间文化及传统文化和现代文化之间也必须平衡协调，保持适当的比例。缺少任何一方，不仅另一方无法发展，更重要的是影响整个文化产业的发展。因此，发展锡林郭勒盟的文化产业要使其各个链条、环节、要素之间以及文化产业与其他产业之间保持一个合适的比例，重本而不失末，使其平衡协调发展。

锡林郭勒盟作为我国北疆要塞，如何树立国际大中型文化企业形象是下一步文化产业发展的方向。这就需要大力发展新兴文化产业，提高现代新兴文化产业的比重，变资源优势为产业优势，把文化产业培育成为新的经济增长点。在"一带一路"国际背景下，锡林郭勒盟应围绕"12368"建设的目标，大力发展以传媒、出版、文化旅游、文艺演出为代表的主导文化产业，提高以网络服务、广告会展、文化创意和动漫、网络游戏等为代表的新兴文化产业的比重，推进以文化娱乐、体育休闲、艺术培训等为代表的社会文化产业；拉长文化产业链条，打造文化产业集团，推动规模化、集约化经营；培育知名文化品牌，建立具有地域优势的文化产业基地，尽快形成主业突出、结构合理、特色鲜明的文化产业发展态势，变规模扩张为产业升级，变资源优势为产业优势，这应是优化锡林郭勒盟文化产业结构的总体思路。

（二）文化旅游消费群体迅速崛起，文化旅游企业发展不足

随着中国经济的发展和边境游政策持续放宽以及中、蒙、俄出境游口岸的增加，边境居民互联互通的热情持续高涨，跨境游客源由边境沿线向内外辐射，文化旅游消费群体迅速崛起，越来越多的国民会青睐于跨境旅游。一些文化旅游项目如美食、探险、冬季运动和境外自驾游等项目持续走热。

一些在线交易类产品，正努力开发新模式，使游客的出游方式智能化、自助化、多样化。比如，拼客 C2B（consumer to business）模式，即旅游者提出他设计的旅游线路，并在网上发布，吸引其他相同兴趣的旅游者。通过网络信息平台，愿意按同一条线路出行的旅游者会聚到一定数量，这时他们再请旅行社安排行程，或直接预订饭店客房等旅游产品，同时可以与旅游企业议价。这极大地培养和壮大了散客潜在的游客出游。有专家预言，未来的 3～5 年，以自订行程、自助价格为主要特征的网络旅游将会成为国人的旅游主导方式，与此相应的跨境旅游电子商务，也要实现从"以交易为中心"到"以服务为中心"、实现覆盖范围更广、成本更低廉并进一步增进互联与整合的旅游业通信交流平台，这将更广泛地满足中外文化旅游消费群体的个性化出游方式。

锡林郭勒盟作为连通国内外的重要交通要道，其文化产业发展的意义非常重大。然而，相对狭隘的地区经验思维对这些新生事物的反应还有些迟钝。如何将文化节产业的"大数据"以及一些行业技术综合运用起来，使这些新技术让大众从视、听、触等感觉通道上更加全方位了解锡林郭勒盟的文化产品，同时嫁接更多衍生服务近来是下一步发展的方向。

（三）"互联网＋"文化产业的发展模式相对滞后

在文化消费群体日益崛起的同时，相应的信息服务平台也发展了起来。电子商务发展带来的一些专利性技术，解放了人力，使得服务内容全面化、服务过程系统化、服务水平标准化、服务功能个性化。消费者可以通过手机、PDA 个人数字助理这些可以装在口袋里的终端来完成很多活动，例如，实现信息的汇集、传播、检索和导航；实现在线货币兑换、文化产品的在线交易及实时评价，甚至是实现个性化定制服务。电子商务实现了通过网络清晰地反映信息流、资金流的来龙去脉，满足了消费者快速、准确、全方位、多层面的消费需求。在"互联网＋"时代下，很多产业发展速度极快，在线格局虽然粗放，但快速演进，电商的一些新技术、新模式不断涌现，并购合作成常态。随着对消费群体个性化需求的准确把握，新的模式还会不断产生并快速更迭。

但是，锡林郭勒盟相应的文化服务平台却没有迅速跟得上市场发展形势，跨境电子商务服务平台尚无成熟品牌或可依法炮制的样本。如何为消费者提供突破时空界限的全天候、跨地域的资讯服务；如何利用第三方权威认证，方便消费者的购买并解决服务信誉问题，从而促进锡林郭勒盟文化产业结构转型升级，并直接带动物流配送、电子支付、电子认证、信息内容服务等现代服务业和相关制造业的发展，是锡林郭勒盟文化产业今后发展的方向。

（四）对文化产业发展的战略高度认识不够到位，支持发展政策相对滞后

国家在发展科技文化交流方面做出了很多努力。为了深入各方面务实合作，2015 年 7 月，国家主席习近平同俄罗斯总统普京、蒙古国总统额勒贝格道尔吉举行中俄蒙元首第二次会晤，批准了《中华人民共和国、俄罗斯联邦、蒙古国发展三方合作中期路线图》。三方意在将发展三国传统友好互惠关系作为外交政策的战略方向之一；愿在相互尊重、平等互助、睦邻友好、互不干涉内政原则基础上，进一步在政治对话，经贸、科技、人文交流等领域展开务实合作。其中提到"要共同打造'万里茶道'国际旅游线路组建专门工作组；推动发展'贝加尔湖（俄罗斯）—库苏古尔湖（蒙古国）'跨境旅游线路，及其下一步与中国边境省区和'草原丝绸之路'相对接；支持每年举办中俄蒙旅游合作协调委员会会议；会同有关体育协会推动体育运动领域互利合作，扩大体育代表团互访，推动中俄蒙运动员参与在三方境内举办的国际体育赛事。鼓励三国体育组织在国际体育事务中协商立场，加强合作"。不难看出，随着中、蒙、俄三方合作的深入，势必为锡林郭勒盟的文化产业的发展带来新机遇。

然而，锡林郭勒盟的相关工作却显得有些被动与疲软，尚未紧跟时代步伐。地区经验思维严重，相关工作进展缓慢。如何在国家的战略性政策下紧锣密鼓地开展开创性工作是政府部门亟待解决的问题。

（五）文化产业发展迅速，文化产业的管理人才严重不足

随着电子商务的出现，在线交易已占据了传统服务业的大量业务。面对动态发展的在线业务操作，已有人才的教育背景显得无力应对，比如一些现有的传统大小旅行社将面临重新洗牌，高校培养的旅游人才学旅游却干不了旅游。目前，锡林郭勒盟正处于文化产业加快发展和转型升级的关键时期，投资需求大，热点领域多。从文化旅游产品到在线电子交易开发、跨境文化交流、智慧旅游产品等方面的建设都将飞速发展。这就需要大量的具备全球视野、先进知识、创新能力和国际竞争能力的跨境文化交流人才、IT 人才、电子商务人才、管理人才等。

而当前相关专业人员供应不足。在变与不变、发展与不发展的进程上，对相关人才的引导、激励、培养、储备就成了一大现实问题。人才的储备，仅靠"栽培"为期时间过长。不论是对现有企业员工的继续教育，还是对高校旅游专业学生的培养，都具有滞后性，不能马上就用。因此，"空降"人才，即引进国际人才，是不可缺少的手段。然而，政府对相关人才的储备尚未出台便利措施，尚未很好地为相关人才发挥效能提供便利条件，这使相关人才少之又少。如果政府、企业、国家相关部门能够转变观念，逐步抛弃传统的国籍、户籍、人事档案的束

缚，从国内外引进智力和人才，引进以后不需要追加很多的投资，马上就能创造价值，发挥作用，这是一条花钱少、见效快、受益大的途径。如果人才储备机制成熟，将改变锡林郭勒盟文化产业发展速度缓慢的现状，从而增进国际文化交流，提高相邻国家作为旅游目的地的地接能力和相应吃、住、行、游、购、娱的配套服务体系，进而增进外汇收入。

三、推进锡林郭勒盟文化产业发展的对策

（一）强化文化资源开发与生态环境保护的力度

文化旅游业发展离不开对各种自然资源、历史遗址资源和各种文化的开发与利用，锡林郭勒盟必须处理好文化产业过程中文化资源开发与生态环境的关系，把生态环境保护放在第一位。以文化科技融合为驱动力，提高文化产业专业化、数字化水平；以文化金融融合为驱动力，提升文化产业规模化、集约化水平；以文化生态融合为驱动力，提升文化产业吸引力与竞争力，同时反哺锡林郭勒盟生态文化保护。

（二）积极引导产业融合

锡林郭勒盟应以文化旅游业作为重点和突破、大力发展与文化契合度高的相关产业，统筹推进各产业的融合与发展。加强文化产业主体的培育，提升文化产业的规模化、集约化和专业化水平。坚持推进文化产业与其他相关产业相融合，形成文化产业与三次产业相互促进、共同发展的良好局面。要实施创意为先、内容为王、科技为酶的文化产业发展模式。坚持挖掘与整合文化内容，提升文化产业内涵与竞争力；坚持文化与科技融合，提升文化产品的制作、表现和传播能力；创新文化商业模式，以资本、技术、市场的力量释放文化生产力，实现社会效益和经济效益的最佳结合。

（三）突出文化产业差异化发展

坚持走特色化、差异化发展道路，发挥比较优势，杜绝重复建设和恶性竞争，避免与其他盟市文化产业建设的"撞车现象"。引导各旗县市区立足本地优势资源和经济社会发展实力，确定符合自身特征和条件的文化主题与定位，发展独具特色的文化产业，建设特色文化城镇，助推县域经济，形成自主核心文化竞争力。此外，要坚持城乡文化发展相结合。坚持面向基层、面向群众，在不断提高城市文化产业竞争力的同时，高度重视农村牧区文化产业建设，实现城乡统筹

兼顾。

（四）加强文化产业递进发展与区域联动

根据文化产业发展规律和锡林郭勒盟自身特点，应实施递进发展战略。发展初期应强调破题与飞跃，推动文化旅游等优势文化产业全面发展，促进数字内容带动全盟文化产业跨越式发展；发展中后期应强调文化品牌与影响力，推动特色文化城镇集群全面发展，增强文化贸易，提升国内国际影响力。

充分发挥市场在政府宏观调控下对文化资源配置的基础性作用，打破条块分割、地区封锁、城乡分离的市场格局，形成统一、开放、竞争、有序的现代文化市场体系，促进文化产品和要素合理流动。加快大型文化流通企业和文化产品物流基地建设，培育产权、版权、技术、信息要素市场，规范文化资产和艺术品交易。积极开拓大众性文化消费市场，培育农村牧区文化市场，引导和扩大文化消费。

强调盟内区域组团发展，推动各旗县市区协同合作形成集群，提升区域文化组团竞争力与影响力。通过文化产业发展塑造对外文化品牌，加强文化输出与文化走出去，整合与提升现有2个对外开放口岸，打造对外文化输出窗口。

（五）坚持开拓市场和打造品牌战略并举

1. 继续提升锡林郭勒盟节庆活动的品牌文化影响力

重点打造吉祥草原锡林郭勒盟·那达慕、锡林郭勒盟冰雪文化博览会、锡林郭勒盟乌兰牧骑艺术节、"哈扎布杯"锡林郭勒蒙古族长调艺术节、锡林郭勒搏克排位赛、锡林浩特国际游牧文化节、中国元上都旅游文化节、西乌珠穆沁草原民俗风情节（草原冰雪嘉年华）、东乌珠穆沁"四季"那达慕、苏尼特骆驼文化节、阿巴嘎旗"哈日阿都"文化节、太仆寺旗皇家御马文化节、"吉鲁根"苏尼特文化节、镶黄旗"阿都沁"文化节、正镶白旗察罕苏力德祭祀那达慕、多伦庙会及环湖自行车赛等民族民俗特色节庆活动。

2. 建设二连浩特、珠恩嘎达布其对外文化交流窗口

重点建设二连浩特文化自由贸易区、伊林驿站文化园、恐龙文化园区、"通古尔"铲齿象古生物园、真蒙国际地景艺术基地、恰克图影视基地、珠恩嘎达布其口岸国际文化交流中心。举办国际游牧文化节、国际那达慕、国际服装服饰艺术节、中蒙俄文化节、中蒙书画艺术节等，打造对外特色文化交流活动品牌。

3. 充分发挥非物质文化遗产作用

充分发挥非物质文化遗产在文化产业发展中的龙头带动作用，培育壮大相关优势产业，搭建民族文化产业创新发展与交流展示平台及产业孵化基地。集中

打造：

（1）非物质文化遗产生产性保护基地。以非物质文化遗产传承保护为载体，打造集中展示民族歌舞、长调、呼麦、潮尔、阿斯尔等成果展示基地，打造马头琴、火不思传承制作基地，蒙古象棋传承制作基地，蒙古族服饰制作基地，沙嘎文化传承基地等；以各类特色文化之乡为龙头，打造集聚孵化功能的民族特色文化产业园区。

（2）民族工艺美术综合研发生产基地。聚集一批人才，引进资金与技术，联合打造民族手工艺品刺绣、根骨雕刻、皮（绒）毛骨血文化创意产品等。

（3）民族电影院线和民族民间歌舞演艺基地。以锡林郭勒盟13个旗县市区影剧院基础设施建设和技术设备升级改造为重点，建立民族电影数字院线和蒙古族婚礼展演、大型民族歌舞等驻场演艺基地；扶持阿拉腾珠岚民族文化发展公司、云华民族服饰文化展演团、多伦县滦河源演艺传媒公司、阿巴嘎旗潮尔道风情艺术团、太仆寺旗晋剧团、二人台剧团、东路二人台剧团、二连浩特演艺公司等民间演艺团体发展；鼓励社会资本进入演艺娱乐领域，活跃广大人民群众的精神文化需求。

（4）蒙古标准语出版译制基地。依托内蒙古自治区建设国家蒙古文出版基地的重要条件，发挥锡林郭勒蒙古标准语基地的资源优势，积极打造蒙古标准语出版译制基地，切实提高蒙古文出版物译制水平和能力，为中蒙两国和八省区蒙古族文化交流打造平台。

（5）民族体育健身休闲娱乐基地。以体育彩票销售为龙头，以体育健身、体育休闲娱乐、体育用品销售、体育生态公园建设等为重点，在全民健身的共同参与中，打造具有地域特点民族特色的体育产业基地。

（六）搭建投融资平台，加大政策扶持

要尽快建立文化产业投融资公共服务平台，发布文化产业投融资资讯、文化产业投融资政策法规、产业观察等信息，通过搭载文化产业项目评价系统、文化企业信用评级系统、文化产业担保系统以及文化企业股权融资平台、文化企业债券融资平台、政府文化产业投资基金、文化产业产权交易平台等，促进文化产业与金融业结合，不断完善文化产业投融资体系，推动文化产业又好又快发展。

贯彻落实并用足用好国家和自治区出台的文化产业发展扶持政策，切实加大扶持政策的引导力度。研究制定《锡林郭勒盟贯彻落实内蒙古自治区关于进一步促进文化产业发展若干政策意见的实施细则》，设立文化产业发展专项引导资金并以项目补贴、奖励、贷款贴息、配套资助等优惠政策吸引扶持具有雄厚经济实力的企业投资文化产业，扶持和鼓励文化企业特别是中小微文化企业创新管理模式，整合产业资源，扩大经营服务范围，延伸产业链条，增强文化产品及文化服务的价值链和核心竞争力。

（七）创新人才机制

在 2015 年 6 月内蒙古自治区政府发布的《内蒙古自治区人民政府关于加快推进"互联网＋"工作的指导意见》中提到了"加强人才支撑"的重要思想。文件提道："各级政府要加大对互联网紧缺人才的引进和培养。凡在国内外知名互联网企业或机构有 3 年以上工作经历且担任中高级以上职务、带项目来我区创业的管理人员或核心技术人员（团队），按企业发展规模和创新水平，当地政府给予不低于 30 万元的创业资金支持。建立人才激励机制，结合'草原英才'计划，对做出突出贡献的高端人才及其团队，自治区财政一次性给予团队不低于 50 万元经费资助，对团队研发和产业化项目给予优先立项支持，对团队核心成员职称评定、家属就业、子女入学、落户等方面提供绿色通道。各高校要加大互联网行业相关专业人才培养力度，积极调整专业课程结构，加强对计算机专业应用技能型人才的培养，保障本土人才供给。强化职业教育和技能培训，引导我区一批普通高校和职业技术学院向应用技术院校转型，建立一批实训基地。鼓励互联网、云计算企业设立培训机构，与我区互联网相关产业园合作共同设立培训机构或实训基地，或与高校合作建设实训基地，由自治区有关部门认定验收后，自治区相关专项资金给予一定数额的一次性奖励。"

在"一带一路"的时代背景下，政府在国家战略思想的指导下正积极推进各项工作。锡林郭勒盟要以自治区实施"草原英才"工程为契机，采取多种形式引进高层文化产业人才，创新人才培养模式，加强与区内高等院校文化产业学科建设，支持文化企业与教育机构联合搭建文化产业人才培养基地，加快培养文化产业紧缺人才、专业技术人才和年轻后备人才。注重选拔培养各级文化产业管理干部，定期举办文化产业人才培训班、研修班。设立文化产业人才库、专家库，创新人才评价体系，对有突出贡献的文化产业专业人才给予重奖。创新人才流通机制，建设一批创新研发平台和多样式的就业创业孵化基地，改善人才流通环境。除文件提到的措施之外，现提出以下一些建议：

第一，政府的人力资源管理部门，要在人才的引进、交流、轮换，以及继续教育培养方面加强工作。政府应变行政管理为宏观指导调控，从早期简单的制定优惠政策转向科学、规范的制度安排，引导企业、社会和个人共同参与管理人才队伍的建设。同时，政府部门须简化办事程序，提高工作效率，做好人事部门审批审核制度改革，放松户籍的跨地域管制，消除人才流动的体制性障碍，打破人才身份、所有制等限制，尽快建立和完善人才流动过程中的一系列配套制度，如养老保险、工伤保险和医疗保险制度等。

第二，积极推动"云课堂"计划的落实。2015 年国家旅游局将出台导游员"云课堂"计划，地方政策也要与高校合作创建并完善具有地方特色的导游研修"云课堂"，利用互联网通信技术和云平台技术，为导游员搭建一个开放、便捷、公益的专有学习平台和空间。导游员可以突破地域限制，随地利用移动终端进入课堂学习。地方政府要努力推进"云课堂"创新工作手段，利用高校精品课程、开展丰富多彩的课程（视频）征集、导游知识经验分享、导游讲解比赛等线上和线下活动，鼓励和引导导游员和旅游专业学生不断学习，以壮大锡林郭勒盟文化旅游服务人才队伍。

第三，地方政府要配合国家政策整合各方面的智力资源，积极构建"文化产业智库"，吸纳一大批线上企业以及电子商务专家，形成新兴文化产业力量的智力支持基础。通过文化智库的大量基础研究工作，为文化产业发展提供理论支撑。

第四，要编制地区文化产业人才中长期发展规划，并要在盟内扶持一批相关院校的相关专业，推动文化产业教育改革与发展；政府要鼓励企业和个人冠名，在普通院校和职业院校设置奖学金，奖励品学兼优且有志于文化产业、文化旅游事业的学生。

第八章

呼和浩特市文化产业发展报告

呼和浩特市是内蒙古自治区的首府，同时也是一座拥有400年历史的塞外名城。2014年，在全国宏观经济下行压力较大的态势下，呼和浩特市取得了有内涵、有质量、有基础的发展成绩。全年生产总值完成2950亿元，增长了8%；规模以上工业增加值增长了10%；公共财政预算收入完成211.5亿元，增长了16.2%，公共财政预算支出310.8亿元，增长了6.1%；社会消费品零售总额完成1260亿元，增长了10%；城镇居民人均可支配收入38836元，增长了9%；农民人均纯收入14010元，增长了10%；单位生产总值能耗同比下降1.6%；经济增速的上扬态势、地方财政收入的稳定增长以及居民可支配收入的不断增加为社会文化消费的支出预留了较大的上涨空间。作为自治区政治、经济、科技、文化中心的呼和浩特市有着较强的文化消费潜力。

一、呼和浩特市文化产业发展现状

呼和浩特市文化产业的发展在总体上有了相对完备的物质基础，运行机制也初步建立，相关行业都在逐步进入健康发展的轨道，展现了良好的发展态势。

（一）文化产业发展的基础设施日趋完备

截至 2014 年年末，呼和浩特市共拥有艺术表演团体 15 个，文化馆 11 个，公共图书馆 10 个，博物馆 5 个，广播电台 2 座，广播综合人口覆盖率 98.7%。另外，全市还有电视台 2 座，有线电视用户 31 万户，电视综合人口覆盖率 95.4%。2013 年，呼和浩特市城镇居民人均通信支出达 1053 元，比 2012 年同期增长了 34.3%，其中网络消费增长了 3 倍，直接拉动通信支出增长了 14 个百分点。呼和浩特市每百户接入互联网移动电话的拥有量比 2012 年同期增长 1 倍，每百户接入互联网的计算机达 48.3 台，比 2012 年同期增长了 21.2%。而随着网络电视以零费用的优势对传统有线电视造成的冲击，导致每百户接入有线电视网络的电视机比 2012 年同期下降了 11.2%。①

以文化产业园区和基地为基础，以文化资源为依托，结合旅游和城市新区建设发展文化产业，实施重大项目带动，推进文化产业的企业聚集和产业集群发展，是呼和浩特市发展文化产业的基本思路。2014 年，呼和浩特市接待国内外游客、实现旅游收入分别突破了 2500 人次和 400 亿元大关，达到 2544.7 万人次和 413.2 亿元，同比增长 17% 和 26%，两项指标继续稳居全区第一位。旅游收入相当于全市 GDP 的 14%，较 2013 年提高了 2 个百分点，旅游业成为拉动全市净增长的重要力量。2014 年呼和浩特市市旅游重点项目进展顺利，全市共开工建设 28 个旅游重点项目。其中，景区类建设项目 21 个，休闲农牧业和乡村旅游建设项目 7 个，计划总投资 210.6 亿元，2014 年完成投资 20.8 亿元。大青山前坡生态休闲旅游区、老牛湾黄河大峡谷旅游区、敕勒川哈素海文化旅游区、神泉生态旅游区等内蒙古自治区重点旅游项目各项建设工作进展顺利，部分项目已正式投入运营。在基础建设方面，由呼和浩特市政府主导建设的托县沿黄公路改扩建工程和清水河老牛湾旅游公路全面建成通车，城市中心区与全市各主要旅游景区间基本实现了由高等级公路或旅游专线连通。

在建设重点文化产业园的同时，呼和浩特市通过深挖文化内涵，加快动漫企业对民族原创作品的开发项目，推动了影视传媒、新兴数字创意产业稳步发展，

---

① 根据呼和浩特市有关统计资料整理。

并逐步形成产业链。呼和浩特动漫产业基地、段家窑影视基地等文化产业基地相继建成运营。大召大盛魁文化产业群落创建为国家级文化产业示范基地，大型民族舞台剧《马可·波罗传奇》在美国商业演出 324 场。随着呼和浩特市实施民族文化大市发展战略的不断深入，文化产业集聚明显加快，产业基地建设迅速升温，特色文化集群不断涌现，引领自治区文化产业的中心地位日益显现。近些年，呼和浩特市文化产业无论是从业人员、资产总计还是营业收入总额和增加值，均居自治区首位。

（二）呼和浩特市文化产业运行机制评析

从整体上来看，呼和浩特市文化产业运行机制受到观念的制约比较明显，体现为领导层和执行层在认识上的一致性还存在差距，高层的正确观念没有很好地贯彻下去。此外，对于发展文化产业的大方向虽然并无异议，但对于具体实施方案意见尚不统一。

对于呼和浩特市文化产业发展的观念，应该从两个层次来看：第一，从呼和浩特市市委、市政府主要领导来看，观念已经转变，他们高度重视文化产业发展，对文化产业的内涵和重要作用有着深刻的理解，对呼和浩特市文化产业的现状和发展空间有着清醒的认识，对通过文化产业的发展树立呼和浩特市的国际形象，扩大草原文化在全球的影响力，对文化产业发展成为推动呼和浩特市发展新的经济增长点期望很高；第二，市相关部门和基层工作人员对文化产业的内涵理解得不深，发展文化产业的意识不强，文化产业仅仅是文化局工作的观念普遍存在，现有的关注点主要从战术层面着手，缺乏长远战略层面的考虑。文化产业发展缺乏系统思考，没有文化产业各领域的配合和协调发展，产业布局相对混乱，产业优势不明显。甚至对于民族发展文化产业的着力点也存在认识分歧。

从呼和浩特市文化产业发展机制来看，存在几个方面的问题：首先，缺乏统一领导，长期以来，呼和浩特市文化产业发展统一的领导管理者和统一的协调者，虽然专门设置了文化体制改革和发展工作领导小组，办公室设在市委宣传部，但其职责主要是推进文化体制的改革和发展，而文化产业的很多工作归属政府部门，因此工作中难免出现管理漏洞。从目前看，文化产业发展的任务主要由文化局负责，但文化产业涉及行业繁多，文化局同其他部门没有隶属关系，因此，推进工作举步艰难。2012 年，我国新出台的文化产业划分标准，使得文化产业缺乏统一领导的问题更加严重。其次，政策体系不完善，如前文所分析。最后，文化产业人才培养机制、运营机制和监督机制不健全。文化产业是智力密集型产业，需要大量人才支撑才能发展。目前自治区政府、呼和浩特市政府虽然出台了一些文化产业领域的人才引进政策，但由于对学历、资历等设置了较高门槛，因此效果并不明显。此外，呼和浩特市文化产业运行机制存在沟通不畅、决策不科学、文化产品生产无序混乱等问题。同时，呼和浩特市文化市场的管理比较混乱，对知识产权的保护不力，执法程序有待进一步完善，执法人员的素质有待提高，以上因素都影响着文化产业的发展。

（三）呼和浩特市文化产业发展的特点

总体来看，文化产业主体不断壮大，文化产业体系雏形基本形成，居民文化消费能力稳步提升，消费习惯日渐养成。截至2012年12月，呼和浩特市从事文化产业的相关组织、企事业单位有1700个以上，从业人员4万多人，占呼和浩特从业人员总数（168.3万人）的2.4%；文化产业资产总额约238.7亿元；文化产业增加值为79.9亿元，占地区生产总值比重为3.98%，人均产值为31.69万元，远高于全市人均生产总值。但从数据上看，呼和浩特市的文化产业规模仍然较小，文化产业处于起步阶段的判断仍然有效。呼和浩特文化产业呈现以下特点：

1. 文化产业规模较小、结构欠合理

呼和浩特市从事文化产业机构以创意产业最多，但从事广告业务的多达539个，占文化创意机构的85%还多，占文化产业机构总数的47%；其次为文化产品生产、新闻出版发行和文化用品生产行业，由于行业特点决定的原因，广播电视电影设备批发机构的数量最少，仅占2%。

2. 劳动密集型产业仍占主导

呼和浩特市文化产业人均产值较高的行业分别为文化用品生产、工艺美术品、文化信息传输、广播电视电影设备生产等行业，而文化创意人均产值较低，说明呼和浩特市文化产业的发展水平较低，还是劳动密集型产业，今后呼和浩特市文化产业的发展还需要深入挖掘文化内涵，提升发展层次，提高技术、创意在文化产业发展中的地位。

3. 传统文化产业发展势头强劲，新兴文化产业崭露头角

综合来看，呼和浩特市文化产业还是以工艺美术品行业、文化用品行业、新闻出版发行行业、广播电视行业等传统文化行业为主，约占70%。新兴文化产业正在逐步兴起，特别是文化创意设计行业已经初步显示出其良好的发展势头，其产值已经占到文化产业总值的18%，但文化休闲与文化艺术业产值较低，二者相加只占文化产业总产值的4%。这样的发展与内蒙古自治区丰富的民族文化资源不相协调，需要进一步加强。

（四）呼和浩特市文化产业发展的新趋势

近年来，呼和浩特市文化产业稳步发展，对经济增长的促进作用逐步提高并

呈现出以下趋势：

1. 民族文化设施和特色民族文化活动发展迅猛

近年来，呼和浩特市大力发展文化基础设施，投资建设了大剧院、科技馆、体育中心等公益服务设施，为文化产业发展提供良好的基础设施环境。在呼和浩特市有内蒙古自治区博物院、呼和浩特清·和硕格靖公主博物馆、蒙古风情园等一系列民族特色场馆。这些院、馆等场所从各个方面展示了呼和浩特独特的多元民族文化及民族风情。

2. 特色景观街道拉动旅游业发展

呼和浩特市在充实旅游文化资源的同时，逐步形成了以自然景观和人文景观为参观线路，以民族文化、民俗活动、特色餐饮和地方民族风情歌舞等历史文化传统宣传展示为主要内容，以地方特色文化产品旅游为辅的文化旅游新格局。具有现代气息与蒙古族文化融为一体的成吉思汗大街，具有中东、西亚风情的回族居住区伊斯兰景观街等都成了呼和浩特市民族文化、地方文化的名片和窗口，吸引了大批国内外游客。

3. 培养特色文化、打造文化品牌初现成效

近年来，呼和浩特市推出了以促进民族团结进步为主题的中国·呼和浩特昭君文化节，以促进民族商品生产、贸易和文化交流的民族商品交易博览会，以体验民族风情、展示民族文化的草原旅游节，以及图书展、奇石展、文化庙会等一系列节庆活动。其中昭君文化节已成为中国最具特色的十大节庆活动之一，"春节元宵节文化庙会"也在 2010 年被中国文化部授予群众文化活动的最高奖项——"群星奖"。

4. 文化园区建设稳步推进

目前，以园区和基地建设为载体，搭建项目发展平台的具有不同民族特色的文化产业园区相继在呼和浩特市开工建设或投入使用。呼和浩特文化产业园、大盛魁文化产业创意产业园、敕勒川文化旅游产业园、内蒙古自治区软件创意示范基地、呼和浩特民族文化产业基地的建成对呼和浩特市文化产业的快速发展起到了积极的推动作用。

5. 动漫产业异军突起

在内蒙古自治区动漫产业是以草原文化为素材和原料的新兴文化产业，随着文化部和国家相关部门对动漫产业的扶持，呼和浩特市动漫产业进一步品牌化、市场化和产业化的局面逐渐形成。

二、呼和浩特市文化产业发展中存在的问题分析

虽然呼和浩特市文化产业的发展取得了明显成效，但存在的问题依然较多，

具体表现为以下几方面:

(一) 呼和浩特市文化产业仍处于起步阶段

对于呼和浩特市文化事业的发展,从政府领导重视到普通民众认识,从基础建设到文化氛围营造,从财政投入到民众消费,从外围形象塑造到内部发动,都已经形成良好的发展趋势,但无论从文化产业自身发展的角度,还是从与先进地区比较的角度看,呼和浩特市文化产业发展处于起步阶段的判断仍然适用。主要表现如下:

第一,呼和浩特市文化产业发展层次较低。从上文援引的数据可以看出,呼和浩特市文化产业中高附加值的文化产品少,尤其是文化产品深加工、文化创意设计等方面的较少,主要满足的是居民最基本的文化需求,而当前的文化产品已经不能适应人们多元化的文化需求。

第二,文化产业发展时间短、规模小。呼和浩特市文化产业的发展速度远远落后于国民经济的发展速度,其产值占 GDP 的比重很低,对经济增长的拉动力较弱。现有文化经营单位平均每万人不足 10 家,远低于我国东南部发达地区每万人 40 多家的水平。

第三,呼和浩特市文化产业发展主要停留在简单文化产品制造、销售和为旅游业服务方面。呼和浩特市文化产业发展无论是发展理念、发展规划,还是执行方案,其主要目的都是通过文化吸引游客,增加旅游收入,忽视了文化产业自身的经济价值,因此,文化资源向社会财富转变能力不足,文化产业优势发挥不明显。

第四,人均文化消费水平还比较低,消费方式单一。根据《呼和浩特经济统计年鉴 (2013)》数据显示,呼和浩特市城镇家庭居民平均每人每年用于文化娱乐用品、文化娱乐服务方面的消费支出为 1428 元,约占消费支出总额的 6.7%,与之前相比几乎没有变化。在日常文化消费方式选择上,呼和浩特市居民选择最多的还是传统的电影、电视、报纸杂志,选择 KTV、酒吧、公园、讲座和展览、旅游等新兴文化消费方式的也较多,而一些高雅的文化消费方式如艺术表演、艺术培训、艺术品收藏等则基本选择的人数较少。可见呼和浩特市居民的文化消费层次虽然逐渐提升,但整体还处于较低层次,消费方式较为单一。

第五,呼和浩特市文化产业对周边地区辐射力、影响力较弱。呼和浩特市作为内蒙古自治区首府,是内蒙古自治区政治、文化教育和金融中心,在整个自治区文化事业的发展中,既没有给其他地区文化产业发展带来良性影响,促进其发展,也由于文化产业发展不成熟,对周边地区吸引力不大,这些地区的消费者还没有形成到呼市文化市场消费的习惯。

第六，呼和浩特市在文化产业发展和文化生产力方面投入力度仍显不足。近年来，呼和浩特市虽然在公共文化服务体系建设方面加大了力度，取得了很大成绩，但是由于历史欠账多，底子薄，基层文化建设缺乏保障机制，投入少，基础设施还未完善，文化生产能力不足，限制了农牧民和城镇居民文化消费，使文化市场难以扩大，制约了文化产业的发展。

（二）地方文化与文化产业发展脱节的问题

文化产业是朝阳产业，其发展要注重长远利益，要制定适合地方特点的发展战略。虽然呼和浩特市文化产业发展取得了一定成绩，但总的来看，呼和浩特市相关部门对于文化产业的内涵理解得不深，定位不准，文化产业的发展没有与地方文化很好结合，文化产业发展没有主线，发展意识与当前国家尤其是我国东部发达地区还有很大差距，现有的关注点主要从战术层面着手，缺乏长远的战略层面的思考。首先，文化产业的发展不成系统，没有将文化产业各类行业联系起来，文化产业还不成气候；其次，呼和浩特市还没有将地方文化提炼出来，文化产业的发展与呼市独特的地域文化脱节，文化产业的发展没有底蕴，没有可以借助的平台和根基。

由于意识落后，没有深入挖掘地方文化的内涵，文化产业各领域都是独立发展，没有系统思考，没有文化产业各领域的融合和协调发展；文化产业的发展方向和方式不明确；制订的发展规划以战术性的计划为主，关注的是眼前利益，在与其他文化的竞争中，难以建立竞争优势，难以形成自己的特色，只能成为其他地区文化产业发展的跟随者，不能独树一帜。

（三）呼和浩特市文化产业发展缺乏高层次专业人才

呼和浩特市受地理位置、经济发展、人才激励机制等方面的影响，从外部引进人才相对困难，同时由于自身人才培养机制、文化产业层次等方面的影响，内部人才培养成效甚微。因此，由于缺乏高端文化产业专业人才，所以产业发展的深度和广度都受到制约。第一，缺乏高层次复合型人才，尤其需要既通晓文化产业内容又具有自主创新能力的本土人才，既懂得产品研发又懂得艺术创作的实用专业人才，而现有的人才储备远远不够。第二，文化产业发展缺乏文化经营人才，文化经营人才是文化产业发展的领军人物，他们的数量和质量决定了文化产业发展的规模和未来。呼和浩特市现有的文化经营管理人员，大多缺乏现代企业管理经验，知识更新慢，管理保守，信息获取渠道单一，筹资、用资缺乏长远规划。加上没有中介机构和文化产业经纪机构的有效指导，致使全市文化产业缺乏系统条理性，不能实现文化产业的纵深发展和跨区域横向发展。第三，新兴文化产业人才匮乏。随着现代传媒、动漫游戏、数字视听、网络文化、会展博览等新兴文化产业的逐渐兴起和扩张，呼和浩特市在这方面人才匮乏的问题日益突出，在一定程度上阻碍了文化产业向广阔的新兴领域发展。

（四）文化产业园区和文化产业基地作用发挥有待进一步提高

当前呼和浩特市文化产业园区和文化产业基地还处于初级阶段，进驻企业少，规模小。主要体现在：第一，重点文化产业园区和基地偏少；第二，文化园区和基地基础设施不配套，项目资金到位率、开工率、投产达标率低；第三，文化产业园区和基地要素保障能力不强，在融资、土地、供水、供电等方面问题不少；第四，文化产业园区和基地管理体制有待完善，组织管理功能不完备；第五，文化产业园区和基地蜕变为商业地产；第六，文化园区和基地关联度不高，产业布局不系统。

（五）文化产业发展缺乏品牌企业和龙头企业

虽然当前呼和浩特市文化产业发展的上升势头明显，但具有一定规模、竞争优势明显的文化企业和品牌企业较少。龙头企业和品牌企业将文化产品加工、市场营销、文化创新和融资等功能有机地整合到一起，是培育文化市场、提升文化产业发展水平，带动地方文化产业发展的重要力量。因此，呼和浩特市有关部门应该进一步完善文化产业政策支撑体系，培育扶植一批具有行业代表性和区域代表性的优势文化企业和品牌文化企业，在区域合作的基础上，通过跨地区、跨行业、跨所有制兼并、联合、重组等途径，培育成长性好、竞争力强、具有重大示范带头作用的大型文化企业。

（六）对中小文化企业支持不够

呼和浩特市文化产业主体以中小企业和文化个体户为主，可以说中小企业既是文化产业发展的主力军，也是解决就业的主要渠道。中小企业能否健康成长，对于呼和浩特市文化产业发展至关重要。但是从呼市目前的状况看，对于中小企业的重视程度不够，虽然出台了一些支持政策，但政策执行的过程中，尤其是在土地、税收，特别是金融政策方面，还存在诸多问题。而呼和浩特市中小型文化企业由于原始发展资本不够雄厚，企业规模弱小、资本市场融入度极低，创新能力不足，市场竞争力相对弱小，制约了文化产业的发展。

三、呼和浩特市文化产业发展的对策

（一）找准呼和浩特市文化产业发展的定位

呼和浩特可谓是历史悠久、底蕴深厚、位置独特、基础较好，因此，要想在国家大力提倡积极发展文化产业的宏观政策背景下，呼和浩特的文化产业发展首先必须要进行科学合理的发展定位，这一定位要在有利的宏观背景下有所作为，积极发挥区位优势，充分考虑现有资源与条件，在此基础上，进一步地确立文化产业发展的具体目标、整体战略、实施计划、保障措施等。鉴于呼和浩特的现有条件及所处地位，这种定位必然要体现出弘扬草原文化的特色、引领地方经济社会发展的功能。对此，我们将从整体定位、具体阐释、定位依据三个方面加以论述。

呼和浩特市是一个地处草原的边疆少数民族自治区的首府城市，所以也被称为"草原明珠"。它所展现的文化，既体现本身悠久而丰富的历史传统与价值观念，又要集中体现草原文化的核心特点。因此，呼和浩特的文化产业发展定位，既要有历史性，即对呼和浩特本身的历史传统文化要加以发扬与传播；也要有地域性，即要把呼和浩特作为草原文化的一个集中展示窗口；还要有时代性，即要与时代的特征相结合，结合现代观念、方式与技术手段促进文化产业的发展。据此，我们认为，呼和浩特市在文化产业发展过程中的总体定位应该是：国际草原文化的创意与交流中心。

这一定位的具体含义，是指要把呼和浩特市作为草原文化集中展示典型窗口和示范基地，以自身历史底蕴与草原文化为精神养料，积极推动对于草原文化的传承与创新，并通过多种形式得以展现，从而对草原文化进行更好的提炼与总结；与此同时，通过这样一个窗口吸引更多的人群来共同感受草原文化的独特魅力，并将其向更大范围传播，积极促进草原文化与其他文化之间的交流，从而赋予草原文化更加强大的生命力。通过这一定位，我们要借助首府城市政治中心、经济中心、文化中心、金融中心等方面的集聚与辐射功能，推动草原文化的传播与消费，起到向外宣传与扩散草原文化影响、向内提炼与集聚草原文化元素的作用。

（二）科学规划呼和浩特市文化产业发展战略目标

全面贯彻落实国家"一带一路"的战略构想和内蒙古自治区"8337"发展思路，以建设社会主义核心价值体系为根本任务，以满足人民精神文化需求为出发点和落脚点，以改革创新为动力，以产业结构调整为主线，依托呼和浩特丰富的民族文化资源，发挥首府的人才、科技等优势，以重大项目建设为推手，按照"资源依托、需求引导、有机整合、梯次发展"的总体思路，重点推动数字传媒、文化旅游、文化创意与设计、文博会展、文艺演出、艺术品创作与交易、出版印刷与发行等文化产业门类的发展，推动产业集聚，完善市场体系，鼓励文化创新融合，强化辐射带动作用，促进文化产业向高端化、规模化、国际化发展，形成科学合理、健全完善的现代文化创意产业体系，努力将呼和浩特市打造成为国际草原文化创意与交流中心。

依据这一思路，呼和浩特市文化产业发展的总体目标是：立足于呼和浩特的文化产业基础和文化资源分布，并服务于将呼和浩特市打造成为国际草原文化创意与交流中心的总体定位，通过"创建一个中心、重点发展七大产业，构建'13585'产业布局，实施七大战略举措"的发展战略，使呼和浩特市文化产业发展体系更为完善，体制机制更富有活力，企业创新能力显著增强，文化产业综合实力和市场竞争力显著增强，在全国的地位得到较大提升。在升级改造旅游业等传统文化产业的基础上，全面发展文化创意设计等新兴文化产业。文化产品和服务出口明显扩大，文化产业增加值在地区生产总值中的比重明显提高，力争到2020年，文化产业增加值占 GDP 比重达到 8% 以上，成为呼和浩特市国民经济的新兴支柱产业。

"一个中心"即是将呼和浩特打造成国际草原文化创意与交流中心。"七大重点产业"包括数字传媒、文化旅游、文化创意与设计、文博会展、文艺演出、艺术品创作与交易、出版印刷与发行。"13585"产业总体布局即"一核引领、三带贯穿、五区联动、八群集聚、五园支撑"。

1. 一核

以呼和浩特市主城区作为全市文化产业发展的核心，发挥辐射带动周边旗县文化产业发展的作用。

2. 三带

打造沿 209 线武川—清水河历史文化带、沿黄河历史文化带、沿大青山历史文化带，达到贯穿草原文化、敕勒川文化、召城文化、伊斯兰文化、黄河文化、西口文化的目的。

3. 五区

在全市范围内规划五个文化产业的特色区。主城区打造草原文化创意与交流区、和林格尔县打造科技文化区、托县和清水河县联合打造黄河文化区、土左旗打造敕勒川文化区、城区北郊与武川县联合打造大青山历史文化与生态旅游区。

4. 八群

通过整合全市文化产业项目资源，重点发展广电影视、出版发行、文体娱乐、数字文化、文博会展、文化创意、旅游观光、文化用品制作八大产业集群。

5. 五园

以自治区广电集团为依托打造国家级影视文化产业园；以自治区出版集团为核心聚集全市200家印刷发行单位打造国家级印刷出版文化产业园；依托草原马汇项目打造国家级马文化产业园；以大召区块和大盛魁南北区为核心打造国家级大盛魁文化产业园；以呼和浩特市文化创意产业园、内蒙古自治区新华创意城等项目为依托打造国家级文化创意产业园。

（三）整合文化产业园区、基地和项目资源

以文化产业园区、基地和项目为基础，以文化资源为依托，结合旅游和城市新区建设、旧城改造发展文化产业，实施重大项目带动战略，推进文化产业的企业聚集和产业集群发展，是现代城市发展文化产业的基本思路。

由于呼和浩特市文化产业前期发展过程中存在定位不清和缺乏整体规划布局的问题，导致现有文化产业园区、基地和项目资源分布不尽合理，文化产业园区、基地和项目的审批和选址带有较大的随意性和盲目性。文化产业园区、基地和项目资源的散乱布局必然会使城市文化产业的集聚效应和辐射效应难以发挥，并导致城市文化产业体系的功能紊乱和整体效益下降。为了降低前期投入的损失，在对呼和浩特文化产业进行总体规划布局时，应该充分考虑对现有文化产业园区、基地和项目资源的整合，选址、内容合理的继续保留，选址、内容不合理的及时叫停，并重新选址或调整内容，同时还应该对现有文化产业园区、基地和项目资源进行适度的归并，以提高呼市文化产业园区、基地和项目建设的整体质量。

（四）积极培育文化市场主体

1. 要牢固树立文化产业市场主体本位思想

彻底摒弃把文化产品和文化服务泛政治化、泛意识形态化的倾向，转变过去长期实行的政府主导一切的经济体制。在计划经济时代，我国的文化领域一直是以政府为主体，政府是一切社会资源的配置者，企业是政府的附属物，政府越俎代庖地包办一切，没有市场自由竞争，其结果是导致文化产业领域不能最广泛地调动最大多数人的积极性、主动性和创造性。实践证明，只有以文化产业市场主体为本位，让市场来配置资源，一切为了市场主体，一切依靠市场主体，文化产业才能真正振兴，我们才不会生产出那么多卖不出去的文化产品。

2. 积极推进经营性文化单位改革

积极推进经营性文化事业单位转制，加速文化体制改革，实行"大文化"

管理体制，要彻底改变过去政府包办文化产业市场的做法。

（1）要加强对文化事业单位剥离企业的监管，合理确定产权归属，明确出资人权利，建立资产经营责任制，努力形成有较强自主创新能力和市场竞争能力的文化企业与企业集团。

（2）加快国有文化企业公司制改造。推进产权制度改革，实行投资主体多元化，使文化企业真正成为自主经营、自我约束、自我发展的市场主体。加快国有文化企业的股份制改造，尽快推出一批主业突出、核心竞争力强的上市公司。

（3）以培育和引进骨干企业为重点，发挥资源整合和引导示范作用，带动相关行业发展。做大做强国有文化集团，培育2～3家大型国有骨干文化企业。比如，成都市先后组建成都传媒集团、成都文旅集团等大型国有文化骨干企业。

（4）鼓励和引导非公有制文化企业健康发展。扶持本地骨干企业，引进国内外知名企业和机构，重点扶持一批文化领军企业，培育一批特色鲜明、创新能力强的文化科技企业，提高呼和浩特市文化产业市场主体的数量和质量。

（5）鼓励有实力的企业跨地区、跨行业、跨所有制兼并重组，培育文化产业战略投资者。支持企业加大对技术装备和科技研发的投入力度，注重品牌塑造、维护和推广，引进核心创意人才、高端技术人才和经营管理人才，提高文化产业市场竞争力。

3. 鼓励中小文化企业发展，活跃文化市场主体

大力发展中小文化企业，创新土地、财税政策，完善新创企业孵化服务，引导企业把握技术应用和消费市场的发展趋势，鼓励企业进行产品研发和市场拓展，完善和创新商业模式，开展产业配套协作，提升中小文化企业的专业化程度和经营管理水平，增强文化产业发展活力。

4. 健全各类文化市场

构建统一、开放、竞争、有序的文化市场体系，促进文化产品和生产要素合理流动，是推动文化产业发展的重要平台。

（1）积极发展文化产品市场。运用市场准入、价格调节、财税优惠等政策，引导各类市场主体在出版发行、电影放映、文艺表演、网络服务等领域，积极开发文化市场。

（2）充分完善文化要素市场。充分利用国内外资本市场，拓展文化产业投融资渠道。鼓励文化企业通过发行公司股票、企业债券在资本市场直接融资。完善文化企业间接融资制度，规范文化产权交易，重点发展版权和其他无形文化资产交易市场。

（3）发展现代流通组织和流通方式。推进连锁经营、物流配送、电子商务，加快文化产品物流中心建设，努力建设区域文化产品物流中心，鼓励跨越区域、

管理规范、技术先进、服务优质的现代文化产品物流企业发展。大力发展现代文化产品连锁经营，鼓励出版物发行、票务、互联网上网服务、电影发行放映等文化企业以资本为纽带，形成一批文化产品连锁企业。

（五）推动区域合作与产业集聚发展战略

将呼和浩特市建设成为"国际草原文化创意与交流中心"的发展定位立意高远，围绕这一定位，呼和浩特市应实现区域联动、合作发展战略。不仅强调携手自治区其他盟市组团发展，推动呼和浩特文化产业形成集群，提升区域文化产业竞争力与影响力，而且强调与自治区外部区域联动发展，积极对接相邻发达省市地区，主动承接发达地区先进产业、技术、人才的转移，主动联合西部地区共享文化市场。以蒙古国、俄罗斯、韩国、日本等国家，北美洲、欧洲、亚洲、非洲等地区为重点文化目标市场，通过文化产业发展塑造对外文化品牌，推动文化战略的实施。

推进呼和浩特市文化产业集聚具体可采取以下措施：

第一，应围绕建设"国际草原文化的创意与交流中心"为目标，结合各区域优势与特点，确定每个区域不同的文化产业发展重点，整合并改造现有的文化产业资源和产业体系，重新进行产业规划布局，在新的战略高度上实施呼和浩特市文化产业的集群化发展战略。

第二，统筹呼和浩特市文化产业园区规划建设，遵循集约发展、突出特色、合理布局的原则，加强规划在产业集聚发展中的引导作用。应对园区进行准确定位，体现园区特色，明确园区整体发展战略，体现园区专业化发展，做好规划，避免与周边城市低品质、同质化竞争。

第三，文化产业园区建设应完善产业链经营，建立起产业链形态的产业集聚。文化产业链包括纵向产业链条与横向产业链条。纵向产业链是指某个产业上下游的产业链，形成价值链的延伸。比如，动漫产业，依托故事情节或创意制作动漫片，利用动漫片中的情节和原创人物形象，开发衍生产品，比如舞台剧、微电影、动漫游戏、手机游戏、玩具、服饰、文具等，更能以形象授权方式衍生到更广泛领域，像主题公园、主题酒店等。比如，小熊维尼卡通形象诞生于1925年，至今每年仍能销售近60亿美元的衍生产品；横向产业链是指文化产业族群中不同行业之间的结合，比如文化旅游、文化会展、演艺娱乐、影视出版等行业的结合。不同行业共享同一历史文化资源，并且各产业或产业要素在时间和空间上形成协调配合、相得益彰的关系。

按照纵向产业链条或横向产业链条，明确园区整体发展战略，对园区内产业内容进行合理布局。两种产业链条有时是交织在一起的。以动漫创意产业园为例，可以有动画节目制作、影视制作、影视动画技术企业、人才培训基地、广告公司、艺术授权公司、衍生产品开发公司等，还可以有动漫嘉年华、动漫剧场、动漫艺术创意雕塑展示等，拉动文化消费。

第四，文化产业园区应体现产业集聚效应上。园区应是在龙头企业的带动下，众多企业的积聚。在龙头企业的带动下，一大批中小企业围绕龙头企业提供发展所需配套。应吸引知名大企业入驻，创园区品牌。比如，成都市红星路35号广告创意产业园区引进70余家广告创意设计机构，园区联系服务企业830家，引进龙头企业、国内知名广告企业入驻，形成广告创意产业集聚发展区。该园区规划到2015年集聚4000家以上广告及关联企业。

第五，文化产业园区应有完善的功能配套。加快基础设施的建设和完善，搭建投融资、技术研发、产业交流和产品展示交易等公共服务平台。比如，园区内建设有信息网络服务平台、技术服务平台（研发中心、新技术印务服务中心、创意产品展示中心等）、产品交易平台、企业孵化及人才培育平台等。

第六，文化产业园区应形成一定产业规模。比如，成都市红星路35号广告创意产业园区广告产业就业人员达5000余人，2011年园区产值达5亿元，相关服务企业产值达30亿元。计划到2015年广告经营额达50亿元，关联企业产值达100亿元。

（六）积极推动"互联网＋文化产业"的发展

文化产业，又称"文化创意产业"或"创意产业"。"创意"与"科技"是文化产业发展的双翼。通过创意，可以开发和创造出新的文化资源。2015年的全国两会上，"互联网＋"首次在政府工作报告中亮相，便引发热议。"互联网＋"代表着一种新的经济形态，在这种经济形态下，互联网在生产要素资源配置中的优化和集成作用可以得到充分发挥，互联网的创新成果也将深度融合于经济社会各领域之中，提升实体经济的创新力和生产力，形成更广泛的以互联网为基础设施和实现工具的经济发展新态势。

"互联网＋文化产业"意味着文化和科技的高度融合。如果说创客空间讲的是草根创业，那么"互联网＋"则将从更高的层面上对国家的整体经济发展带来巨大变化。过去，文化产业发展寄希望于政府部门，但在市场起决定性作用的情况下，完全依赖政府扶持也有弊端。比如动漫产业的很多从业者盯着政府补助，导致真正好的创作不能被激发出来。"互联网＋"可以引导文化产业更贴近市场，市场化的发展方向能实现文化产业从以政府部门引领的自上而下发展模式向以企业为主自下而上发展的转变过程。呼和浩特市作为自治区首府，集聚了丰富的科技资源，应充分抓住"互联网＋"的机遇，加强科技与文化资源融合，大力发展草原文化创意产业。

（七）积极推动文化品牌建设

草原文化品牌是内蒙古自治区的核心文化竞争力，是形成区域文化品牌的关键点。但目前自治区对草原文化的内涵尚未形成统一认识，虽然分类并整理了一系列草原文化内涵，但对草原文化内涵的推广、弘扬指向性不明确，没有形成品牌塑造与推广的合力，导致文化品牌形象认知度不高，没有形成属于内蒙古自治区的文化反射。呼和浩特市作为内蒙古自治区的首府城市，虽经多年的努力，打造了一些具有一定品牌影响力的节庆和会展活动，如昭君文化节、民族商品交易会等，但真正能反映呼和浩特城市灵魂的整体文化品牌并未树立起来。同时，能带动呼和浩特市文化产业发展的文化品牌体系尚未建立起来，呼和浩特市文化产业、文化企业、文化产品的品牌形象并不突出。

呼和浩特市实施文化品牌战略可采取以下措施：

第一，利用重点文化产业项目打造特色鲜明的区域文化品牌形象。草原文化品牌是自治区着力打造的区域文化品牌，在这一战略引领下，呼和浩特市提出建设成为"国际草原文化创意与交流中心"的文化产业发展定位。国际草原文化节是自治区重点文化产业项目之一，这一活动项目永久落户呼和浩特市，无疑为呼和浩特市"国际草原文化创意与交流中心"的发展带来重大机遇。同时，呼和浩特市拥有"一会两节"重点文化产业项目，即中国呼和浩特民族商品交易会、中国呼和浩特昭君文化节、中国呼和浩特少数民族文化旅游艺术活动。并且，呼和浩特市确立大盛魁（南北区）文化产业园，内蒙古自治区敕勒川文化旅游产业园，蒙亮、苏鲁锭、德股乐等民族工艺品制作与交易平台建设等重点项目。对重点文化产业项目进行建设与管理，策划与运作，发挥项目品牌效应，提升项目国内外影响力，对提升城市文化品位，打造城市文化品牌形象，突出呼和浩特市"国际草原文化创意与交流中心"的发展带来重要影响。

第二，构建产业品牌体系，扩大文化产业品牌效应。打造特色鲜明的呼和浩特市文化产业品牌、文化企业品牌和文化产品品牌。以产品、企业、园区为支撑，构建文化产业品牌体系，扩大资本聚集、消费导向、产业示范和利润增长等多重文化产业品牌效应。有效挖掘呼和浩特市民族历史文化资源，深入挖掘草原文化、敕勒川文化、召城文化、伊斯兰文化、黄河文化、西口文化资源，大力推广具有民族历史特色的草原歌曲、民族歌舞、民族声乐、蒙古杂技、二人台等文艺演出精品，蒙古皮艺等民族手工艺品以及具有草原民族特色的动漫、图书、影像制品。塑造特色文化产品品牌；以出版发行、文化旅游、文博会展、文艺演出、创意设计、动漫游戏、工艺美术为重点，培育一批能够引导市场选择，具有核心竞争力的文化品牌企业。全力提升核心文化企业的品牌化经营，集中力量培育和打造在国际具有一定知名度的文化企业品牌，塑造一批品牌文化形象；以文化产业园区、特色街区为重点，打造一批具有产业示范效应和聚集效应，对城市经济具有带动效应的品牌园区。

第三，出台政策培育和扶持一批具有深厚民族文化底蕴和浓郁时代气息的文化品牌。对地域文化特点鲜明、水平较高，有保留和推广价值的品牌，经审核可给予项目补贴。鼓励文化企业实施品牌战略。经审核被命名为市级重点文化产业项目和重点文化企业的，优先享受国家、自治区和呼和浩特市制定的关于资金支持、土地使用、税收减免、人才引进等各项优惠政策。对新获得中国驰名商标和内蒙古自治区著名商标的文化企业，给予一定奖励。对原创的影视、演艺、动漫、图书等作品，在国家级和省级评比竞赛中获得重要奖项并产生重大社会效益和经济效益的，对作者、拍摄制作单位、创作演出单位给予奖励。对成绩突出的文化企业每年予以表彰，授予"发展文化产业先进单位"称号，并予以奖励。

第四，建立强大的传播体系和交易平台来推广文化产品和营销品牌，提升文化品牌知名度。进一步整合电视、网络、移动互联网、移动多媒体等渠道资源，打造和提升呼和浩特市文化品牌核心传播能力。通过数字化、网络化应用，打造不受时间、空间限制，全天候、全时段、全自治区、全国范围内展示、推广文化产品信息的平台，逐步展现呼和浩特市文化品牌效应，促进投融资对接和产品交易，拉动文化消费。

第 九 章

包头市文化产业发展报告

　　"十二五"时期，国家实施新一轮西部大开发以及促进内蒙古自治区经济社会发展的若干意见，为包头市新一轮发展创造了良好的政策条件。面对 2014 年严峻的经济形势和繁重的改革任务，包头市主动应对挑战，奋力攻坚克难，啃下了不少"硬骨头"，经济社会发展和人民生活水平有了新的提高。2014 年，全市生产总值 3700 亿元，增长了 8.5%；固定资产投资 3440 亿元，增长了 15%；社会消费品零售总额 1180 亿元，增长了 10%；公共财政预算收入 234.3 亿元，增长了 8.9%；城乡居民人均可支配收入分别达到 35640 元和 12820 元，增长了 9% 和 11%。当前，包头市处于产业结构调整的关键时期，大力发展文化产业是突破传统经济增长方式制约，实现经济社会健康、持续、快速发展的必然选择。

一、包头市文化产业发展的优势

（一）区位优势

包头市地处我国实施西部大开发战略的重点区域，毗邻京津，连接东北和西北地区，是我国"呼和浩特—包头—银川"经济带的重要战略地区，是内蒙古自治区打造以"呼包鄂"为核心的沿黄河沿交通干线经济带和西部城市群的中心，是华北地区通向西北地区的交通通信、商品集散的重要枢纽，呼和浩特—包头—银川高铁已列入国家"十三五"规划的前期工作。包头市是通往蒙古国和中亚地区的重要通道，在国家打造"草原丝绸之路经济带"的战略视域下，区位优势非常突出。

包头市由山北高原草地、山南平原和中部山岳地带三部分组成，呈现出西高东低的地势。目前，包头市是内蒙古自治区绿化面积最大的城市，曾荣获"全国园林绿化先进城市"、"全国城市环境综合整治优秀城市"等多项荣誉称号，特别是2002年荣获了"联合国人居奖"和"迪拜国际改善居住环境最佳范例"称号。其中，包头市的南海水域辽阔，素有"塞外西湖"的美誉，以及市中心的赛汗塔拉草原是全国唯一的都市草原。《2015年包头市政府工作报告》中明确提出要大力发展文化旅游业，加快推进33个文化旅游景区建设。重点完善五当召、美岱召景区基础设施，全力创建5A级景区。全面开展希拉穆仁、九峰山景区环境治理，实施赛汗塔拉城中草原提档升级工程。并且，加强与京津冀和宁陕晋地区的旅游合作。

（二）多元文化优势

包头市是一个具有悠久历史和灿烂文化的现代工业都市，拥有深厚的文化底蕴，历史上北方游牧文化与中原农耕文化在此交会融合，大量历史文化遗存和丰富的民族、民间文化艺术资源在此留存，具备深度发掘和开发建设的巨大潜力。包头的移民文化以及享誉世界的城市规划和园林城市优美环境等独特的现代文化资源，成为包头市发展文化产业取之不尽、用之不竭的文化源泉。包头地区文化资源丰富，涵盖了草原文化、西口文化、阴山边塞文化、民族革命文化等多种文化样态，同时，西部工业化城市的架构及其浓郁的现代文明气息形成了包头市特有的文化体系与特征。

（三）经济优势

现代经济发展需要文化激发创造力，而文化的发展同样需要经济基础的支撑。文化和经济之间存在一个密切互动的关系。经济发展对文化的促进作用是巨大的。一个地区经济条件较好，就比较容易将资源投入到文化建设上。研究表明，经济越发达的地方，文化产业一般也越发达，这是一种正比关系。经济不发达，就会缺乏文化消费能力，文化产业也就难以同步发展。

包头市是内蒙古自治区最大的工业城市，是国家重要的基础工业基地，也是中国最重要的稀土、钢铁、冶金、机械制造基地。从 GDP 总量上看，2014 年包头市 GDP 达 3636.3 亿元，在西部 52 个城市中排名第 5 位；包头市城镇居民人均可支配收入为 35506 元，在西部 52 个城市中位居第 2，良好的经济条件和完善的基础设施为包头文化产业实现跨越式发展奠定了坚实基础。

二、包头市文化产业发展现状

（一）包头市文化产业概况

2013 年包头市文化产业实现增加值 69.22 亿元，比 2012 年增加了 4.41 亿元，现价增速为 6.80%，不变价增速为 5.01%；根据包头市统计局最新数据，2014 年包头市共实现文化产业增加值为 74.95 亿元，比 2013 年增加了 5.73 亿元，增速为 6.67%，较 2013 年增加了 1.66 个百分点；文化产业增加值占 GDP 的比重为 2.06%，比 2013 年提高了 0.08 个百分点。其中，法人单位增加值为 46.31 亿元，占到全部增加值的 66.90%，个体文化产业增加值 22.91 亿元，所占比重为 33.10%。包头市的文化产业增加值年均增长了 45.2%，实现了较快增长。

（二）包头市文化产业发展的新特点

1. 文化个体经营者渐成舞台主角

2014 年包头市文化产业单位数量稳步增加，吸纳就业能力不断增强。全市共有文化产业单位 1.27 万家，比 2013 年增加了 615 家；实现营业收入 156.23 亿元，比上年增加了 8.30 亿元；从业人员 6.87 万人，比 2013 年增加了 0.28 万人，增长了 4.41%。全市文化产业法人单位共实现增加值 51.17 亿元，比 2013 年增加了 4.86 亿元，占全市文化产业增加值的比重为 68.27%，比 2013 年提高了 1.37 个百分点。在法人单位中贡献最大的是企业法人单位，其实现的增加值占全市增加值总量的 63.16%；个体户共实现增加值 23.78 亿元，比 2013 年增加了 0.87 亿元，增速为 2.26%。个体经营者占全市文化产业增加值的比重为 31.73%，远高于全国占比水平。

　　包头市文化产业增加值中个体经营者如此高的占比，是因为多年来全市形成很多规模较大的图书城、古玩玉器交易市场以及文化用品批发市场等，这些市场中的商户数量很多，且几乎都是独立经营的个体经营者，独立进行交易和结算，实现的增加值归属到文化产业个体经营者中。这与振兴文化产业，扩大内需增加就业的国家战略是高度吻合的。

　　2. 文化产业发展不均衡问题突出

　　从包头市的文化产业分布来看，各旗县区文化产业增加值呈现阶梯状分布：第一阶梯为昆区和青山区，文化产业增加值占全市比重超过 30%；第二阶梯为东河区、土右旗、稀土高新区、达茂旗以及九原区，文化产业增加值占全市比重超过 1%；白云矿区、固阳县以及石拐区为第三阶梯，文化产业增加值占全市比重不足 1%。

　　从文化产业实现的增加值来看，2014 年，包头市十个旗县区中文化产业增加值超过 25 亿元的有昆区、青山区，其中昆区共实现增加值 31.43 亿元，青山区共实现增加值 28.93 亿元，这两个区实现的增加值占全市文化产业增加值的 80.53%。从文化产业增加值占 GDP 比重来看，高于全市平均水平的地区也是昆区、青山区，其中昆区是 2.97%，青山区是 3.44%。从增长速度看，高于全市平均水平的地区有稀土高新区、九原区、白云矿区、达茂旗以及土右旗。如果从积极因素方面看，昆区和青山区文化产业发展取得了令人瞩目的成绩，对包头市的文化产业发展起到示范带头作用，而且从世界及全国范围看，文化产业发展的空间不均衡性也是难以避免的。但从消极因素方面看，一个城市区域文化产业发展过于悬殊，也会产生不利影响。由于行政体制条块分割，地区间在文化产业发展上各自为政、缺乏协调，其直接后果就是发展思路单一、产业结构雷同，缺少差异化的发展战略，因而造成的重复建设、资源浪费现象。因此，包头市今后应当加强对区域文化产业发展的统筹规划和分类指导，把优化产业布局作为文化产业发展的重点任务，鼓励各地根据资源禀赋和功能定位，确立文化产业发展重点，发挥各自优势，最终形成区域、城乡文化产业协调发展格局。

　　3. 文化创意产业发展潜力巨大

　　2014 年包头市文化创意和设计服务共实现增加值 13.95 亿元，比 2013 年增加了 1.44 亿元，占全市文化产业增加值的比重为 18.61%。2014 年全市文化产业十个行业类别中增速最快的是文化创意和设计服务，增速为 9.49%，较 2013 年提高了 5.59 个百分点。

　　在文化创意和设计服务的行业大类中，增速最快的行业小类是数字内容服务以及软件开发，增速分别为 13.49% 和 13.34%。文化创意和设计服务保持相对高速发展，这说明包头市通过将文化与科技、服务等领域的融合以及渗透，创造了更多的文化价值和经济价值，也表明包头市的文化创意和设计服务发展潜力较大。

（三）包头市文化产业主要门类发展态势

1. 文化旅游业

2014 年包头市加快文化与旅游的深度融合，优化旅游环境，加大招商引资和景区建设力度，全市实施 33 项重点旅游建设项目共完成投资 18.4 亿元，比 2013 年增长 1 倍。新增 A 级旅游景区 8 家。五当召、美岱召 5A 级景区和希拉穆仁草原等 10 个 4A 级景区创建工作全面启动。五当召旅游公路建成通车，九峰山景区获批为敕勒川国家森林公园，成功举办第二届中国游牧文化旅游节。2014 年包头市旅游业继续保持平稳快速发展态势，全市共接待国内外旅游者 938.33 万人次，同比增长 10.95%，旅游总收入达到 263.41 亿元，同比增长 27.06%，旅游总收入相当于全市 GDP 总值的 7.12%，各项指标均超额完成 2014 年计划目标。

2. 会展文化产业

2014 年包头市会展业通过整合，产业新格局正在逐渐形成。包头国际会展中心承载着举办大型展览、贸易洽谈、文化展示、文艺演出的使命，占领着本土会展文化产业的制高点。2014 年，包头国际会展中心基本实现展会商业化，21 场展会中，除首届装备展、首届牛羊肉产业大会和房地产交易会外，其余 18 场全部为商业展。经过前两年的市场培养，商业性展会的场次、规模、参观人数、交易额、运营收入等指标均得到大幅提升。2015 年，会展中心进入快速发展通道，截至 6 月底，已签订展会 33 场，营运收入 800 万元。会展中心的文化演艺平台——包头大剧院，自 2014 年 1 月正式运营以来，按照"市场化运作、公益性惠民"的思路，兼顾公益性、便民性原则，促进自我发展、良性运作，走出了一条符合实际的运营之路。2014 年，共举办郎朗钢琴音乐会、大型舞剧《孔子》、李云迪钢琴音乐会、开心麻花经典话剧《乌龙山伯爵》、姜育恒告别 30 年世界巡回演唱会、陈佩斯经典舞台喜剧《阳台》、经典儿童剧《卖火柴的小女孩》等各类演出、活动近 70 场，观众累计 6.5 万人次，实现票房收入 510 万元，企业赞助收入 190 万元，实现剧院总经营收入 700 万元。票房收入居自治区各盟市剧院之首。

当前，包头市会展业正在积极探索，力争把具有地方资源特色的政府性展会作为品牌展会培养，逐步把商业性展会巩固扎实，加强培养包头地区的办展公司，使其逐步形成产业链，以凸显会展产业的综合效应。目前已与中汽集团、亚泰会展集团、奇略会展集团、北京弘正会展服务有限公司、北京中展会展服务有限公司、三晋会展服务有限公司、新思维会展服务有限责任公司等会展企业达成了长期合作协议。与上述企业的合作，不仅为包头市会展业提供了保障，而且也为包头市会展经济的发展起到了积极的推动作用。

包头市有得天独厚的钢铁、稀土、装备制造业等资源优势，依赖这种优势包头培育了自己的知名品牌——稀土博览会，包头会展业经过近年来的发展，通过资源整合、优势互补，以会展、演出项目为带动，结合当地产业优势，培育当地的会展和演出品牌发展，聚集产业集群效应，引导文化产业消费，培育全市文化消费市场，拉动商流、物流、人流、资金流和信息流高度汇集，使相关产业高度融合，在联动中不断创造商机、吸引投资，打造出了属于包头市自身特点的会展文化产业经济。

3. 影视动漫产业

大力发展以文化创意、出版发行、影视娱乐、动漫等为核心的重点文化产业是包头市发展文化产业的既定方针。包头市的影视动漫业尚处于"婴儿期"，尤其是动漫业，规模偏小，知名的动漫公司数量较少，但动漫业从某种程度上说，代表了未来文化产业发展的方向，因此，包头市利用社会资源积极推动动漫业的发展。2013年内蒙古自治区瓯风文化传媒有限公司联合北京一流团队制作的五十二集动画片《草精灵》是我国首部草原生态题材的3D动画片，也是内蒙古自治区地区首部3D动画片。2014包头国际动漫嘉年华在包头乐园举行，经典的卡通人物造型、动漫模型都是由世界级动漫大师设计，采用高科技手段制作而成，13个展区大约展现了1000件动漫人物，好多展品在西北地区是第一次展出，每天吸引观展人数达一万人左右。动漫展为内蒙古自治区动漫产业发展带来全新的市场动力。2014年包头市动漫企业首次亮相科隆国际游戏展。2015年7月，由包头市文化产业协会主办的破晓时代动漫产业大展将在包头市奥体中心举办。动漫产业在包头有巨大的潜力，包头市积极培育动漫文化市场旨在未来以包头为基地，打开西北地区动漫产业市场，并形成内蒙古自治区成熟稳定的文化项目。

中国是全球第二大电影市场，并且是增长最快的市场之一。据普华永道数据显示，中国电影票房收入将从2013年的31.3亿美元增至2018年的59亿美元，涨幅高达88%，这表明中国电影产业的体量巨大，发展前景广阔。搭建国际影视文化创意产业园是目前国内发展影视文化产业通行的做法。2015年5月27日，内蒙古自治区包头市石拐区政府与北京电影学院、深圳迪威视讯股份有限公司在北京共同签订协议，建设包头国际影视文化创意产业园，充分依托北京电影学院资源优势和石拐区历史文化遗存，借助高新电影科技，挖掘利用百年煤炭工业遗存等历史文化资源，建设国际一流的涵盖影视创作、拍摄、制作、发行、人才培训、观光旅游为一体的全影视产业中心。北影—包头国际影视文化创意产业园，是落实"一带一路"战略构想的先行先试之举，整体项目总投资预计不低于10

亿元，将开展影视教育与培训、影视投资与拍摄、发展影视旅游产业及旅游景观、电视节目运作、影视基地的规划设计和建立手机电影及微电影拍摄基地。围绕文化旅游休闲产业基地及影视文化产业战略，包头深度融合生态、旅游、文化各个层面，打造集影视拍摄、生产服务衍生产业、教育培训、休闲旅游、情景体验、文化创意为一体的具备时代地域典型特征的影视文化产业园。此外，包头昆区投资3000万元对昆都仑召的文物古建进行修缮，对1800亩规划范围进行了治理和改造，着力打造民族文化题材影视拍摄基地；投资5亿元的内蒙古自治区文化传媒创意园区，以文化创意产业为核心，力争成为中国西部地区最大的动漫制作、影视剧、音乐生产出版基地。

三、包头市文化产业发展中存在的问题

从包头文化产业的相关统计数据分析，包头市文化产业从总体上看仍处于起步、探索、培育、发展的初级阶段，与发达地区相比差距很大。具体表现如下：

（一）文化产业结构不够合理

文化产业结构不合理集中表现为传统文化产业比重过大，新兴的文化产业比重偏小，基本上以传统文化经营为主。以信息化、数字化为核心的新兴产业如软件业、影视业、音像业等发展缓慢。目前，包头新兴文化创意产业虽然前景看好，但尚未取得实质性成果，因此示范带动作用尚不明显。有的传统产业如出版业急需用信息化、数字化对其进行改造，使其结构优化，达到产业升级的目的，但进展一直不快。包头市的各旗、县、区的文化产业结构雷同，也基本集中在书刊、音像、网吧、娱乐等行业，并且各自为政，同一产品同一项目重复生产重复建设现象严重，小而全小而散，质量没有保证，没有发展地区特色的文化产品项目，没有进行同板块大手笔的资源整合，缺乏对产业某些关键点的掌控，并通过关键资源的产业发展节点的掌控整合产业要素，建构产业链和产业集群的清晰路径，因此造成总体落后。包头的文化创意产业园虽然通过政策优惠和资金扶植已经初具规模，但彼此间并无产业关联，也缺乏可以共享的市场资源，没有形成国内知名的企业品牌。

（二）文化产业创新能力不强

文化产业内容创新乏力已经成为制约包头市文化产业发展的主要因素。受产业规模和集约化程度的限制，对丰富内涵的文化资源缺乏深入的挖掘和创新，尚无法形成具有核心竞争力的品牌产品和品牌企业，导致发展后劲不足，使文化资

源和高新技术结合的高附加值和高回报的品牌文化产品难以批量涌现，具有自主知识产权的产品不多。即便在一些与高新技术结合的新兴业态中，也存在产品附加值低、企业收益率低的情况，影响了文化产业的可持续发展。这种状况归根结底是因为包头缺乏具有自主知识产权和核心竞争力的骨干文化企业。未能有效地培育新兴文化产业，而且即便是确定了重点培育也是呈现开发周期长、更新慢的状况。文化产业创新能力不强，导致在提供文化和休闲娱乐服务时，原创性不够。

（三）文化市场体系构建不够成熟

健全文化市场体系，大力发展文化产业，必须着眼于"统一、开放、竞争、有序"的文化市场建设目标，着力解决文化发展的原有体系不甚健全的薄弱环节。目前，包头市文化市场体系还不成熟，没有健全的交易标准体系，信用监督和失信惩戒制度不够健全，市场主体信用体系建设还不完善，融资就成为制约发展的"瓶颈"，文化市场的流通体系建设相对薄弱，文化中介机构发展缓慢，对文化产品的推广策划和市场运作乏力，具有专业水准的文化经纪人、制作人、策划人、代理人十分稀缺。包头市实际上尚未形成竞争有序、规范高效的文化市场。

（四）文化产业投融资体系尚未完善

文化产业的良性发展需要创建良好的投融资环境，包头市文化产业投融资方面存在以下问题：

1. 投资主体过于单一

一直以来，包头市文化产业投融资的主要来源是有限的政府资金，并没有充分利用个人。企业、金融机构或非金融机构等具有投资潜力的力量来构筑一个有机的投资体系。目前，包头市尚未像国内其他地区那样，出现民间闲散资金涌入文化市场的情况，一方面是因为民间资本对文化市场缺乏认识，且投资文化产业周期过长；另一方面是政府缺乏有效的引导，投资者与创业者缺乏进行沟通的渠道。

2. 投资人才不足

文化产业投资对投资者的知识储备能力要求甚高，投资者不仅需要商业知识，而且需要对文化产业领域有一定的了解，同时还要具有敏锐的市场预测分析能力。而包头具备这些知识的投资商尚未形成主流。

3. 文化产业金融政策尚未调整到位

"十二五"期间，包头市相继出台了一系列的文化创意产业扶持政策，对符合条件的文化企业市政府加大资金扶持力度，设立文化产业发展专项资金，对经认定的具有鲜明地方特色和良好市场前景的重点文化产业项目，采取贷款贴息、项目补贴、后期奖励等方式予以支持，并且鼓励支持民间资本进入法律法规许可的文化产业领域，推进文化产业招商和上市融资。这些政策措施极大地促进了包头文化创意产业的发展，但是不可否认的是，这些政策尚未调整到位，普遍存在适应性差、效果有限等问题。一方面是现有金融扶持政策多是锦上添花，对内容原创、知识产权保护、商业孵化、产权交易等重点环节尚缺乏雪中送炭式的政策扶持；另一方面是各种文化创意产业政策协调性不足，特别是各部门、各级政府的扶持政策重复和缺位现象并存，影响政策的实施效果。

四、包头市文化产业发展的对策建议

（一）培育文化产业创新体系，促进文化科技融合

创造力是文化创意产业的核心要素，而文化创意和科技创新都是创作力的重要源泉，两者的融合才能促进文化元素转化为具有规模化生产能力和市场竞争力的高附加值产品。通常认为，技术创新重在降低成本，而文化创意则易于促进差异化竞争，它不仅提高了产业的差别化程度，更显著增加了产品的附加值。相较于技术创新的可复制性和流动性，文化创意往往更有黏性，从而使各个地区具有不可替代的优势。20 世纪末，国际创新研究开始侧重创新网络的研究，创新体系强调的并不是"创新"本身，它的核心在于面向市场的交互学习，也就是以提升市场竞争力为目标的主体间技术合作。

包头市的工业基础和技术优势是内蒙古自治区其他地区无法比拟的。在文化产业发展中，构建创新体系的首要目标是促成高科技企业和文化企业之间的交流合作，从而促进创意和创新、文化与科技的融合，提升文化创意产品的附加值和市场竞争力。包头市应主动搭建工业科技企业与文化创意企业及相关机构共同交流的平台，鼓励创意人员与技术人员之间的合作，从而将好的创意用好的技术平台加以展现，以赢得有效的市场竞争力。从创新体系的主体结构看，文化创意企业无疑是关键因素。因此，包头市文化创意发展应筹建创意企业孵化器，为微小文化企业的成长创造条件，引进的文化创意企业要与特色产业链的打造结合起来。

文化与科技融合有助于文化产业结构调整，是发挥文化产业功能，实现文化产业价值的重要战略和举措。应合理配置文化资源，通过资本运作对文化产业资源进行整合，优化和提升产业结构，促进优势文化行业的文化产品生产规模化、集约化、集团化，大力推进文化产业升级。培育发展一批具有较强实力和竞争力的大型文化企业，培育和建设一批文化产业基地，形成一批具有专、精、特、新

的优势文化产业群。

（二）打造知名品牌，做大龙头企业

发挥示范辐射作用，培育龙头文化企业。发展文化产业需要一批文化产业龙头企业、集团为支撑。要积极推进文化资源整合，以资产为纽带，运用市场机制，推动兼并、联合、重组，重点培育和发展一批拥有自主知识产权和文化创新能力、实力雄厚、具有较强竞争力的大中型文化企业和文化集团，支持和引导文化企业做大做强，以增强包头市文化产业的竞争力。在发展思路上，要以国有大型文化企业集团为龙头，整合相关资源，充分发挥民营文化企业的作用，形成功能互补的力量整合优势，尽快在全市范围内组建若干跨地区、跨部门、跨行业、跨所有制的综合性文化集团，打造出有较强竞争力的知名文化企业和品牌，使其成为包头市文化市场的主导力量，引领和带动文化产业整体发展。

（三）开发衍生产品，注重文化产业链的培养

文化产业要做大做强，关键是在衍生产品的开发和生产上。要努力打造完整的文化产业链条。通过政策支持，鼓励拉长文化产业链条，加强文化产业与其他产业的互动融合（特别是促进文化产业与现代服务业和高新技术产业的融合），推动有文化内涵的新产品和新业态的发展，大力发展文化衍生产品。同时，扶持建立一批示范性文化产业园区和产业基地，形成产业集群，发挥规模效应。包头历史悠久，资源丰富，已形成了一定程度的产业开发，但在衍生产品开发上还很不够，未能形成相关的产业链。政府应制定一套完整的政策，引导市场按产业链的方式发展。同时要加大执法力度，并通过品牌的建设，商标专利权的保护，来维护产业链的完整，确保产业链产值、利润的最大化，推动文化产业健康、稳定发展。加强文化产业的集群发展。产业集群化发展是当今产业发展的趋势之一，众多企业聚集在一起，能共享多种要素，降低企业生产成本。

包头市文化产业刚刚起步，尚未形成各类文化产业基地和聚集区。未来文化产业发展需要加强对特色文化产业集群的培育，建设一批特色鲜明、优势突出的文化产业基地和园区，实现文化产业集群发展。要围绕提高产业集聚效应，优化产业要素，集聚一批有实力、上规模的文化企业，高标准规划建设文化等一批文化产业集聚基地或园区，迅速形成文化产业中心。

（四）积极开拓文化消费市场

当前，要把扩大文化内需的重点放在培育大众性文化消费市场上。积极顺应在当前形势下人们休闲时间增多、寻求精神慰藉的文化诉求，加快培育并壮大大众性文化消费市场，从而带动文化内需的增长。大力推进惠民性文化活动，通过"文化周"、"文化行"、"文化节"、"文化年"等多种形式，倡导和促进影视消费、图书消费、旅游消费。对于低收入者和困难地区，可以考虑以发放文化消费券的方式，提高其支付能力，扩大文化消费。探索刺激文化消费、扩大文化需求的新途径，培育文化市场，要加快建立惠及全民的文化权益保障机制。政府要转变过去以补贴支持供应方为主的政策方针，转为补贴引导城镇居民消费结构优化升级，利用优惠票价、税收扶持、补贴居民文化消费、增加文化活动场所等措施，降低居民文化消费成本，改善文化消费条件，增强市民文化消费的市场意识，以喜闻乐见的节目培育文化消费市场，培育文化产业发展的市场土壤。

（五）健全和完善投融资体系

加大金融创新力度，特别是进一步发挥财政资金的杠杆作用，建立健全文化创意产业投融资服务机制，采取贷款贴息、融资担保、投资基金、集合债券等多种方式，加大对文化创意产业的支持；积极引导社会资本投资文化创意产业的积极性，并探索股权投资基金、资产证券化、上市融资等多种手段，为产业发展提供资本支持；创造有利于文化产业投资环境主要途径如下：

第一，包头市应紧随国家大环境，调整国有资本对文化事业、文化产业的投资范围，推动国有资本投资机制的转变；构造一批国有资本为主体的文化投融资运营主体。如可引导其他行业的国有大型企业或效益良好的国有企业进入文化产业，也可对中小国有企业进行嫁接改造。

第二，充分整合社会的参与意愿，鼓励非公有制资本进入文化行业。如何鼓励非公有制资本进入文化产业呢？首先，可由政府投资控股，同时吸引社会闲散资金投资参股，设立文化产业投资控股公司，或设立文化产业创业投资基金、风险基金等，为文化产业提供资金来源，推动重点项目建设。其次，包头市已专门成立宣传部直属文化产业处，2015年3月又成立了文化产业行业协会，应充分发挥其协调、联络、沟通作用，建立文化产业投资信息服务平台，征集文化产业项目，做好项目推介和对接工作。再次，做好文化产业项目建设的跟踪服务，帮助文化企业解决项目建设、产业发展中遇到的问题，保证服务质量。最后，完善市场竞争机制，加强对文化企业的领导。建立统一、规范、公平的文化市场，关键是建立和完善市场竞争机制，重点是维护中小文化企业的利益，为中小文化企业的发展创造条件。

第三，创新人才培养方式，重视培养懂金融、高素质的文化产业管理人才，集中力量培养富有创意头脑和商业才干的领军人才。同时，政府的相关文化、旅游、商务、科技等领域的管理者也需要文化产业管理的系统化培训。

第 十 章

鄂尔多斯市文化产业发展报告

　　鄂尔多斯市位于内蒙古自治区西南部，西、北、东三面为黄河所环绕，南临古长城，毗邻晋陕宁三省区。鄂尔多斯市是内蒙古自治区的经济新兴城市，也是全国最具创新力的城市之一，被自治区政府定位为省域副中心城市。2014年全市地区生产总值突破4000亿元，达到4162.2亿元，增长了8%；社会消费品零售总额完成610亿元，增长了10.1%，完成民生和社会事业投入442亿元，占公共财政预算支出的81.6%。城乡常住居民人均可支配收入分别增长了8.5%和11%，达到34983元和13439元。

一、鄂尔多斯市文化产业发展现状

2011 年 5 月，鄂尔多斯市被国家文化部、财政部确定为第一批创建国家公共文化服务体系示范区后，大力发展文化网络建设，文化基础设施较为完善。作为国家重要的新型能源化工基地，鄂尔多斯地区经济空前活跃，为文化产业发展奠定了坚实的物质基础。

（一）鄂尔多斯市独特而丰富的文化资源

鄂尔多斯市地区不仅有着富集的自然资源，同时也有着丰厚的文化资源。鄂尔多斯市境内有 1000 多处历史文化遗迹，其中有萨拉乌素文化遗址、朱开沟文化遗址、战国秦长城、阿尔寨石窟、成吉思汗陵、秦直道遗址等 12 个国家级重点文物保护单位。同时，鄂尔多斯市还有 5 个国家级非物质文化遗产项目——成吉思汗祭典、鄂尔多斯婚礼、鄂尔多斯短调民歌、漫瀚调、古如歌。这些物质的和非物质的文化遗迹遗产，都显现了鄂尔多斯文化的丰厚底蕴。

作为中国"北方文化圈"分布中心区的鄂尔多斯市既是中华文明形成的重要核心区域，也是草原游牧文化的发祥地，众多游牧民族共同在这里创造了以"鄂尔多斯青铜器"等为代表的灿烂草原游牧文化。同时，鄂尔多斯地区也是蒙古族优秀传统文化的汇集、传承之地。明代中叶，祭祀一代天骄成吉思汗的"八白宫"迁移到了鄂尔多斯市境内，从而把蒙古族的文化精华带到了鄂尔多斯地区。鄂尔多斯地区的蒙古族执着地传承了内涵丰富、世界唯一的成吉思汗祭祀文化，延续、发展了特色鲜明的蒙古族优秀传统文化。

鄂尔多斯市地域宽广，这里有辽阔的草原，有浩瀚的沙漠，有沟壑纵横的丘陵山地，也有黄河沿岸的平原滩地。特殊的地域环境、特殊的历史进程和特殊的民族演绎，造就了独特的鄂尔多斯文化。"鄂尔多斯（河套）人"文化、鄂尔多斯青铜文化、农耕文化、蒙古族传统文化、民族民间歌舞文化、漫瀚调文化等诸多文化渊源共同构成了鄂尔多斯文化的庞大根系。

鄂尔多斯市文化是一种历史悠久、影响深远、多元交融、多样复合的地域文化。发挥鄂尔多斯文化资源的比较优势，使文化遗产资源在科学保护的基础上转化成具有民族特色的文化产品和财富，是鄂尔多斯市发展文化产业的典型样态。

（二）鄂尔多斯市文化产业发展概况

1. 文化基础设施建设初具规模

近年来，鄂尔多斯市文化基地设施建设力度不断加大，全市公共文化服务体系设施齐全，公益性文化活动场所不断扩大。鄂尔多斯市先后投资五十多亿元新建了鄂尔多斯博物馆、鄂尔多斯大剧院、鄂尔多斯市图书馆、鄂尔多斯文化艺术中心、鄂尔多斯新闻中心、鄂尔多斯会展中心和鄂尔多斯体育中心七大标志性文化工程，对鄂尔多斯青铜器博物馆、鄂尔多斯恰特等重点文化基础设施进行了全面维修扩建。全市8个旗区都建成了一批高标准、高质量的文化中心、文化站，逐步形成了以标志性城市文化设施为龙头、旗区和苏木乡镇基层文化设施为基础、覆盖全市城乡的公共文化服务基础设施新格局。

截至2014年，全市公共文化设施总面积达到138万平方米，人均0.68平方米。全市博物馆、纪念馆达到27个，鄂尔多斯青铜器博物馆、鄂尔多斯博物馆被评为国家二级馆。公共图书馆（室）藏书368万册，人均1.84册。全市68个苏木乡镇（街道）和906个行政嘎查村（社区）全部建有文化站（室）。全市流动文化车111辆，建立了流动图书馆、文化馆（站）、博物馆；草原书屋718个，文化信息资源共享服务点927个，农牧民家庭文化户11000户，"文化独贵龙"等民间文化组织1000支，创立了"百日广场文化活动"、"节庆文化日"和"农牧民文化日"，把民俗文化融入公共文化活动，形成以政府主导的多元化机制。国家公共文化服务体系示范区建设扎实推进，已经初步构建起以市、旗两级为骨干，苏木乡镇（街道）、嘎查村（社区）为基础，农牧民家庭文化户和民间组织为延伸，流动文化为枢纽的公共文化服务五级网络。

2. 文化产业规模不断扩大

截至2013年年底，鄂尔多斯市在工商部门注册登记的文化类经营机构达2000余家，从业人员1.5万人，投资额达亿元以上的项目有20多个，已成为全市第三产业中发展最快的产业之一。计划项目用地600公顷，总投资100亿元人民币的鄂尔多斯文化产业园等一批实力雄厚的大型文化企业或文化企业集团，带动了全市文化产业的整体体量。鄂尔多斯市努力构筑以东胜、康巴什、伊旗为中心，以"一城、五园、四街、八大文化产业"为骨干的整体发展布局。一城，蒙古源流影视城；五园，鄂尔多斯文化产业园、成吉思汗陵文化旅游产业园、东联动漫产业园、秦直道文化产业园、萨拉乌苏文化旅游产业园；四街，文化娱乐一条街、酒吧一条街、特色餐饮一条街、蒙古民族手工艺品一条街；八大文化产业，文化旅游业、文艺演出业、文化娱乐业、广告会展业、影视音像业、文化产品业、动漫产业、体育竞技产业等重大文化产业项目的发展，从而带动全市文化产业规模化发展。以旅游业为例，全市A级旅游景区和全国工农业旅游示范点47个，其中，国家5A级旅游景区2个，4A级旅游景区21个，3A级旅游景区11个。2014年全市共接待旅游者751.2万人次，同比增长15.4%。其中，接待入境旅游者3.1万人次。实现旅游收入197.1亿元，同比增长29.3%。

3. 文化产业多元化投资格局逐步形成

民营企业、民营资本投资文化产业的积极性不断提高。成陵、响沙湾、秦直道、恩格贝、七星湖、王爱召、冠丰胜州奇石古玩城、鄂尔多斯文化产业园等文化旅游项目绝大多数由民营企业投资建设。成陵旅游区、响沙湾旅游区被评为全国文化产业示范基地，冠丰胜州奇石古玩城、恩格贝旅游景区、上海庙旅游景区、大秦直道文化旅游景区、大盟凯德文化广场、中视文化产业基地、萨拉乌苏文化旅游区被评为自治区级文化产业示范基地。近年来，鄂尔多斯文艺精品成果丰硕，121 项文艺作品获全国"五个一工程奖"、荷花奖、飞天奖、金鹰奖等国家级大奖，其中不少来自民营资本扶持的文化项目。东联影视动漫原创作品《中华德育故事》在央视少儿频道、央视电影频道以及全国许多电视台和网络媒体多轮播放，成为全国卫视的每日上档动漫。四十五集连续剧《秦道传奇》已在日、韩、东南亚以及欧洲等地热播，海外版权收益达 400 万美元。鄂尔多斯东胜天风动漫影视有限公司创作的动画片《小牛向前冲》和动画图书《大角牛美德花园绘本》入选国家动漫精品工程，已有数十家卫视及地方电视台购买了该剧的播出权，该剧的图书也已同步上市。

4. 文化产业扶持政策逐步完善

2006 年以来，鄂尔多斯市相继制定并出台了《关于进一步加快文化发展的决定》、《鄂尔多斯市文化大市建设纲要》、《鄂尔多斯市文化产业发展规划及项目实施方案》、《鄂尔多斯市促进文化产业发展的若干政策意见》等政策性文件。从 2010 年起，市财政每年安排 5000 万元文化产业发展专项资金，采取项目补贴、借款、贷款贴息等方式，引导民营资本投资文化产业。两年共投入 9000 多万元，扶持重点项目 50 个，调动了 200 多亿元民营资本投资文化产业。鄂尔多斯市专门设立"两项资金"，即鄂尔多斯文化事业发展资金和鄂尔多斯文化产业发展资金。通过设立文化事业发展资金，建立筹集文化事业发展资金的长效机制，为建设文化强市提供坚实的保障；通过设立文化产业发展资金，促使更多的文化产业项目落户鄂尔多斯市，为全市文化产业的快速发展提供坚实的资金保障。

5. 一批高水平、高标准的文化产业基地和园区建设进展顺利

根据鄂尔多斯市文化资源的特点，经过科学规划、倾力打造，一批高水平规划，高标准建设的文化产业基地和园区正在形成。其中，大秦直道产业园区和上海庙旅游区基本建成并开始接待游客，鄂尔多斯文化产业园、蒙古源流文化产业园、中视文化产业基地已经开工建设，大角牛梦工厂研发基地已经达成意向，即将开工建设。成吉思汗文化产业园、马主题文化产业园、鄂尔多斯市王爱召文化旅游产业园区、鄂前旗文化产业园等一批文化产业园也在规划建设当中。

（三）鄂尔多斯市发展文化产业的基本思路

鄂尔多斯市文化发展基本思路十分明确，就是结合鄂尔多斯实际，确立一个目标，突出两个特点，做好六个方面的工作。确立一个目标即把鄂尔多斯市建设成为中国西部文化强市，为建设全国民族文化强市奠定基础。突出两个特点即突出民族地域特点，突出时代特点。做好六个方面的工作即大力发展公益性文化事业，把鄂尔多斯市建设成为国家公共文化服务体系示范区；加强文化遗产保护，把鄂尔多斯市建设成为全国文化生态保护区；全面贯彻"二为"方向和"双百"方针，为人民提供更好更多的精神食粮；加快发展文化产业，推动文化产业成为鄂尔多斯市支柱性产业；进一步深化文化体制改革，加快构建有利于文化繁荣发展的体制机制；努力建设文化人才队伍，为鄂尔多斯市文化大发展大繁荣提供有力的人才支撑。

对于加快文化产业发展的具体目标，鄂尔多斯市把构建现代文化产业体系和市场体系放在了首位，提出文化产业发展要形成以政府为主导、企业为主体、社会参与、市场化运作、规模化经营、政策性扶持、多元化发展的模式。同时要积极引导文化消费，构建统一、开放、竞争有序的现代文化市场体系。要重点发展图书报刊、电子音像制品、演出娱乐、影视剧、动漫游戏等产品市场，贯通城乡的文化产品流通网络。

为了提升城市形象，加快文化产业发展，鄂尔多斯市提出了以举办文化艺术节庆活动为载体，全力打造五大文化品牌的要求：

1. 以成吉思汗陵为代表的祭祀文化品牌

鄂尔多斯市现已在恢复传统的祭祀活动，在此基础上，进一步挖掘和提炼成吉思汗祭祀文化，目的是让成吉思汗陵成为蒙古民族祭祀文化保护中心和传承中心。

2. 以响沙湾、恩格贝为代表的沙漠文化品牌

响沙湾旅游区和恩格贝沙漠生态旅游区经过多年的努力，开发出沙漠探险、沙漠滑翔伞、沙漠太空球等一系列沙漠娱乐项目，以经营民族工艺品和沙漠旅游纪念品为主，满足游客购物休闲的需求。在响沙湾举办的沙漠文化服装表演，以及每年定期举办的沙漠摄影、服装大赛等，均已日趋成熟，影响广泛，有力地提升了沙漠文化品位和品牌形象。

3. 以鄂尔多斯青铜文化为代表的历史文化品牌

鄂尔多斯青铜文化是鄂尔多斯市文化史上的一颗明珠，它是中国北方地区早期游牧民族的物质文化遗存，在中国青铜器文化中独树一帜。

4. 以鄂尔多斯羊绒衫为代表的服饰文化品牌

提出"鄂尔多斯温暖全世界"口号的鄂尔多斯集团，现已发展成为当今国

内产销规模最大、产业体系最为完善、营销网络最为成熟、技术装备最为先进的行业领军企业之一。依托强势的品牌资源，集团不断向羊毛衫、男装、女装、内衣、皮草、羽绒、家纺等非绒类服装领域拓展，大服装产业格局业已形成。

5. 以《鄂尔多斯婚礼》为代表的民族歌舞文化品牌

《鄂尔多斯婚礼》是在 20 世纪 70 年代，由鄂托克旗乌兰牧骑一批老艺术家对民间鄂尔多斯婚礼整理而成的文艺节目，一经推出，就在全市各乌兰牧骑推广开来，成为鄂尔多斯市各乌兰牧骑的保留节目。

二、鄂尔多斯市文化产业发展中存在的问题

虽然鄂尔多斯市文化产业发展具备良好的发展格局并取得了新成效，但从总体上讲，同先进国家、先进地区相比，鄂尔多斯市文化产业还存在文化企业实力不强、文化原创力低、文化阐释能力薄弱等问题。鄂尔多斯市文化产业整体上还处于起步、培育和探索的初级阶段，如何将资源优势转化为产业优势，有一系列问题尚待破解。

（一）产业规模仍有发展空间，产业结构有待优化

近几年来，鄂尔多斯市的文化产业发展已初具规模，但是对比其他产业部门，文化产业增加的优势并不明显，还不能承担促进 GDP 的主要角色。

鄂尔多斯市的文化产业结构仍以传统的手工艺品、旅游、演艺等服务产品为核心，以本地特色文化为内容，但是对于新兴业态的文化产品和文化服务却发展得不够充分，对于本土文化资源运用得不够充分。同时，以本地特色文化为内容的文化服务产品的影响力还较低，对于鄂尔多斯经济的贡献还不明显，仍然需要政府的大力扶持，还没有达到拉动当地经济发展和消费需求的力度。此外，文化与科技的融合度不高。众所周知，经济和文化的融合发展已经成为 21 世纪全球产业经济的重点，先进地区成功的经验都是在科技、文化、商业等领域进行跨界融合的典范。文化元素和科技含量有机融合才能够发挥巨大作用，形成新的产业，创造新的价值。因此，鄂尔多斯市需要在"文化＋"时代寻找到文化产业转型升级的新动力与新路径。

（二）文化产业空间集聚效益不突出，园区建设有待完善

鄂尔多斯市近几年积极建设文化产业园区，如鄂尔多斯文化产业园、鄂尔多斯蒙古源流文化产业园等，但目前来看，发展较为成功的园区数量较少。综观这些产业园区，都存在着一些问题。概括起来，主要有以下几点：园区内部产业间

联系不紧密，同外界的交流较少，园区自身的品牌效益和带动作用不明显；园区的运行秩序和相关建设不健全，易造成园区内的混乱；园区的特色大多流于外在形式，内涵挖掘不够。例如，鄂尔多斯文化产业园的主体定位是"以民族文化为主线，以数字新媒体等高科技手段打造的我国西北地区最具活力的集演艺业、影视传媒业、动漫业、创意产业孵化和商业开发等现代服务业于一体的综合型文化产业园"，而鄂尔多斯蒙古源流文化产业园的主体定位是"民族影视产业基地、草原文明博览园区"，两者功能重叠，无法彰显园区特色。

一般情况下，文化创意产业集群通常集中于城市中心区域，具有城市中心聚集的特征。但在鄂尔多斯市这一边疆少数民族地区，文化旅游创意产业所依存的民族文化根植于特定的地理与人文环境，是经过长期的历史积淀形成的，具有不可重复和不可复制性。因此，当鄂尔多斯市文化作为创意元素被用来进行文化创意产业的开发时，需要高度依赖本地人的创造力和独特的发展环境，在空间上就呈现出依托自然和人文资源分散分布的特征。因此，文化产业的空间集聚效益不突出。

（三）文化产业人才缺口较大，国际文化贸易水平较低

人才缺乏、科技水平较低一直是制约鄂尔多斯文化产业发展的"瓶颈"问题。较之文化产业的总量，鄂尔多斯市优秀文化人才缺乏，从业人员比例偏低，在人才种类上，严重缺乏文化产业发展急需的市场开拓、创意策划、经营管理、经纪代理、文化贸易等方面的一流人才；在人才素质方面，缺乏既懂文化又懂法律或财经、投融资、科技等专业的复合型人才；在文化人才工作中，鄂尔多斯缺乏对高层次文化人才的凝聚力，与引进、培养高层次文化人才的高成本相比，文化人才工作财力投入不足，组织体制环境也有待优化。

文化产业人才缺乏直接影响着鄂尔多斯的国际文化贸易水平。鄂尔多斯文化产业"十二五"规划的目标是把鄂尔多斯建设成为中国西部文化强市，为建设全国民族文化强市奠定基础。蒙古草原文化是世界优秀文化的重要组成部分，这决定了鄂尔多斯文化产业必须实施"走出去"战略。当前，鄂尔多斯文化"走出去"成效不明显，文化创新能力弱，缺乏文化创意人才是重要的原因之一。

（四）文化体制机制创新活力不足，财政金融政策缺乏灵活性

鄂尔多斯市依据自身特点制定了文化产业振兴规划和相关政策（见前文），这些无疑都对文化产业的发展起到了积极作用。但不可否认的是，这些文化产业政策落实到实质性问题上还不够深入，对于文化产业实际的促进作用还不明显。文化产业较为特殊，它涉及的行业包括广播电视、新闻传播、影视动漫、音乐戏曲舞蹈等，每个行业都有自身的特点和发展规律，不同行业遵循的规定和制度不

同，得到的政府支持和资源配置也应不尽相同，但是这一特殊性在鄂尔多斯的文化产业政策和相关的财政金融措施中没有很好地体现出来。

三、鄂尔多斯市文化产业发展中的对策建议

（一）积极融入"一带一路"文化建设，加快"互联网+"与传统文化产业融合

当前，"一带一路"文化建设已经成为我国对外文化工作新的重心。2014年，文化部已与新疆、宁夏、甘肃等有关省区开展了多渠道、多层次、多形式的交流与合作，举办了一系列以"一带一路"为主题的综合性文化交流活动，协调指导西北五省区的文化厅成立了"丝绸之路经济带西北五省区文化发展战略联盟"，在陕西西安举办了首届"丝绸之路国际艺术节"，在福建泉州举办了"海上丝绸之路国际艺术节"。不少沿线省区市文化旅游搭上"一带一路"快车，为文化产业发展开拓了新契机。鄂尔多斯市作为草原丝绸之路的重要节点城市和蒙古族传统文化保存地，其文化产业更应该积极围绕"一带一路"建设这一中心命题做好文章，文化创意产业应借此机遇大力发展对外文化交流与合作，加强文化产业智库建设，"十三五"文化产业发展规划应加强国际合作的规划细则。

2015年7月27日举办的鄂尔多斯市第一届"一带一路"互联网金融高峰论坛，首次通过高峰论坛的形式，全面解读鄂尔多斯市文化旅游与互联网金融运用，以及充分解读"互联网+"思维对文化产业发展的作用，并通过"一带一路"落地项目深入分析鄂尔多斯文化旅游产业集群发展模式。此次峰会融合国家利好政策，行业前沿动态，整合当下产业资源，汇聚企业需求，提供产业与行业沟通的平台。此次论坛是一个很好的尝试。

鄂尔多斯文化产业发展应开拓传统文化产业的电商化通路，借助互联网平台帮助传统文化产业良性发展。互联网正在革新一切，并引发包括传统文化产业在内的"技术—经济大变迁"，传统的产业带正在面临互联网的重塑。跟线下交易的信息不对称相比，电商平台可以清晰定位用户的交易，使得生产成本可控、生产周期可知、市场接受度可反馈，与客单价较高的文化产品具有天然契合度，因此传统文化的互联网化是大势所趋。随着中国文化产业在经济新常态背景下转型升级的步伐逐步加快，线上和线下企业的融合进入新阶段，在"互联网+"的大背景下，鄂尔多斯市的文化产业发展必须重视年轻的消费者，应设计出更符合消费者需求的产品、为消费者提供更好的服务、塑造更加让消费者喜爱的品牌，并在此基础上优化自身的产业结构。

（二）以文化旅游创意产业为抓手，进一步优化文化产业空间布局

创意旅游，是用创意产业的思维方式和发展模式整合旅游资源、创新旅游产品、锻造旅游产业链。它并非是单纯地开发几种旅游新产品，或对现有产品进行重新归类，而是强调对传统旅游产业发展模式的创新和升级，提倡用创意产业的思维方式重塑旅游产业体系，形成一种适应现代社会经济发展转型的全新旅游发展模式。鄂尔多斯市旅游业发展初期，旅游产品多为观光类型，自然旅游资源依赖性强，产品附加值低。而文化旅游创意产业可以将鄂尔多斯市的节庆民俗品牌（"鄂尔多斯国际那达慕"、"成吉思汗旅游文化周"和"鄂尔多斯旅游文化节"等）和艺术表演品牌（《鄂尔多斯婚礼》、《圣地古韵》、"沙之莲"、《直道春秋》、"天骄盛宴"等）整合起来，突出鄂尔多斯市拥有"成吉思汗文化"、"沙漠文化"、"蒙古风情文化"3个最具开发基础和潜能的活跃文化因子。以文化旅游创意为动力，将资源与科技、创新、旅游规划相结合，坚持文化创意产业与旅游业的互动发展，促进文化产业与旅游产业的交互渗透，突破鄂尔多斯市旅游业的发展"瓶颈"。

当前，成吉思汗陵旅游区经过多年发展，已经逐渐成为"成吉思汗文化"旅游创意产业集群的核心区；库布其沙漠响沙湾—恩格贝区域因旅游开发早、规模大、品级高，形成"沙漠文化"旅游创意产业集群的条件最为成熟；"蒙古风情文化"广布并植根于鄂尔多斯高原，宜于形成以东胜区—康巴什区—伊金霍洛旗为核心的"核心驱动、多点共生"的创意产业集群态势。

（三）加快文化"走出去"步伐，进一步提高本土文化的阐释能力

促进文化资源在全国乃至世界范围内流动是调整优化文化产业结构的重要条件。文化资源流动可以缩小地区间文化产业发展差距，可以将优质的文化资源整合在一起，形成规模的文化企业集团，提升文化产业的集中度。对外文化交流与合作的基础是拥有自己独一无二的文化品牌。近年来，鄂尔多斯在本土文化品牌创建方面取得不少成功经验，例如以鄂尔多斯羊绒衫为代表的服饰文化品牌已经具有全国范围的美誉度。"鄂尔多斯婚礼"作为地标性演出已成为国内外游客优先选择的文化品牌。但总体来说，鄂尔多斯致力于文化"走出去"的文化企业和文化项目依然偏少，缺乏能够彰显鄂尔多斯市魅力的文化名片，这与鄂尔多斯本土文化资源解读能力薄弱有关。鄂尔多斯市发展文化产业并非对传统文化资源简单的复制，而是借助创意人才的智慧、灵感和想象力，利用高科技手段对传统文化资源的再创造。鄂尔多斯市文化产业发展今后要在选题、产品形式、营销等方面与市场需求进行有效对接，要提高用国际化的表述方式讲述自己故事的能力。文化名片应当选择传播范围广、接受程度高、容易被感性了解并便于媒体宣传的文化载体作为打造对象。例如，相对于鄂尔多斯青铜器的不易运输性、欣赏祭祀文化的地点特定性，作为以歌舞演出为主要表现形式的《鄂尔多斯婚礼》品牌在对外传播方面更具优势。

此外，加大文化贸易发展的力度，加快文化产品"走出去"的步伐，专项政策支持和扶植的力度应当进一步加大，最终形成以文化经贸活动为平台，以媒体交流为着力点的对外交流合作的合力。

（四）创新人才培养方式，构筑文化创新高地

根据文化创意产业的特征，创新人才培养方式，一方面积极鼓励企业与高校、科研院所合作，建立产学研用一体化的人才创新培养基地，集中力量培育创新的精英团队；另一方面积极探索创新工场模式，建立文化创意产业的创业孵化平台，集中力量培养富有创意头脑和商业才干的领军人才。通过人才培养方式创新，培育一支规模宏大、适应时代要求、富有开拓精神的文化产业人才队伍，使鄂尔多斯成为内蒙古自治区地区创新人才的聚集中心和培养中心。

此外，应当落实政府有关人才引进的政策措施，加大文化人才工作的财力投入，并且在文化产业专项资金中单列文化创新团队扶持项目。

（五）健全现代文化市场体系，创新文化体制机制

要继续深化文化体制机制改革，加快构建有利于文化产业发展的体制机制，加快推进文化体制改革，切实实施本地区文化发展规划，发挥市场在文化资源配置中的积极作用。文化体制改革，要科学界定文化单位性质和职能，坚持区别对待、分类指导、稳步推进的方针。文化事业单位要全面推进人事、收入分配、社会保障制度改革，明确服务规范，加强绩效评估考核，建立有利于发展文化事业与文化产业的体制机制。要以建立现代企业制度为重点，加快推进经营性文化单位改革，培育合格市场主体，支持国有文化企业面向资本市场融资，支持其吸引社会资本进行股份制改造。鼓励社会力量、社会资本参与公共文化服务体系建设，培育文化非营利组织。

鄂尔多斯市政府应通过政策扶持、资金扶持、人力扶持、技术扶持等手段，积极支持各种形式小微文化企业发展。建立多层次文化产品和要素市场，鼓励金融资本、社会资本、文化资源相结合。完善文化经济政策，扩大政府文化资助和文化采购，健全文化产品评价体系，改革评奖制度，推出更多文化精品，使全市文化产业形成以公有制为主体，多种所有制、多种规模、多种形式共同发展格局；形成以文化产业园区为龙头、文化旅游区为重点、小微文化产业为补充、民族地域文化为内涵的文化产业格局。

第十一章

巴彦淖尔市文化产业发展报告

　　巴彦淖尔市是内蒙古自治区西部的一个新兴城市，"巴彦淖尔"系蒙古语，意为"富饶的湖泊"，位于举世闻名的河套平原和乌拉特草原上，东接包头市，西邻阿拉善盟，南隔黄河与鄂尔多斯市相望，北与蒙古国接壤。巴彦淖尔市自然资源丰富，旅游资源独具特色，是中国恐龙的故乡，被誉为"塞上江南，黄河明珠，北方新城，西部热土"。2014年，巴彦淖尔市生产总值完成902亿元，增长了8%；固定资产投资完成931.7亿元，增长了16%；公共财政预算收入完成62亿元，增长了7%；社会消费品零售总额完成212.4亿元，增长了11.5%。2014年12月，巴盟邀请国内20余位专家组成评审组，对中国传媒大学文化发展研究院编制的《巴彦淖尔市文化产业发展规划》进行了评审。《规划》以"河套绿色文化领军城市"为核心定位，以期把文化产业与惠民就业、整体产业转型升级结合起来。

一、巴彦淖尔市文化产业发展现状

（一）文化基础建设逐步完善

2013年巴彦淖尔市安排文化体育专项资金2.01亿元，较2012年增加了8652万元，用于市政府启动建设市体育馆和河套文化产业园区、市广电传媒中心投入使用以及新建和完善基层文化活动室130个。同时，巴彦淖尔市政府还围绕城市建设、文化塑造、文明倡导等方面组织了一系列彰显文化特色、体现时代精神等系列文化活动，开展一系列实践"新时期巴彦淖尔人文精神"的服务活动。

近年来，巴彦淖尔市采取政府投入、争取上级投资、资产置换、市场化运作等方式建设完善公共文化设施网络。投入资金3亿多元，积极推进广播电视"村村通"、全国文化信息资源共享、苏木镇综合文化站和基层文化阵地、农村电影放映、草原书屋、体育场和体育中心、农牧民体育健身等惠民工程建设，建立起覆盖城乡的公共文化设施网络。目前，该市建成30多处旗县级文体设施，建成文化资源信息共享工程乡镇基层服务点33个，行政村和社区基层服务点756个，改扩建乡镇文化站61个，完善、新建村社文化室、文化大院（户）486个，草原书屋、万村书屋等647家，农牧民体育健身广场6个，农牧民健身工程点127个，初步建立起市、旗县区、乡镇（街道）、农村（社区）4级文化服务体系。

各旗县区文化工作多点开花，特色凸显。中旗建成角力格泰文化产业园区并投入使用，文化遗产保护传承实现新突破，建成自治区级乌拉特文化生态保护区；前旗群众文化异彩纷呈，专业艺术创作演出成果丰硕，公共文化服务体系建设整体推进；杭后切实加强乡镇文化站建设，推进文化惠民工程实施，丰富了基层文化生活；磴口积极配合阴山岩刻申遗宣传活动，扎实推进文物保护各项工作并取得显著成绩；临河高标准推进社区文化活动设施建设，广泛开展社区文化活动，促进社区文化的繁荣发展；后旗建成集会展、演出、博物馆为一体的会展中心，积极规划建设玛瑙湖石博城，打造特色产业基地；五原重视村级文化室建设，数量多、分布广，很好地发挥了基层文化阵地作用。

（二）"河套文化"品牌内涵建设不断增强

河套文化的发展历史是中华文明发展历史上的一个重要组成部分，河套文明的进程与中华文明共生共荣。河套文化是草原文化和黄河文化的融会之产物，它与内蒙古东部的红山文化，科尔沁文化等蒙古经典文化不同，有其独特的发展走向，传承中吸取了深厚的移民文化的滋养。它是丰富的草原文化的一个独立的单元文化圈，是一个完整的区域文化体系，在草原文化构成中占有重要的位置。几千年来，在巴彦淖尔这片土地上，悠久的岩刻文化、自由奔放的草原文化、丰富多彩的饮食文化、质朴的农耕文化、渐进的杂标文化在河套地区汇集、演变、传承、发展，形成了具有鲜明的文化地域特色、鲜明的民族风情和不断融合的地域性文化体系，即河套文化。

当前，巴彦淖尔市的文化建设和文化产业发展都紧紧围绕弘扬"河套文化"做文章。2015 年中国·河套文化艺术节暨河套湿地文化节，从 6 月开始至 10 月底结束，通过文艺演出、艺术展览、精典传承和文化论坛四大项活动，进一步对外打响河套文化品牌。6 月 17 日在河套文化演艺中心上演的大型二人台现代剧《河套魂》拉开本届艺术节的帷幕。巴彦淖尔市通过每年组织举办专门的河套文化主题活动，研讨、传播河套文化，继承和发展河套文化。在这样一种激励的氛围下，文化创作的积极性空前高涨。巴彦淖尔市创作生产的民族歌舞剧《乌日定宝音》、《牟纳颂》、《牟纳之声》，歌曲《草原》、《永远的牧歌》，舞蹈《月》，电影《蓝学校》，电视专题片《河套长烟》、《阿妈的宝贝》等一大批作品 200 多项次在全国、全区获奖。电视剧《我叫王土地》荣获中国电视金鹰奖，大型阴山岩刻情景史诗《阴山·古歌》和二人台现代剧《月照金河套》，荣获自治区"五个一工程"入选作品奖、第二届内蒙古自治区二人台艺术节演出一等奖和优秀创作一等奖。蒙古族舞蹈《圣牟纳颂》、《巴彦淖尔情愫》在区内外文艺展演中获金奖。以郭增源、陈慧明为代表的一批农民作家创作了大量有影响力的文学作品。

巴彦淖尔市立足河套文化特色发展文化产业，集中国河套文化博物院、图书馆、美术馆、群艺馆、河套文化主题剧场、青少年科技馆、书画院等多种功能于一体的市文博中心已落成开放，与河套文化主题公园、河套文化演艺广场共同构成河套文化展示园区。黄河水利文化博物馆突出"黄河"和"水利"两大文化元素的黄河水利文化博物馆进入装修布展期，展示河套田园风光和巴彦淖尔深厚的人文底蕴。

（三）文化产业园建设突破"瓶颈"

按照国家最新文化产业分类标准，巴彦淖尔市正在筹措建立文化产业基本信息数据库和项目库。通过设立全市文化产业发展专项资金，扶持和培育市场主体，推动文化产业发展。重新规划建设河套文化产业园区，扶持一批有潜力的中小型文化企业集聚发展。推进河套文化广场和七彩文化街贯通改造、五原天籁湖河套影视基地、乌中旗角力格太文化产业园项目 3 个自治区重点文化产业项目建设。五原民隆河套农耕文化博览园入选国家 2015 年度丝绸之路重点文化产业项目。该博览园是巴彦淖尔市重点项目，位于隆兴昌镇八里桥附近，规划用地10000 亩，总投资 6.5 亿元。博览园内拥有河套历史文化园、河套农耕文化博物馆、观光农业采摘区、河套农耕文化体验区、河套民俗文化村、河套农家乐 6 个文化产业基地，建成后将突出河套农耕文化特色，将丰富的河套民风民俗融于各主题园区，从而实现文化产业与农业经济、休闲度假、旅游观光相融合，使文化产业成为推动县域经济转型升级的新兴产业。目前，6 个文化产业基地部分已建成对外开放，部分正在紧张建设中。

（四）文化旅游发展迅速

巴彦淖尔市拥有一批历史文化底蕴深厚、品位高、吸引力强，在国内外有重大影响的单体旅游资源。除了河套文化之外，享有"塞外明珠"的乌梁素海是地球同一纬度最大的国际重要湿地，也是著名的生态旅游景观。同时，巴彦淖尔市还拥有西北五省唯一具有国际标准的草原高尔夫球场维信高尔夫度假村，内蒙古自治区地区唯一的萨加教派寺庙阿贵庙和酒文化博物馆，蒙古野驴国家级自然保护区等独特的旅游资源。巴彦淖尔市具有区位优势，交通便利，它南临黄河与鄂尔多斯隔河相望，北与蒙古国接壤，有国界线 369 千米，还有国家经济技术开发区甘其毛道口岸，为开展边境游，招徕蒙古国、俄罗斯等境外客源创造了条件。包兰铁路、包银公路、京藏高速公路、临策铁路、规划中的哈密至临河铁路贯穿全市，是华北沟通大西北、贯通大西南、连接蒙古国的重要交通枢纽，为巴彦淖尔市文化旅游开发提供良好便利条件。

根据市旅游总体定位和发展战略，巴彦淖尔市对黄河河套文化旅游景区在现有基础上进行空间拓展，将旅游区占地面积由现在的 6.03 平方千米拓展为 22.1平方千米；使黄河河套文化旅游区能够真正展现黄河湿地景观、真实河套景象，凸显河套文化主题，打造文化氛围浓厚、休闲娱乐气氛浓郁、名副其实的黄河河套文化旅游区。景区将形成"两带三区"的空间结构，"两带"即"二黄河"观光休闲带、黄河生态景观带；"三区"即河套文化观光区、河套文化体验区、河套文化度假区。同时，强化旅游区餐饮、住宿、娱乐、购物等服务功能，引导旅游区由观光为主向观光、休闲、度假并重转变。

近年来，巴彦淖尔市明确了旅游业在全市国民经济社会发展中的产业地位和作用，制定了一系列扶持旅游业发展的优惠政策，旅游业发展再上新台阶。2014年河套湿地晋升为国家 4A 级旅游景区，入选全国优选旅游项目名录，单日接待游客最高达 15 万人次。万泉湖、纳林湖、走西口·万丰民俗村等一批特色旅游景区建成，中蒙跨境旅游线路开通，全年共接待游客和旅游收入增幅分别达到

18.7% 和 24.5%。

（五）节庆活动异彩纷呈

河套文化艺术节在整合地区文化资源，充分展示巴彦淖尔文化资源丰富、底蕴深厚的优势，努力打造河套文化品牌，推动民族文化大市建设方面起到了开拓性的作用。随着举办经验的增加和群众要求的不断提高，活动内容、水平和受众面呈现出逐年增加和提升的趋势。2015 年河套文化节共举办 13 场演出和 8 场展览，这些节目既有本土的传统节目，又有流行的摇滚音乐，还有异域风情的舞台剧；演出阵容既有草根文艺爱好者、本地专业艺术团队，又有国内著名的乐队组合，还有来自蒙古国、俄罗斯的艺术家。艺术节期间还举办了放河灯、国际岩画艺术论坛等活动，让广大群众享受文化艺术大餐的同时，进一步对外打响河套文化品牌。

首届华莱士节，是巴彦淖尔市磴口县于 1993 年举办的，至 2015 年共举办了23 届。如今，华莱士节已成为当地群众生活中非常重要的节庆活动。活动期间，品瓜会、龙舟赛、交流会、电影展令人应接不暇。2006 年的磴口县华莱士节首次与旅游有机结合在一起，称为"磴口县第十四届华莱士节暨黄河旅游文化节"，本届节庆活动以深入挖掘弘扬黄河文化底蕴、展示黄河风情及乌兰布和大漠旅游文化资源魅力，邀请各地人士游览磴口县名胜古迹、独特的人文景观和神奇的自然风光。同时，开展多种文艺展演、体育比赛、旅游探险及招商引资活动，主要内容有八省区摩托车大漠越野赛、黄河风情游、远古大漠旅游观光等活动。华莱士节成为推动旅游快速发展的"强力泵"。如今，华莱士节由简单的文化节事活动逐渐演变为利用节庆发展经济、扩大知名度、展示磴口新形象的重要途径。

乌拉特草原旅游文化节由乌中旗旗委、政府在每年的 8 月举办，历时 7 ~ 10天，是一项多功能综合型的节庆活动。节庆期间，开展具有民族特色和公众参与性强的活动，内容主要包括五个方面：文化艺术方面，举办大型开幕式、全市乌兰牧骑文艺汇演、闭幕式及大型焰火晚会和各种书画、奇石、文物博览活动；体育竞技方面，举办民族运动会、传统竞技表演和内蒙古自治区西部区搏克协作赛；民族风情方面，举办那达慕、祭敖包、蒙古说唱、唱长调民歌、拉马头琴等民族习俗活动，并举办乌拉特民俗风情展，乌拉特服饰展演和乌拉特饮食文化展示展销系列活动；旅游观光方面，推出乌中旗境内精品线路和中蒙跨国旅游线路，组织深入牧民家中体验牧民生活的牧户游活动，还根据各个旅游景区（点）的特色，举办游客可以参与的主题活动；商贸洽谈方面，举办产品推介会，组织商家实地考察等活动。

此外，乌拉特中旗草原生态旅游节暨第四届"鸿雁"文化艺术节、乌拉山国家森林公园冰雪节、乌拉特前旗根石文化博览会、五原河灯节、"魅力乌拉特神奇玛瑙湖"越野拉力赛、奇石博览会等节庆活动纷纷举办，节庆经济促进了投资与消费，扩大了本地就业，驱动了经济发展。

二、巴彦淖尔市文化产业发展存在的问题

（一）文化产业发展仍处于初级阶段

巴彦淖尔市文化产业总体情况是起点低，规模小，产业要素短缺，产业要素几乎全部依赖自然历史文化资源，而所处环境又不利于生产要素的流动。"河套文化"固然底蕴深厚，但受制于地理环境和经济条件，资金、人才、技术、服务、市场等产业要素较为匮乏，巴彦淖尔文化产品及服务科技含量少，产品开发创新能力不足，经营水平较差，市场机制不完善、缺乏龙头文化企业。造成这一现状，客观上来说，与本地区位和经济劣势有很大关系。客观因素增加了巴彦淖尔市文化产业的转化的困难度。

（二）文化资源开发利用不足

1. 文化资源开发利用不够充分，产业延伸不足

河套地区具有丰富的历史人文景观，但这些旅游资源有的正在规划开发，有的还未进行开发，总体开发较滞后。目前来看，巴彦淖尔市的草原旅游依赖季节性很强的自然景观，高度依赖自然景观会使客源逐步流失；投资，则可延伸产业链条，增加吸引力，但是由于周期长可能面临成本难以短时间收回的问题。相对于河套景区的开发，相关产业如餐饮、酒店、购物、娱乐等并没有同步发展。

2. 旅游品牌创建乏力

旅游业品牌不是实体，而是指旅游经营者凭借其产品及服务确立的代表产品及服务形象的名称、标记、符号或他们的组合，包含单项产品品牌、旅游企业品牌、公共性产品品牌、旅游目的地品牌等。现代全球旅游消费已演化成为大众理性消费，品牌优势才是最大的旅游竞争优势，只有优质的品牌旅游产品才有可能获得消费者的普遍认同和一致赞赏。名牌旅游产品对区域形象的建立、知名度的扩大以及吸引外地游客具有特殊意义，目前我国著名的旅游目的地都有自己的名牌产品，如湖南的张家界、安徽黄山、四川九寨沟、福建武夷山、北京故宫和长城、山西五台山、云南的西双版纳与香格里拉等都是当地的知名品牌，对提高地方知名度、拉动旅游业发展方面极具影响力。

自 2005 年开始，巴彦淖尔市每年都举办河套文化研讨会，经过近几年的研究和整理，已形成相关的河套文化理论，"河套文化"也正在成为品牌为世人所熟知。巴彦淖尔市为扩大河套文化品牌影响力，每年举办"河套文化艺术节"，但效果不是很理想。作为河套文化重要元素的阴山岩画，虽然在国际上具有较高价值，巴彦淖尔市政府大力宣传，积极申遗，但由于资源特殊性，受众面积小，不被国内旅游者所了解和熟悉。旅游企业普遍存在着"小、散、弱、乱"的问题。

（三）文化产品营销缺乏战略规划

巴彦淖尔市尽管做了大量宣传促销工作，但由于经费不足，未能开展大规模、持久的宣传促销工作，所以导致宣传面较窄，针对性不强，效果不明显。主要表现如下：

1. 缺少网络的有效促销

网络已经超越电视、报纸等传统媒体成为全球最大、旅游信息资源最丰富的新型信息平台。根据相关数据显示，我国旅游网络预订的市场规模以每年30%以上的速度增长，互联网成为机票、饭店和旅游产品等极具潜力的分销渠道；旅游电子商务占电子商务交易总额的20%，成为全球电子商务的第一大行业。巴彦淖尔市旅游网站数量较少，没有充分利用网络资源进行河套文化旅游宣传。如巴彦淖尔旅游政务网在 2008 年才开通，目前巴彦淖尔市几个旗县都只是在政府网站开辟旅游专栏介绍本地旅游概况。旅游企业中，只有黄河水利风景区开设专门网站进行宣传。在一些知名旅游网站，关于巴彦淖尔市的信息很少或没有。可见，巴彦淖尔市网络宣传利用度还不高。

2. 缺少整体促销

各旅游企业、各景点单兵作战，各自为政，缺乏整体宣传，没有形成合力，不利于河套文化旅游品牌的树立。另外，巴彦淖尔市应加快同国内国际知名网站的合作，将各个景区、旅行社等相关信息发布于网络，从而使游客便于全面地了解旅游产品，大大提升旅游竞争软实力，实现跨越式发展。

（四）文化产业园功能不够完善

巴彦淖尔市当前的文化产业园区，属于文化旅游园。其基本特点是以人文遗存和生态文化资源为依托，打造旅游景点或景区，此种类型的产业园但往往文化创意不足，主题庞杂，缺乏层次性，缺乏知名的园区文化品牌及品牌拉动效应，产业收入单一（门票）、市场运作不成熟、产业化程度较低，因而实际上还不是真正意义上的文化产业园。

文化产业园的核心要素是产业集聚。文化产业园是文化产业集聚的外在形态，是创造文化产业竞争优势的空间载体。如何形成产业集聚？迈克尔·波特教授认为，产业集聚是多种要素综合作用的结果，形成要素的"钻石模型"是实现产业集聚的重要前提。"钻石模型"中有四个关键要素（生产要素，需求条件，相关与支持性产业，企业战略、企业结构和同业竞争）和两个辅助要素（政府和机会），这六个要素彼此联系和相互强化推动着整个钻石体系的良性运转。作为文化产业园，其产业集聚的基本形态是产业链。产业链经营是文化产业园的基本商业模式。而巴彦淖尔文化产业园缺乏的正是对产业链某些关键点的掌控，并通过关键资源的产业发展节点的掌控整合产业要素，建构产业链和产业集群的清晰路径。

（五）演艺业市场化程度不高

我国的演出市场正在向市场化深度发展，演出团体、艺术家与演出公司、演出场所的联系更加紧密，演出市场化进程正在逐步推进。而巴彦淖尔市的演艺业市场运作不成熟、市场盈利方面表现欠佳，演出仍主要是以文化交流和宣传为主。演出内容同质化且缺乏国内知名的优秀剧目、艺术水准欠缺、市场竞争力亟待提高。

三、巴彦淖尔市文化产业发展的对策及建议

（一）借"丝绸之路"东风，拓展文化产业空间

内蒙古自治区近年来全面提升对外开放水平，深化与俄蒙的务实合作，2014年被正式纳入"丝绸之路经济带"建设范围，向北开放桥头堡建设迈出重要步伐。巴彦淖尔市应抓住国家和自治区实施"一带一路"战略的良好机遇，扩大自身文化产业的发展空间，强化同"呼包鄂"地区的合作，推动巴盟文化资源与内蒙古经济发达地区产业要素的战略合作和战略联盟，打破自身区域劣势。

乌拉特中旗应充分利用毗邻蒙古国的优越区位，扩大与蒙古国的文化、旅游、贸易交流，全面打造甘其毛都口岸"草原丝绸之路"经济带。从历史上看，包头北上经乌镇、乌不浪口到甘其毛都通往哈剌和林地区（原蒙古国首都），再向西北经中亚纵向延伸，直至欧洲，这条通道是历史形成的三条"草原丝绸之路"主线中的重要支线，在盛唐时期被誉为"参天可汗道"。巴彦淖尔市应找准自身在国家发展战略中的定位，做好与国家和自治区规划的衔接配套，在融入和服务国家战略中拓展发展空间。向南，巴彦淖尔应将"河套文化"的宣传推介

活动范围扩大到河西走廊的甘肃省、宁夏回族自治区等地，借助国家"丝绸之路经济带"战略的东风及各地政府参与的积极性，实现"河套绿色文化领军城市"的发展定位。

（二）深入挖掘河套文化内涵，打造河套文化品牌

河套文化是黄河文化的重要组成部分，是我国北方文化中的瑰宝，是人类发展史上农耕文明与游牧文明聚积交融的典型代表，具有草原文化与农耕文化碰撞交融的独特的文化特征和强烈的文化包容性。河套文化的形成过程，对于我国的北方军事史、乌拉特草原文化史、游牧定居与垦殖发展史具有巨大作用。但是公众对河套文化知之甚少，即使是大多数本地人，特别是年青一代，对巴彦淖尔的历史人文资源和文化渊源等很生疏。有些事物原本具有巨大的文化价值，但身为巴彦淖尔"土著"的自己并不知晓，或者有时候也知道有些东西是巴彦淖尔的"宝贝"，但只识皮毛，知其然不知其所以然。巴彦淖尔地域文化底蕴深厚，但究竟深在哪里，厚在何处，很难条分缕析地说清楚。

打造河套文化品牌，首先，要确立河套文化在全区文化资源整合中的地位，是建设民族文化大区、构建和谐巴彦淖尔的重要途径，也是一项长期的战略任务。其次，要坚持"保护为主、抢救第一、合理利用"的方针，有计划地保护、抢救各类文物古迹和民间民俗文化遗产，积极筹建各类特色博物馆和各类重点文物保护区，重点建设恐龙化石博物馆和阴山岩画重点文物保护区。要有序推进文化资源开发，加强文化与旅游的结合，推出一批富有地域文化特色、具有较高文化品位的旅游景区、旅游线路和旅游产品。要重点打造东部绿色旅游线（包括维信高尔夫度假村、乌拉山森林公园、阿拉奔草原、乌梁素海、赵秦汉长城、同和太石林、乌拉特草原、甘其毛道口岸等景点），西部地质人文旅游线（包括河套绿洲、三盛公水利枢纽、乌兰布和沙漠、纳林湖、珍稀植物、沿山戈壁带、人根峰、鸡鹿塞、古长城遗址、阿贵庙、阴山岩画等）和中部河套田园风光旅游线，开发"河套农家游"等旅游项目。以文化旅游业带动餐饮娱乐、文艺演出、特色工艺品加工生产等相关产业的发展。再次，要对现有文化艺术资源进行深入挖掘、筛选、有机整合，特别是要对一些地方特色明显、能够贴上河套文化标签的题材、民族民间艺术形式和优势项目进行重点包装、创作、打磨、提升层次，赋予其强烈的时代内涵。要把握正确的创作导向，切实加强对文艺创作生产的宏观规划和指导，着眼于自治区和全市改革开放和现代化建设的实践，重点扶持高品位的文化艺术产品，集中力量完成一批思想性、艺术性、观赏性相统一，能展示河套文化丰厚历史底蕴和时代精神的精品力作，并力争获得国家和自治区大奖，在区内外产生重要影响。要打造和推出一批有影响的品牌作品、品牌活动、品牌

团体和品牌文化人。最后，要以市、旗县区所在地为重点，以打造河套文化艺术节品牌活动为龙头，办好突出地方特色的河套文化艺术节、葵花节、华莱士节、蜜瓜节、那达慕等文化艺术节，不断丰富形式和内容，打造群众文化品牌，挖掘河套文化的内涵，拓展河套文化的外延。

（三）加强区域文化旅游产业合作

旅游目的地之间竞争趋于激烈，呼和浩特市、包头市、鄂尔多斯市、银川市旅游业都保持强劲势头，阿拉善盟旅游业发展也有很大潜力，这对巴彦淖尔市旅游业发展构成威胁。巴彦淖尔市应与周边城市（呼市、包头、乌海、鄂尔多斯、银川）联合，实现旅游产品捆绑销售和旅游业跨越式展。

巴彦淖尔市旅游产品开发较滞后，产品结构单一，功能不全，还没有形成具有强吸引力的旅游王牌产品，不能给游客以鲜明的旅游印象，这势必对巴彦淖尔市旅游业的长远发展造成威胁。因此应要立足内蒙古市场，通过国际参展、会议宣传、质量认证、比赛交流等方式提高自主品牌知名度和影响力，努力从旅游品牌信号价值、旅游品牌渠道价值、旅游品牌真实享受价值与旅游品牌忠诚价值四方面系统构建自我品牌。要努力挖掘旅游文化内涵，突出独特的文化特质，创新多种文化旅游展现方式。开发民族村寨、古村古镇、农业观光和体验式旅游，大力开展生态旅游，积极发展医疗养生、宗教朝圣等个性化专项旅游产品。

（四）抓住产业关键要素，打造文化产业园产业链

文化产业园产业集聚的基本形态是产业链，而文化产业园的构建产业链需要根据文化产业的内在规律来思考，形成多种产业链形态，并以价值链为基础，构建产业链组合。文化产业是以文化创意为核心的产业，这一特点决定了文化产业园的产业链形态具有多样性。也就是说，文化产业园与工业园、高新技术园不一样，它需要形成多种产业链形态的产业集聚。这些产业链形态不仅包括研发设计、生产、营销、售后服务等产业自身经营的一般产业链，还包括内在产业链、协同产业链等文化产业所独有的产业链，而且有时需要多种产业链形态共存共长。

以入选国家2015年度丝绸之路重点文化产业项目的五原民隆河套农耕文化博览园为例，该园拥有河套历史文化园、河套农耕文化博物馆、观光农业采摘区、河套农耕文化体验区、河套民俗文化村、河套农家乐6个文化产业基地，意在突出河套农耕文化特色。如果仅仅作为旅游观光这样是可以的，但从文化产业开发衍生产品，实现协同产业链高效运转的角度看，博览园还应当有"河套文化"色彩浓郁的文化产品的生产、加工、销售链条，而文化产品是多种多样的。

文化产业园与工业园、高新技术园相比较，最大的特点就是其产业的高附加价值和产业的高关联度。这就要求文化产业园通过多种形态的产业链，来凸显高附加价值，迅速地提升本产业的能级；同时构成对其他产业的拉动与创新，在实现产业增值的同时扩展产业生长的空间，不断满足文化产业扩张的要求。

（五）整合演艺资源，政策扶持民营院团发展

演艺业应加快文艺演出团体体制改革，推进市场化进程。鼓励国有院团与民营院团加强联系，优势互补。积极培养优秀舞台剧优秀剧目，制定有利于演艺业发展的产业扶植政策。以河套文化为背景的影视剧应以产生全区乃至全国性影响为评判标准。

巴彦淖尔市的乌兰牧骑通常以具有草原特色和蒙古民族风情的歌舞为主，演艺资源整合就是要将戏曲、歌舞剧、音乐剧、舞蹈、话剧等演出及展览、旅游、休闲、购物等活动结合于一体，打造相对集中的核心集聚区。应当积极引进区外、国外的优秀剧目，培养消费习惯、培育演艺市场。

第十二章

乌海市文化产业发展报告

　　乌海市是内蒙古自治区西部的新兴工业城市，地处黄河上游，东临鄂尔多斯高原，南与宁夏石嘴山市隔河相望，西接阿拉善盟草原，北靠肥沃的河套平原。乌海市是华北与西北的结合部，同时也是"宁蒙陕甘"经济区的结合部和沿黄经济带的中心区域。乌海是第一批国家智慧城市试点。2014年全年地区生产总值完成620亿元，增长了9%；固定资产投资完成488亿元，增长了17%；公共财政预算收入完成75.16亿元，增长了9.7%；社会消费品零售总额完成127亿元，增长了12%；城乡常住居民人均可支配收入30433元，增长了9.6%，其中，城镇常住居民人均可支配收入31538元，增长了9.5%，农村牧区常住居民人均可支配收入13125元，增长了10.5%。经过半个多世纪的发展，乌海由一座"因煤而兴"的城市，正在向"文化之市"华丽转身。

一、乌海市文化产业发展现状

（一）公共文化基础设施日趋完善，公共文化服务网络逐步健全

文化基础设施建设是发展文化产业的出发点。近年来，乌海市不断加大对文化基础设施的财政投入和建设力度，公共文化服务体系建设逐步健全，为人民群众提供了更多更好的公共文化产品。先后投入 30 多亿元，建成并投入使用了市文体中心、图书馆、科技馆、青山瀚墨园、法制公园等八大主题公园、蒙古家具博物馆、煤炭博物馆、4 个镇级文化站和 54 个"草原书屋"以及海勃湾区青少年宫、乌达图书馆等文化基础设施。乌海博物院和乌海书画院等工程开工建设。海南区图书馆、文体中心正在建设。现有镇（办事处）文化站 20 个，村（社区）综合文化活动室 102 个。各级博物馆全部免费开放，先后接待参观者 20 余万人次。公共文化基础设施的不断完善，在为各类文化活动的开展提供了保障。2014 年满巴拉僧庙等 5 处文物被列入第五批自治区级重点文物保护单位。

目前，乌海市拥有电视台 1 座，开播 2 个频道，有线电视节目达到 100 余套；共有公共图书馆 3 个，总藏书 20.8 万册；专业性艺术表演团体 1 个，每年举办各类演出 100 余场；注册登记的博物馆 2 座，馆藏文物 700 多件；国家级重点文物保护单位 1 个，自治区级重点文物保护单位 2 个，市级文物保护点 10 处，"第三批自治区文化产业示范基地" 1 个。全市文化产业发展一派朝气蓬勃，企业数量接近 700 家。

（二）以书法艺术为抓手，带动特色文化产业优先发展

乌海市文化产业的特色在于其探索出一套书法产业化的运营模式。"黄河明珠·中国乌海书法艺术节"为乌海书法产业化的核心品牌。拥有核心品牌，就能扩大影响力，拉动会展经济。乌海书法产业化的核心品牌运营方式可归纳为："展"、"会"、"赛"、"戏"四大类十条项活动。借助打造书法产业链条，培育文化消费市场。乌海国际书法产业博览会交易额逐年攀升，书法与文化旅游、制造业等其他产业的融合联动初见成效。

2014 年 9 月 11 日，乌海市成功举办了第七届"黄河明珠·中国乌海书法艺术节暨第四届国际书法产业博览会"。自 2007 年以来，乌海市已连续举办了六届黄河明珠·中国乌海书法艺术节第三届国际书法产业博览会。2008 年 9 月 10 日，乌海被中国书法家协会正式命名为"中国书法城"，进入全国书法先进城市之列，乌海的文化发展站到了新的起点上。2014 年，在第六届黄河明珠·中国乌

海书法艺术节暨第三届国际书法产业博览会上，乌海当代中国书法艺术馆举行隆重的开馆仪式，进一步凸显了文化事业公益性、产业性、群众性特色。如今，中国书法城已经成为乌海最具特色、叫得最响的城市名片，"中国书法城·乌海"还荣膺自治区十大宣传文化品牌之一。只有 50 万人口的乌海，现有中国书法家协会会员 23 人、内蒙古自治区书法家协会会员 121 人、乌海市书法家协会会员 4000 多人，而常年坚持练习书法并达到一定水平的业余爱好者已经突破万人。2009 年，乌海市出台了《中国书法城乌海五年建设规划》，拿出财政资金用于书法理论研究、书法创作、书法人才培养、书法展览、书法对外交流。截至目前，乌海市建成书法活动示范基地 47 个、书法活动室 68 个，年内开展各类展赛、培训 192 次，出版书法集（册）11 次，受益群众 10 万余人。

特别是近几年，乌海市进一步加大对文化产业的投入力度，先后建设了青山翰墨园、甘德尔景区摩崖石刻、当代中国书法艺术馆等一批书法文化设施；设立文化产业发展专项基金，扶持和帮助各类文化企业做大做强。文房四宝、文博会展、书画奇石等文化产业的兴起，为乌海市实现经济转型和城市转型、构建自治区西部区域中心城市创造了有利条件。目前，全市书画院、书画廊、奇石、仿古家具店铺有近百家，年营业总收入超亿元。2014 年，乌海当代中国书法艺术馆建成并投入使用，这为加快书法城建设、发展以书法为龙头的文化产业提供了良好的平台。它是中国书法家协会和地方政府共同筹建的全国首家当代中国书法艺术馆，占地面积约 161 亩，建筑面积为 7.6 万平方米，投入约 6 亿元，是目前国内面积最大的以书法文化为主题的艺术殿堂。

（三）实施"节庆品牌工程"，提升地区文化影响力

2012 年 8 月 30 日，全国首家"中国赏石城"花落乌海。这是继中国书法城之后，乌海市打造的又一城市特色文化品牌。这表明，乌海市走上了以书法为龙头、多重文化产业共同发展的道路。乌海西接阿拉善，南连宁夏银川平原，两地均有丰富的观赏石资源，依赖这些文化资源，乌海的赏石、书画品市场取得了长足的发展。不但连续举办了两届国际书法产业博览会，直接交易额达 4000 多万元，而且连续举办了四届"中国观赏石·乌海博览会"，总成交额连续两届突破 5000 万元。全市现有奇石经营商户 60 余家、书画经营商户 40 余家，民间工艺品经营商户 57 家，全市的特色文化产品经营初具规模。

打造地区节庆品牌，是拉动经济增长的重要载体。乌海市书法将中国传统文化和现代工业文明有机结合起来，形成了乌海书法的特质。2014 年乌海成功举办了第六届黄河明珠·中国乌海书法艺术节暨第三届国际书法产业博览会、首届环乌海湖全国竞走挑战赛、第二届全国桥牌邀请赛等文体活动，并积极利用乌海

书法界与韩国、日本书法界的良好关系，逐步联合其他国家成立一些松散型的书法组织，召开书法文化论坛，开展国际性的书法文化交流活动，全面提升乌海书法文化品牌在国内外的美誉度。

（四）"以水为魂"打造特色旅游资源，文化旅游市场渐入佳境

近年来，乌海市确立了"以水为魂"的旅游发展思路，着力打造"沙地绿洲、水上新城"的旅游新形象。依托乌海湖 118 平方千米的水面，乌海市规划了高标准的旅游产业，旅游产业已成为全市国民经济新的增长点和现代服务业的重要组成部分。2013 年乌海市接待国内外旅游者达 145.6 万人次，同比增长 12.4%；旅游业总收入 20.35 亿元，同比增长 22.9%。2014 年接待旅游者可达 163.8 万人次，增长了 12.5%。旅游业总收入为 24.83 亿元。

乌海市旅游业发展态势良好。金沙湾被评为国家沙漠公园，乌海湖列入国家旅游重点项目目录，乌海湖水上营运项目启动实施，甘德尔山生态文明景区、龙游湾湿地公园、农业休闲采摘园等旅游项目稳步推进。黄河海勃湾水利枢纽工程全部建成后，乌海市旅游产业将主要围绕"大汗、大漠、大湖、大河、大湿地"，重点打造以乌海湖、乌兰淖尔生态园、龙游湾湿地、汉森酒庄和机场路观光葡萄长廊等为主体的休闲度假游；以乌兰布和沙漠、金沙湾景区、龙游湾湿地公园、四合木生态文明景区、森林公园、奇峡谷等为主体的生态观光游；以"中国书法城"、桌子山召烧沟岩画、满巴拉僧庙、蒙古族家具博物馆等为主体的文化体验游。

此外，乌海旅游业还以近程客源为重点，积极开拓乌海及周边区域旅游市场。对组织乌海境外游客来乌海旅游的旅行社给予奖励，加强乌海与宁夏回族自治区、阿拉善盟等地区的区域旅游对接，促进区域旅游资源共享，客源互送；大力开展以游憩和区域旅游为主的、乌海到周边景区的区域旅游，推出北京—乌海—银川四日游精品线路，打折机票与特价门票联合销售，实现"机票＋酒店＋门票＋地面交通"一条龙服务的方式，以优惠价格拉动乌海旅游，与机场合作，推出"一张机票游北京"双飞五日游惠民活动。

（五）乌海市发展文化产业的主要思路和目标

2013 年 11 月乌海市邀请中国人民大学文化产业研究院和文化科技园的专家研究制定了《乌海市文化产业发展规划》（以下简称《规划》）。《规划》以文化产业项目的整合开发为核心，以文化生态、文化旅游的发展为起点，以新兴文化产业为重点，以文化产业跨越发展为主线，通过"一核三极四轴多点"的战略布局，重点实施"生态文化造城、文化旅游兴城、文化产业强城"三步走战略，

力争将乌海市打造成具有世界影响力的"大漠湖城"。乌海市文化产业发展的主要定位是：文化产业成为乌海市未来经济发展的支柱性产业。其主要目标是：文化产业发展在乌海市经济结构中所占比重逐步提高；文化市场主体活力逐步增强，文化创新能力进一步提升，形成一批具有较强实力的文化企业，文化产业结构更加优化、布局更加合理；文化产品市场进一步完善，文化市场秩序进一步规范，文化产业发展保障体系进一步完备；文化产品和服务加快"走出去"步伐，文化产品的影响力和竞争力进一步增强。为此，乌海市政府制定了以下发展思路：

一是政策扶持，统筹布局，优势产业项目引领文化产业规模化发展。2011年，乌海市政府出台了《关于进一步加快旅游业发展的实施意见》，制定了税费减免、土地优惠、价格等鼓励优惠，放宽旅游项目贷款、增加财政资金投入等优惠政策，积极支持文化旅游业的快速发展。同时，政府也从政策方面倾斜给予文化产业扶持。乌海市依托其书画主题特色，积极打造了凤凰书画城，进一步加速了乌海市书画产业的市场化进程。

二是整合资源，示范带动，重点文化产业园区建设稳步推进。为提高产业集中度，形成集约化程度较高、产业链条较长的文化产业中心，乌海市紧紧依托黄河海勃湾水利枢纽工程建成后形成的乌海湖，与乌兰布和沙漠、甘德尔山景区构成的独特文化旅游景观资源，按照城市功能布局，规划建设中国书法城·乌海文化创意产业园区。此园区包括甘德尔山生态文明景区、乌海当代中国书法馆、金沙湾生态旅游园、海美斯文化陶瓷科技园等部分，建成后将成为一个集历史人文、传统文化、旅游观光、文化创意于一体的综合性实体，在乌海市文化产业建设中起到整合资源、统筹布局的示范作用。该园区被自治区列为《自治区"十二五"时期文化发展规划纲要》重点文化产业园区。

三是市场运作，优势互补，旅游会展业与文化产业发展相互融合。乌海市积极挖掘整合自然与人文特色景观优势资源，以蒙元文化、书法文化等主题文化丰富旅游要素，促进文化产业与旅游业的融合发展。目前，乌海市已开发的旅游商品包括牛皮烫画、布雕、金属刻画、羊毛挂毯、工艺陶瓷等民间手工艺品，书法、绘画、摄影等美术作品以及葡萄酒等地方特色产品共20余个品种。市场化的运作方式，不仅有效延伸文化产业链条，而且促进了会展业的长足发展。乌海市举办的"国际书法产业博览会"和"中国观赏石·乌海博览会"，共吸引来自全国各地的500余家商家参展，展出四大类数千种文化产品，实现了社会效益和经济效益的"双赢"。除此之外，"星光大道冠军唱响和谐乌海·西口风红酒之夜"晚会、"2012年亚洲巅峰音乐盛会·情系乌海"大型歌会、"2012中国移动乌海歌友演唱会"等大型活动，以及"书香飘乌海"大型书展，都通过市场运作的方式得以成功举办。

二、乌海市文化产业发展的主要问题

（一）文化产业发展定位缺乏战略高度，定位不够准确、清晰

由于乌海市独特的地理位置和历史文化，乌海素有"黄河明珠""书法之城""沙漠绿洲""葡萄之乡"之称，但每一种称谓在乌海市都不具有绝对典型性。几大板块虽然各自强调乌海的特色文化，但缺少文化产业的重点项目和全局定位，没有形成发展文化产业的合力。

（二）文化产业与"智慧城市"的发展理念耦合度不高

乌海市是内蒙古自治区唯一的国家智慧城市试点，目前编制完成了《智慧城市创建任务书》《智慧城市投融资规划》和《智慧城市重点项目方案》，整体推动智慧城市建设。乌海市不断创新信息化发展模式，信息化集中管理水平和数据资源库建设水平在自治区均处于领先地位，在"互联网＋"的时代，文化产业原本具有巨大的发展空间。但目前从全市文化产业十大门类的实现产值来看，传统文化行业依然占据较大比重，科技创新型文化产业所占比重较少。没有反映出文化产业正在成为创业创新型经济这一发展趋势。

（三）文化体制改革需要尽快推进

乌海市是自治区文化体制综合改革试点地区，承担着为其他盟市推进文化体制改革积累经验的重要任务。乌海经营性文化单位改革目前尚未完成，成效也不显著。虽然乌海依据自身特点制定了文化产业规划，但在落实问题上还不够深入。文化产业涉及不同行业，不同行业遵循的规定和制度不同，得到的政府支持和资源配置也不尽相同，文化体制改革对文化产业的促进作用还不明显。

（四）文化产业发展融资渠道急需拓展

乌海市文化产业起点低、文化企业实力弱。目前，乌海市有各类文化经营单位 500 余家，但总资产投资只有 12 亿多元，除金沙湾旅游公司、凤凰书画城、天亿影视集团等几个规模较大的文化企业外，大部分的文化企业还都处在起步阶段，而这些在乌海市有影响力的文化集团公司建成时间也都比较短，盈利模式、产业结构、发展水平等方面还在探索中。

2013 年以前，市财政对文化产业的最大投入主要用于支持广播发射台和广

播传媒中心建设，很多民营文化企业都期待着政府增加资金、税收、政策、融资等方面的扶持。2015年乌海市设立文化产业发展专项基金2100万元，确定文化产业重点项目27个、小微项目520个，但文化企业资金短缺的难题仍未完全破解。

（五）依据地方的资源，打造文化品牌的力度不够

三、乌海市文化产业发展的对策及建议

（一）借势"一带一路"，建构文化产业发展"大格局"

随着京藏高速的贯通，乌海作为西北地区重要交通枢纽和连接国家"一带一路"节点的区位优势凸显，发展文化产业成为乌海产业结构调整、经济结构优化的重要支点。乌海要从建设自治区西部区域中心城市的战略高度出发，科学布局文化发展工作。要切实落实《乌海市"十二五"文化发展规划纲要》中对乌海市文化发展的定位，明确文化发展目标。依托优势文化资源，以发展文博会展业、书画赏石收藏品交易业、文化旅游业等有发展前景和竞争力的优势产业为重点，促进文化产业成为新的经济增长点。此外，还应与区内外加强合作，借助乌海与"呼包鄂"、宁夏回族自治区相邻的区位优势，借助区域旅游枢纽的特殊地位，共同"营造核心旅游文化区"。依托贺兰山历史文化底蕴，贯通鄂尔多斯的杭锦旗旅游区、宁夏沙湖旅游区，构建呼包鄂乌文化旅游发展大蓝图。

（二）借力互联网文化产业，打通文化领域产业链

互联网对文化产品商业模式产生强烈冲击，互联网以其传播特性，正在改变传统文化产品的营销渠道。对于文化产业的衍生产品的销售，互联网具有无可比拟的优势。例如热播剧《来自星星的你》，剧中的一百多套衣服在电商都可以找到，理论上讲，上午看了，下午在网上买了就可以穿上。互联网作为兼容性极强的主流平台，有很大的合作空间，可以和很多行业广泛合作。互联网平台颠覆了传统资讯生产的组织形式、传播途径、商业模式，借助互联网，资讯传播传递成本变得非常低廉。很多文化企业开始与互联网技术、电商结合，对接线下营销，进行线上线下的合作。乌海的小微文化企业众多，如书法作品、观赏石都可以借助互联网平台改革自身的营销模式。

随着网络技术的发展，人们对互联网的依赖性在不断增强。乌海市的文化产业应当进行跨平台的商业拓展，从产业链上下游纵向看，它们贯通资金、内容制

作、宣传推广、发行销售、衍生产品等各个环节。我国文化产业的发展包括了三个层次：第一是文化旅游、文化演出，在文化产业发展初期发挥了重要作用；第二是文化体制改革后，以出版社、电视为代表的事业单位市场化发展；第三是基于高科技的新态势带来的变化，这一阶段对过去的传统文化产业起到了巨大的带动作用。文化旅游产业在互联网技术的带动下，操作方式和推广上都产生了巨大跨越，对西部地区尤其是乌海这样的城市产业能够产生很大的带动作用。

如何拓宽融资渠道一直是乌海文化产业可持续发展的重要难题，在互联网平台下，众筹、股权投资等新的文化金融模式正在出现。专门的众筹网站的诞生以及淘宝网等许多网站成立的众筹平台，为文化艺术类的项目提供了新的思路，艺术家、小企业家可以通过在网络上展示创意，预先向大众募集资金。众筹依托互联网拓展，是中小文化企业或个人融资的补充。

（三）依据文化资源，打造文化品牌

实施中国书法城等主题文化系统工程，要将书法文化和赏石等地方特色文化融入城市的经济、文化、旅游、教育、城市景观、城市规划等方方面面，将乌海打造成为真正意义上的中国书法城和赏石城。要通过城市形象识别系统塑造，建设城市主题文化形象系统；通过举办书法（赏石）节庆活动、论坛、展销等活动，建设主题文化活动系统；通过建设中国书法城（赏石城）·乌海标志性建筑、书画院（石博园）、环乌海湖书法（观赏石）以及沙雕等主题文化景观设施，建设城市主题文化景观和旅游系统；通过创作反映书法城（赏石城）建设的影视剧、舞台剧、宣传册、专题片等文艺作品，建设城市主题文化宣传系统；通过在全市各类学校开设书法（赏石）专业、书法课，举办主题研究、论坛，建设城市主题文化教育系统。此外，乌海集沙漠、戈壁、奇山、长水等多种景观于一身，是极好的影视拍摄创作基地，要借助这些优势资源及书法观赏石"双城"之力，着力进行摄影、汽车（摩托车）越野、文房四宝等专业品牌基地建设。不仅要开发资源，还要突出乌海市的人文精神，这样才能真正树立一个城市的品牌形象，2013年3月乌海市文明办举办的征集"乌海精神"标题语活动就是一次有益的尝试，收获了良好的社会效益。

（四）实施文化精品工程，培育文化龙头企业

以精神文明建设"五个一工程"为带动，精心组织实施文化精品工程，逐步建立完善有利于推动文艺精品创作的工作机制。不仅要建立重点文艺创作项目库，整合各类文艺创作资源，还要设立政府奖和专项奖励基金，给予文艺创作项目经费扶持。每年固定举办一次群众性文化艺术奖项的评选活动，组织开展优秀

文艺作品评选展播（映）活动，构建文艺精品创作展示平台。尽快推出在全区、全国有一定影响、具有较高艺术水准的乌海原创歌曲、精品舞台剧以及影视剧作品。

（五）拓宽投融资渠道，形成多元化投入机制

逐步实现由政府一元化投入转变为政府、企业、个人等多元化的投入。对公益性文化项目还应以政府投资为主，而对于营利性文化项目，政府及相关部门则应积极支持、引导，探索建立适应文化产业发展的融资机制，鼓励组建文化产业融资担保机构，支持重点文化企业利用资本市场进行融资；不断创新金融服务方式，积极试办知识产权、专利权、商标权、著作权、版权等无形资产抵押贷款、企业联保互保贷款，切实解决文化企业特别是中小企业的融资难题。同时加快建立文化产业投资信息服务平台，通过组织文化产业项目推介会发布相关信息，为文化产业融资提供必要条件和优质服务，促进文化与资本的顺利对接。

第十三章

阿拉善盟文化产业发展报告

　　阿拉善盟位于我国西北边疆、内蒙古自治区最西端，东面、南面、西面分别与内蒙古自治区、宁夏回族自治区、甘肃省的 12 个地市相邻，北与蒙古国交界，国土面积 27 万平方公里，是内蒙古自治区面积最大、人口最少的盟市。阿拉善盟是一个类型多样、特色突出、品质高雅、文化内涵丰富、潜在优势深厚的旅游资源富集区，拥有一批国家级乃至世界级的精品资源，具有成为中国西北最具特色的旅游目的地的潜质。2014 年，阿拉善地区生产总值完成 468.33 亿元，增长 9%；公共财政预算收入完成 39.93 亿元，全社会固定资产投资完成 371 亿元，增长了 22%，增速居全区第一；城乡常住居民人均可支配收入分别达到 29490 元和 13160 元，增长了 10% 和 12%，快于经济增速。阿拉善的产业转型正在稳步推进，文化产业、旅游业、新能源产业呈现良好发展势头。

一、阿拉善盟文化产业发展现状

（一）阿拉善多元文化的构成

阿拉善位于内蒙古自治区最西部，具有典型的西部特征。由于阿拉善相对边缘化，文化原生形态保护得比较好，因此具有不可多得的原生文化生态优势。阿拉善人文历史悠久，闻名遐迩的《居延汉简》详细记载了秦汉时期的社会历史和辉煌灿烂的古代文明；西夏、元时期举世瞩目的黑城遗址，曾是汉、唐、西夏和元帝国的军事重镇和丝绸之路的重要关隘；阿拉善既有著名的藏传佛教的八大寺庙，也有充满现代气息的航天城；既有富有生态哲理的游牧文化，也有淳朴粗犷的民俗风情。阿拉善大漠戈壁的雄浑、苍凉、坦荡以及阿拉善蒙古民族狩猎、游牧的生活方式，酿造了阿拉善长调民歌鲜明的游牧文化和地域文化特征；从六世达赖仓央嘉措的神秘流落，阿拉善便与藏传佛教结下了不解之缘。在丰富的佛教文化中，阿拉善独创了查玛舞、广宗寺佛乐、佛教岩雕等精美佛教艺术；阿拉善荒漠中盛产的奇石千姿百态、天工独塑，阿拉善奇石艺术以其独特的结构、神奇的造型、斑斓的色彩、铿锵的声质、张扬的寓意蜚声海内外。

阿拉善文化是内蒙古自治区草原文化的子文化体系，它具有草原文化和西部其他民族文化融合的特点。阿拉善文化是独特的自然历史环境的产物，它处于农耕文明与草原文明之间的交叉地带，独特的沙漠戈壁地貌与贺兰山交相辉映、历史上内地与阿拉善的商业交流而形成的晋商商业文化与佛教文化、清朝制度文化交汇融合。波澜壮阔的历史、改革开放的辉煌成就、绚烂多彩的社会生活、乡土浓郁的民间文化，为阿拉善挖掘传统文化资源的现代经济价值提供了无限可能性。

（二）阿拉善盟丰厚的文化遗产

阿拉善盟举世闻名的《居延汉简》，现已面世三万多枚。1988年，居延遗址被列为国家级重点文物保护单位。目前已发现的文物种类有古遗址、古墓葬、古建筑、石窟寺、岩画、石刻、近现代重要史迹等。其中，全国重点文物保护单位2处，自治区级重点文物保护单位21处，全盟各文博机构共征集和采集各类文物、标本8000余件，珍贵文物40余件。

近年来，阿拉善盟文化遗产保护工作开始进入了一个全新的发展时期。阿拉善盟作为全国第三次文物普查内蒙古自治区3个试点之一，共普查、复查文物点400多处、新发现文物点386处；自治区公布的第4批自治区级重点文物保护单位中，阿拉善盟就有 17 个。同时，居延遗址被列入国家大遗址保护"十一五"规划 100 个重点项目，定远营和居延遗址被列入阿拉善盟"十一五"社会经济发展规划重点项目。目前，阿拉善博物馆新馆建设项目、居延遗址保护规划项目正在按计划进行中。阿拉善地区寺庙众多，其中以广宗寺、福因寺、延福寺为代表的阿拉善八大寺最为有名。广宗寺与福因寺等一同被列为自治区级重点文物保护单位。

阿拉善盟非物质文化遗产保护继承工作有序进行，《阿拉善烤全羊》、《阿拉善蒙古族传说故事》、《广宗寺佛乐》、《阿拉善仿古地毯制作工艺》、《蒙古族祭驼》等几十个项目被列入阿拉善盟第一批非物质文化遗产保护名录。2014 年，阿拉善盟公布 81 名盟级非物质文化遗产项目传承人，9 位盟级非物质文化遗产项目传承人进入自治区第四批非物质文化遗产项目传承人名单。

（三）阿拉善盟文化产业发展概况

1. 旅游资源丰富，特色鲜明

阿拉善盟的文化旅游资源主要有以下内容：一是蒙古族文化旅游。虽然蒙古族文化在内蒙古自治区地区并不罕见，但是阿拉善蒙古族在漫长的历史岁月里，形成了自己独特的饮食文化、服饰文化、民歌文化、敖包文化、骑射文化，在蒙古族文化中具有非常重要的代表性。二是沙漠文化旅游。阿拉善沙漠地质公园是我国唯一的国家沙漠地质公园。著名的巴丹吉林、腾格里、乌兰布和三大沙漠贯穿阿拉善全境。近年来，阿拉善依托独特的沙漠旅游资源，多次举办国际性越野拉力赛事，聚焦了全世界的越野爱好者的眼球，吸引了国内外众多赛车、越野俱乐部的参赛热情，进一步提升了阿拉善沙漠旅游的知名度和影响力。巴丹吉林沙漠以"奇峰、鸣沙、湖泊、神泉、古庙"五绝闻名于世。随着国家级沙漠地质公园的建立和巴丹吉林沙漠文化旅游节的成功举办，这里先后被国内外专家和游人评为中国"最美的沙漠"、最值得外国人去的 50 个地方之一和最具有探险旅游价值的 30 个地方之一。三是胡杨文化旅游。胡杨，蒙古语称"淘来"，它是国家二级珍稀保护植物。胡杨的生命力极强，根系非常发达，密织如网。古往今来，胡杨已成为一种精神而被人们所膜拜，阿拉善居延海边 39 万亩胡杨林是当今世界仅存的三处天然河道胡杨林之一、是阻止巴丹吉林沙漠向北扩散的重要屏障，是中国西部生态的天然宝库。每年九十月，胡杨叶色金黄，大批游客不远千里来到额济纳，从 21 世纪开始，阿拉善已举办了 7 届金秋胡杨文化节，被国家正式纳入"中国百姓生活游"，成为内蒙古自治区三大节庆之一。四是居延文化旅游。"居延"一词为匈奴语，是"天"的意思，居延地区原为匈奴牧地，大汉将军霍去病打破匈奴后，汉朝曾在此屯兵戍边，创造了居延地区灿烂的汉文明。极具神秘色彩的黑城遗址见证着两千年的文明和昔日的繁荣，是阿拉善人的骄傲。居延遗址 2013 年到访额济纳的游客数量达到 70 万人，这个数字对于这样一个仅有 2 万人口的额济纳来说非常难得。五是藏传佛教文化旅游。阿拉善的广宗寺又名"南寺"位于阿拉善左旗南部，是六世达赖喇嘛仓央嘉措肉身供奉之地。她坐落于贺兰山主峰一个群山环绕的峡谷地带，峡谷地势高低错落，该寺聚集了大量的极具文化考古价值的珍贵佛像、佛经和佛教文物和艺术精品。广宗寺以其神奇的六世达赖喇嘛身世和神秘的佛教传说、贺兰山优美的自然生态风光、和硕特部落婀娜的民俗风情以及悠久的历史文化，构成了一个独特的不可再生、不可复制的旅游精品，文化内涵丰富，发展潜力巨大。除此之外，还有值得体验了解的骆驼文化旅游、航天文化旅游、峡谷岩画文化旅游等。

进入"十二五"以来，阿拉善盟大力发展旅游业，2014 年投入 3.76 亿元进行景区景点建设，接待能力和服务水平显著提升，吃住行游购娱等服务功能不断完善。2014 年全年接待游客 340 万人次，实现旅游收入 35 亿元，分别增长 23.6% 和 38.3%，旅游收入占 GDP 比重达到 7.5%，比上年提高 1.9 个百分点；农牧家游接待游客 65 万人次，实现收入 8000 万元，分别增长 20.1% 和 23.1%。

2. 奇石产业独具一格

奇石，又称观赏石，是指不经雕琢，就有自然美的石头，阿拉善奇石，在国内外奇石届独具一格，主要有葡萄玛瑙、戈壁玛瑙、泡泡玉、沙漠漆、彩玉石等。阿拉善奇石以其独特的形态美、质地美、色彩美、纹理美、神韵美而独占鳌头，形成了独具特色的奇石文化产业。

阿拉善奇石收藏热的兴起是从 20 世纪 90 年代中期开始，经过近二十年的发展，奇石产业呈现蓬勃发展的良好局面，仅阿拉善左旗巴彦浩特镇就有石博园、奇石一条街、牧民奇石广场和淘宝商城等 7 处大型奇石交易场所。阿拉善右旗、额济纳旗及全盟各个苏木镇都有奇石交易场所。据阿左旗观赏石协会统计，仅在阿左旗从事奇石经营及附属产业的人员达 30000 余人，商铺 1000 多家，还有 1700 多户家庭奇石经营户经营自捡观赏石，年交易额达 10 亿元。

从 2006 年起，阿拉善左旗每年举办一次"阿拉善奇石文化旅游节"；2012 年举办了首届宝玉石高峰论坛；2013 年在北京举办"佰汇第三届宝石奇石文化节暨内蒙古自治区阿拉善彩玉展销会"。通过举办形式多样的奇石文化交流活动，邀请国内外奇石文化界名家和企业走进阿拉善，参与阿拉善奇石文化产业建设。与此同时，阿拉善奇石研究也蓬勃发展起来，成立了阿拉善观赏石协会，涌现出一大批奇石收藏家和研究学者，在国内外专业刊物和网络上发表了大量文章，研究介绍阿拉善奇石，逐步打响了"阿拉善奇石文化"品牌。2008 年，《中国观赏石》杂志落户阿拉善，2013 年，《阿拉善奇石》在巴彦浩特创刊。值得一提的是，2008 年，阿拉善左旗被中国观赏石协会授予全国首个"奇石观赏城"荣誉称号。以此为标志，阿拉善奇石文化真正得到了人们的认可，阿拉善奇石成为阿拉善的文化符号。2014 年经国家统计局批准，阿盟建立了亿元交易市场统计。根据阿盟奇石协会和各大奇石交易市场统计，2014 年阿盟奇石交易额达 6.55 亿元，占 2014 年全盟 GDP 的 1.44%，占第三产业增加值的 8.33%，占社会消费品零售总额的 10.5%。

3. 节庆业异彩纷呈

阿拉善文化资源通过与节庆业、旅游业的深度融合，带动了一大批企业及项目在当地落户，阿拉善的节庆活动在活跃广大人民群众文化生活、推动人文旅游业发展、展示阿拉善风采、提高阿拉善知名度、促进对外开放、吸引大量的中外游客、构建和谐社会和促进经济发展等方面发挥着日益重要的作用。

每年 5 月至次年 1 月，阿拉善都会推出一系列集游览观赏性、互动参与性、休闲娱乐性、知识趣味性为一体的节庆活动，具有浓郁地方特色和民族特色的"巴丹吉林沙漠旅游文化节"、"金秋胡杨生态旅游节"和"阿拉善奇石文化旅游节"等已成为阿拉善的文化品牌项目。

2014 年第五届阿拉善文化旅游节以"苍天圣地、和谐家园"为主题，依托阿拉善丰富的文化资源，通过文化、节庆、旅游的相互促进，进一步提升了阿拉善文化的影响力。贺兰山广宗寺丁香旅游节、阿拉善旅游摄影节、阿拉善骆驼文化旅游节、中国阿拉善沙漠挑战赛、越野 e 族阿拉善英雄会，以及欢乐那达慕等独具特色的节庆活动为阿拉善盟的社会资源整合、地方文化传承和地方经济增长起到了积极作用。以"金秋胡杨生态旅游节"为例，2014 年截至 11 月底，额济纳旗共接待国内外游客 90.28 万人次，实现旅游综合收入 11.7 亿元。特别是胡杨节，仅"黄金周"7 天，额济纳旗共接待游客 40.34 万人次，实现旅游综合收入 4.4188 亿元。

4. 演艺业影响力日渐提高

2014 年，阿拉善各级文艺团体以精品创作为中心，加强对艺术创作的把关、指导和监督，艺术创演水平进一步提高。2014 年举办了"腾飞阿拉善·共筑中国梦"——2014 年阿拉善盟春节文艺晚会，精心打造的"驼乡石韵"——阿拉善石琴音乐会在呼和浩特市乌兰恰特大剧院上演，为首府人民带去一场特色鲜明、极具阿拉善民族地域符号的文化盛宴。全新编排民族音乐剧《阿拉善传奇》圆满完成在北京、天津等全国十个城市的巡演，成功地向全区乃至全国推介宣传了阿拉善。成功承办内蒙古自治区西部小戏小品大赛，来自全区中西部 7 个盟市 28 个节目参加了决赛，阿拉善盟选送的《不爱护骑乘的人》、《我们的苏和主席》等 6 部作品获奖。舞蹈《萨吾尔登》、音乐剧《阿拉善传奇》、电视局《额济纳传奇》、图书《天边的绿洲》荣获全区第十二届精神文明建设"五个一工程奖"。

阿拉善盟积极挖掘整理卫拉特原生态优秀传统文化艺术——萨吾尔登舞蹈和卫拉特民歌，编创具有国际卫拉特部落民族文化艺术、体现阿拉善民族特色、融入强烈时代特点的非遗萨吾尔登歌舞剧《大漠情怀（暂定）》，目前前期挖掘工作已完成，剧本创作正在完善阶段。阿拉善盟民族歌舞团在第七届华北五省（区）市舞蹈大赛专业青年组比赛中，取得"三银一铜"的优异成绩。截至目前，全盟"一团三队"新创作舞蹈 30 个，声乐歌曲 12 个，呼麦 3 个，小戏小品 15 个，共进行各类公益性、接待性、商业性演出 400 余场，其中下乡演出 84 场。

5. 特色工艺美术品加工业发展前景巨大

阿拉善工艺美术品以挖掘阿拉善地方民族文化特色为主线，先后传承并研发了具有地方特色的民族工艺仿古地毯、传统手工马头琴、蒙古族服饰、沙嘎工艺品、手工银器、根雕、木雕、蒙古族刺绣、蒙古象棋、驼具、水晶制品、皮画、烫画、石画等。其中，民族工艺仿古地毯、驼具、蒙古象棋已列入我国首批非物质文化遗产名录。阿拉善各种工艺美术作品，远销国内外市场，取得了非常可观的销售收入，市场前景十分广阔。

二、阿拉善盟文化产业发展存在的问题

（一）对外文化传播尚未形成合力

发展文化产业是传播优秀文化的最佳手段之一。文化产业是依托现代传播方式而产生的产业，在数字化、网络化等传播手段的拉动下，其信息量、传播速度和广度是历史上任何介质或载体无法比拟的。尽管阿拉善地方政府意识到了对外文化传播的重要作用，通过在央视投放旅游广告片等营销活动；在阿拉善旅游门户网发布各类旅游动态和节庆活动信息；开通阿拉善旅游官方微博等方式加大宣传力度，但总体来说，人们对文化对外传播认识还不到位。多年来，由于地方财力有限，在文化传播的投入上相对不足。一些地方和部门对外传播意识淡薄，使文化传播处于一种自发状态。相关部门各行其是，缺乏统一规划，没有把有限的资金形成资金"捆绑"效应，使传播在低层次平台上重复推广。对外演出，影视传媒、广播电视、报刊网络、文化交流等有效传播手段和资源利用不够充分，不能形成影响力大的传播效果。

（二）文化企业实力较为薄弱

阿拉善本地文化企业规模小、集约化程度低，大多数为中小经营户，缺乏龙

头企业，经营运行机制僵化、冗员多、经费短缺，设备陈旧，产品档次不高，与现代时尚、生活美学的结合度较低，企业自我发展能力还普遍比较薄弱。

（三）文化产业链延伸不够

受市场客体所限，阿拉善盟文化市场规模较小，仍处于层次低、投资主体单一的缓慢发展阶段。缺少连锁化经营模式，企业化进程缓慢，休闲娱乐场所短缺，大众化的娱乐资源不足。要发展文化产业，实现产业升级，打造完整有效的文化产业链是有效途径，也是唯一途径。目前，阿拉善除了初步形成奇石文化产业链之外，其他产业都缺乏衍生产品。以旅游业为例，不少景点甚至基本的旅游服务设施尚不完备，加油站、休息点、停车场等公共设施建设严重滞后，因此导致了文化资源利用率低。

（四）文化产业缺乏金融支持

金融是推动产业发展的血脉，文化产业要实现跨越式发展、成长为国民经济支柱性产业，没有金融的支持是不可想象的。2014 年文化部要进一步出台文化与金融合作的相关政策，推动文化产业园区、文化会展业的转型升级。阿拉善盟在金融创新服务上做了很多调整，但是仍然存在很多问题，比如担保问题、贷款周期问题、融资约束问题等。以阿拉善奇石产业为例，由于缺乏文化艺术品产权交易平台，经营者在急需资金的时候，收藏品不能马上变现，容易形成资金链断裂，因此造成不良后果。

（五）文化产业专业人才匮乏

阿拉善现有的文化产业人才整体处于稀缺状态，表现为现代创意人才少，熟悉文化市场、商场资本运作经营的人才少，高层次、复合型领军人才少，尤其是既懂文化产业又懂经营的高层次文化产业人才缺口较大。尤其在"互联网＋"时代，阿拉善缺乏文化商务人才，阿拉善旅游官方微博粉丝仅有 9 万人，而一个普通网络大 V 的粉丝量动辄几百万人。因此，人才问题已经成为制约阿拉善盟文化产业发展的一个关键问题。

三、阿拉善盟文化产业发展的对策和建议

（一）提升传播档次，构建阿拉善文化传播的新格局

文化传播是一项系统工程，需要政府发挥主导作用，各相关部门通力协作。

一是要加大政府投入。对外文化传播是一项隐性投入，在经济学上属于长线投资，短时间内对推动经济社会发展不会有太明显、直接的效果，这就需要政府用长远的目光加大投入，提升地域文化传播的"孵化"速度，构建全方位、多层次、宽领域的传播格局。二是充分依托地方文化资源优势，立足实际，有侧重地制定好传播规划，使地域文化的传播长期化、系统化、具体化。各相关部门如文化、经济、旅游、宣传等要密切合作，统一组织重大对外文化传播活动。2014年4月，阿拉善盟精心打造的民族歌舞剧《阿拉善传奇》在全国巡演，这是阿拉善盟第一次走出内蒙古自治区，以民族歌舞剧《阿拉善传奇》、摄影展《苍天圣地·阿拉善》为载体，面向全国开展的一次集文化交流、经贸招商、旅游推介为一体的传播活动，是一次覆盖广、影响大的一次文化宣传，首次实现了由"分散传播"向"集中传播"的有效转变，是一次有益的尝试。

文化工作者要注重研究国内外文化传播活动的规律，在此基础上加强对阿拉善文化的研究。树立文化品牌意识，下功夫讲好阿拉善故事，使阿拉善文化朝着"有声、有像、有知识，有景、有物、有故事，易学、易懂、易传播"的方向努力，力求以最优质的画面、最丰富的内容、最动听的语言把一个多姿多彩的阿拉善呈现在观众面前。通过组织拍摄有重要影响力的电视专题片、纪录片、电视剧以及电影等，以电视、报纸、互联网、展销会、推介会、媒体邀请会等宣传手段，进行全方位、多渠道、大密度的宣传推介。特别要加大在国家级主流新闻媒体上的投放力度，多利用高端平台把阿拉善特色文化传播出去。如在中央电视台播出的电视剧《胡杨女人》，就是很好的事例，形成了强势传播的效应。今后要努力通过央视等主流媒体、腾讯、新浪等大型网站、"阿拉善盟旅游网"和微信、微博加大宣传力度，构建阿拉善盟旅游立体营销体系。

（二）以观赏石产业为突破口，完善投融资体系

加大金融创新力度，特别是进一步发挥财政资金的杠杆作用，建立健全文化创意产业投融资服务机制，采取贷款贴息、融资担保、投资基金、集合债券等多种方式，加大对文化企业的支持；积极引导社会资本投资文化产业，并探索股权投资基金，上市融资等手段的可行性。

观赏石业在阿拉善盟文化产业中占据举足轻重的作用，同时它也最需要金融领域提供专业化服务。2015年5月5日，阿拉善盟北部出产的戈壁奇石"供玺"，在香港大公文化艺术品产权交易所成功上市。观赏石上市可有效解决其定价问题。公开地由所有参与人共同的"多数人"市场定价，通过股票买卖来动态性地定价，有助于拉升观赏石的价格。而且，观赏石上市可有效扩大经营群体。观赏石上市，就会使奇石像传统的瓷器、书画等艺术品一样，成为名副其实

的主流艺术品，吸引大众积极参与其赏析、经营、交易。目前，阿拉善奇石经营交易的人群规模很小：产地的农牧民，作为一级市场的主力，成为供货者；二级市场的石商，是主要经营者；普通的奇石爱好者；奇石收藏、投资者等，全国总数万人左右。而观赏石上市之后，其关注者、经营者的范围将极大地扩展：原奇石圈人员有增无减，赏石界外的人员大量涌入：大批企业家进入，大批普通投资者进入，大批股民进入，甚至会有大批国外投资者进入等。这样计算，观赏石上市后所吸引的人数体量会有巨大攀升。同时，观赏石上市可以及时解决资金变现问题。但是，目前，全国共有十多家文化艺术品交易所，能接受观赏石上市的只有香港大公文交所，而能组织、包装、宣传、推动、代理观赏石上市的只有香港祈年湾文化艺术有限公司——能帮助、推介观赏石上市只有这家公司，因为它是中国奇石上市唯一发售代理商。而且，香港大公文交所以开户购买股票1000户的支持度为底线，而阿拉善戈壁石"供玺"上市的当天和次日，香港大公文交所会同香港招商银行、阿拉善盟工商银行，在巴彦浩特开户的仅有200多户。因此，阿拉善盟应积极完善文化产业投融资体系，推动奇石上市，推动设立文化产权交易所，为阿拉善盟观赏石产业的健康发展铺平道路，也为阿拉善盟文化产业提供资本市场的支撑。

（三）扩大文化产业规模，促进产业结构优化升级

一个产业的发展要形成一定的规模，要有一个相对集中的产品销售集散地。建议阿拉善盟以其丰富的文化遗产、独具魅力的民族文化产品和特色资源为基础，推进建立层次高、成规模的文化产业园区，包括民族工艺步行街、民族特色饮食街、民族风情园等一系列特色产业园区，将分散的仿古地毯、沙画、蒙古族传统服饰、沙嘎工艺品等传统文化工艺产品的制造与销售整合起来，使分散的资源集约化，推进文化产业的延伸，打造完整的产业链条，提高文化产品的精深加工和附加值，实现文化产业的跨越式发展。

文化产业价值链的发展是价值不断创新和增值的过程，包括创意的生成、文化产品的设计和生产、供应链管理、消费者服务。从文化产品及服务的生产到最终经济效益以及社会效益的实现，这是一个环环相扣的链条。阿拉善要大力发展观赏石产业，继续完善观赏石的采掘、销售、深加工的产业链条，研究制定观赏石产业发展规划及支持政策，深挖观赏石文化内涵，加大相关理论研究和宣传营销力度，形成探究和引导观赏石产业发展的良好氛围。加快阿拉善大漠奇石文化产业园建设，完善配套商业楼、道路、广场、水系、绿化等工程设施，打造全国一流的阿拉善观赏石收藏、鉴赏、展销综合基地。

应加快旅游景区升级改造步伐，引进有实力、善经营的大企业、旅游集团参

与景区建设，加强旅游景区标准化建设和品牌建设，争取通湖旅游区列入国家级旅游服务业标准化试点单位和全国知名品牌创建示范区；胡杨林、巴丹吉林创建5A和南寺、北寺、定远营古城捆绑创建5A级景区。要探索市场化运作模式，积极引入社会资金，搞活旅游市场。坚持走复合型旅游开发之路，研究开发冬季旅游产品，延长旅游产业链。加快发展农村牧区旅游，对重点农牧家游接待户进行规范化改造提升，打造不同风格的农牧家游样板。提升旅游行业管理水平，建立考核监督机制，实行常态化管理。

（四）实施人才兴文战略，培养高素质的文化产业人才

一是要与国内知名大学院校、科研机构合作，建立长期的文化产业人才培训基地，培养学有专长的文艺原创人才、文化产业创业人才、文化产业经营管理人才。二是加大文化产业人才引进力度。结合阿拉善盟实际情况，重点引进熟悉文化产业经营管理、富有创新意识、掌握现代传媒技术的人才及文化经纪人、主持人、会展策划等人才，形成多层次、梯队化、立体型的人才格局。三是依靠文化名人、名家带人才。阿拉善盟文化底蕴深厚，孕育了一批作家、书画家、艺术家和非物质文化传承人。要依托这些传统文化人才开展传、帮、带，培育年轻富有活力的文化人才，保证文化产业资源得以传承和发展。四是建立和完善文化中介机构和组织。发展和完善经纪、代理、鉴定、推介、咨询、拍卖等文化中介机构，规范中介机构的经营行为，为文化单位、企业提供专业化、社会化服务，不断提高文化产业市场化程度。

专题研究

第十四章

内蒙古自治区文化产业园区发展研究

　　文化产业已然成为国家新的产业发展方向和新的经济增长点。而在大力发展文化产业新的征程中，全国各地文化产业园区建设风起云涌，期许成为促进文化产业大发展的新"引擎"和新动力。加强文化产业园区建设意义重大，一方面有利于增强文化产业的整体实力与核心竞争力，促进产业结构优化升级和经济发展方式转变；另一方面有利于促进新型城镇化建设和推进城乡一体化发展。在此背景下，内蒙古自治区文化产业园区建设也正处于大力推进过程中。

一、内蒙古自治区文化产业园区发展现状

在国家、自治区大力发展文化产业，推进文化产业园区建设的大背景下，各盟市及旗县区都致力于文化产业园区的规划建设，部分园区项目特色明显，产业集聚效应初步显现，并积极申报自治区或国家级文化产业示范园区。从地域分布来看，内蒙古自治区的文化产业园区主要集中于"呼包鄂"地区，西部多于东部。但总体上讲，当前的内蒙古自治区文化产业园区建设，仍处于规划、筹建的起步阶段。目前，自治区初步建成或在建、规模相对较大的园区，主要有以下几个方面：

（一）大盛魁文化创意产业园

该园区位于内蒙古自治区呼和浩特市玉泉区，紧靠大盛魁旧址恢复新建，是内蒙古自治区和呼和浩特市第一个文化创意产业园区。项目规划占地面积约151亩，分南北两块。北区块主要是大盛魁（大盛魁是中国近代史上最大的跨国贸易商号，崛起于清代的内蒙古自治区草原）旧址复原及影视基地建设工程，主要建筑形式为混凝土框架、砖木混合结构仿古建筑物，仪典院、大掌柜院、账房院、伙计院等7个院落，保留的建筑有大盛魁商号旧址、元盛德旧址、天翼德旧址。南区块主要是恢复建设大观园、圪料街、小东街。目前主体工程已全部完成，并对园区基础设施和硬件配套进行了全面升级改造，目前园区软硬件设施一应俱全，焕然一新。北区重点规划建设民营博物馆区和德吉民族文化艺术园，主要包括大盛魁博物馆、蒙博博物馆、辽金元老窑瓷馆和世界报纸杂志馆等民营博物馆，已对公众免费开放。2015年8月6日，"大召—大盛魁"区块作为国家文化产业示范基地正式揭牌。

大盛魁，是指清代在内蒙古自治区草原上崛起的中国最大的跨国贸易商号。以大盛魁商号为代表的旅蒙商通过其规模巨大的对外贸易活动，极大地促进了归化城（今呼和浩特市）经济和文化的发展。大盛魁商号的成功经营，不仅是中国历史上罕见的商业贸易传奇，同时也是归化城作为中国对外贸易重镇辉煌商业史的见证。而大盛魁文化创意产业园区的定位，就是将历史与现代、文化与经济有机融合，发展文化产业的同时推进商贸、旅游、城市建设和第三产业发展，引进国际和国内领先的文化创意产业和旅游开发行业的先进思维方式和管理模式，弘扬民族文化和草原文化，集聚文化、艺术、创意、旅游、影视、文物、休闲等多方面的内容，形成了文化促旅游、旅游增人气、人气促消费、消费聚财气的循环产业链。致力成为融合历史文化、商业地产、旅游资源、影视制作为一体的大

型文化创意产业园。大盛魁文化创意产业园孵化的一系列品牌，也将对呼和浩特市、内蒙古自治区及至周边国家地区实现文化互动、促进产业联动、共同打造国际文化品牌发挥重要作用。

（二）敕勒川文化产业园区

该园区项目位于内蒙古自治区包头市土右旗，土右旗地处自治区首府呼和浩特市、自治区最大的工业城市包头市和煤都鄂尔多斯市"金三角"腹地，南临黄河，北依大青山，素以"塞外明珠"的美誉盛名远播，蒙元文化、农耕文化、西口文化、宗教文化、二人台文化等众多非物质文化遗产和物质文化遗产等在这里交相辉映，百公里半径内覆盖内蒙古自治区35%以上文化旅游资源，具有深入挖掘的巨大研究价值及开发潜力。根据国家《文化产业振兴规划》，结合内蒙古自治区文化产业发展实际，依托土右旗及周边丰富的旅游资源，规划园区占地5000公顷，项目总投资30亿元，是目前为止自治区规划的占地面积最大的文化产业示范园区。2010年被列入内蒙古自治区第二批文化产业示范基地，同时将申报国家级文化产业园区。

园区定位是挖掘、继承和弘扬敕勒川文化的富有地方特色的综合性文化产业园区，是文化艺术集中展示的场所和产品集散地，是敕勒川文化的代表性产业园区，是"呼包鄂"区域富有特色的文化休闲体验旅游的活动中心。园区总体规划为"一主园四辅园"，主园分成东西南北四部分，东部形成以敕勒川民俗文化艺术院、生态农业观光区等为主体的田园风光区和清水沟民俗文化区，中部形成以美岱召、美岱召历史文化名村、百家姓园为主题的蒙元历史人文景区，西部形成以甘沟风景区、二人台艺术基地、内蒙古自治区电影制片厂外景基地、敕勒川文化研究院为主体的游牧农耕影视文化区，形成展示土右旗"农耕文化、游牧文化、蒙元文化和西口文化"的历史文化发展脉络，构筑敕勒川文化产业集群。同时，按照与主园遥相呼应、配套衔接的要求，加快推进城区文化体育休闲、九峰山峡谷湖光区、万亩草原风景区、现代农业观光区"四辅园"项目建设。

（三）上京契丹辽文化产业园区

该园区项目位于内蒙古自治区赤峰市北部的巴林左旗。巴林左旗是契丹·辽文化的发祥地，境内已发现不同历史时期的各类文化遗存819处，其中辽文化遗存500余处。现有国家级文物保护单位5处，分别是辽上京遗址、辽祖州祖陵遗址、辽真寂之寺遗址、辽韩匡嗣家族墓地遗址、金界壕遗址巴林左旗段。有自治区级文物保护单位4处，即辽开化寺遗址、辽平顶山云门寺遗址、辽哈喇基木祭祀遗址、新石器时代富河沟门遗址。位于巴林左旗林东镇城区南郊的辽上京遗址是契丹建国初期兴建的第一座京城，也是北方游牧民族在草原上建立的第一座都城，被誉为"草原第一都"，辽上京遗址1961年被国务院公布为第一批全国重点文物保护单位。

该园区项目是巴林左旗旗委、政府打造的产业示范区，自治区级文化产业园区。围绕辽上京考古遗址公园建设，在遗址周边开发建设占地面积4170亩，估算总投资60亿元，其中一期工程估算投资25亿元，资金来源为自筹和招商引资。力争用5~10年把园区建设成为国家级文化产业示范园区。其总体结构为"一心、一带、三轴、四区"。"一心"即辽上京考古遗址公园（国家级）；"一带"即环遗址绿化景观带；"三轴"即文化展示体验轴、城市服务功能轴、城市视觉形象轴；"四区"即综合展示区、旅游商贸配套区、遗址文化展示区、草原风情体验区。其功能定位是遗址保护的综合配套平台、城市现代服务功能聚集区、文化产业的孵化衍生中心、城市文化功能集中体现区、城市旅游综合配套服务区、辽文化展示演绎体验平台、城市旅游名片与城市客厅。

园区坚持"政府主导、市场运作、群众参与、先易后难、重点突破"的原则进行建设和经营，要把项目建设成为文化产业工程和民生工程。建成后的产业园，将立足国际化与生态化、立足人文特色和区域特色，依托辽上京考古遗址公园，以契丹文明、辽文化为核心文化诉求，充分挖掘契丹文明、辽文化、草原文明和现代文化产业、现代城市发展、现代市民生活的契合点，打造集遗址保护、城市服务、旅游配套、文化创意、休闲娱乐、综合居住等功能于一体的赤峰市文化产业战略高地、内蒙古自治区文化产业样板、国家级文化产业示范园区。

（四）阿拉善盟大漠奇石文化产业园

阿拉善大漠奇石文化产业园区项目位于巴彦浩特西城区乌力吉路西侧、乌日斯路北侧，东西长约1.2千米，南北宽约1.05千米，规划区总占地面积130公顷，规划总建筑面积为21.6018万平方米。项目依托阿拉善盟丰富的奇石资源和近年来奇石文化产业的迅猛发展。为进一步提升奇石产业发展品位和档次，促进奇石文化产业加速聚合、发展，2013年开工建设"阿拉善盟大漠奇石文化旅游产业园"项目，全力打造中国最大的大漠奇石文化产业园区。

作为自治区、盟两级重点建设项目，阿拉善大漠奇石文化旅游产业园总规划用地面积131万平方米，依托规划区域内山体、沟壑及部分旅游设施，建设博物馆、文化广场、水系园林景观、仿古四合院、酒店、餐饮中心等，建成后将成为一处集沙产业和奇石加工、交易、展览、拍卖、旅游参观等多功能为一体的园林式奇石文化景观园。在突出展示阿拉善本地景观石的前提下，同时收集、置放全国各地的景观石和世界著名石文化景观，通过运用现代和传统园林相结合的手段，增加园区景观石的数量和种类，围绕水系四周建成悟石山、素石岛、阿拉善名石园、中华名石园、世界名石园、休闲石趣园，打造集石文化知识、展示、欣赏、交流为一体的奇石文化主题公园。项目总投资约 21 亿元，计划分四年全部完成。项目建成后将有力推动奇石文化产业发展，带动旅游等相关产业，为城乡富余劳动力就业、农牧民转产增收开辟新渠道。目前，作为产业园主体建筑——大漠奇石文化博物馆主体工程和室外装修工程已完成。2015 年 9 月，为了弘扬中华传统文化，加强海峡两岸赏石文化交流，"海峡两岸中华赏石文化交流展暨阿拉善盟玉·观赏石文化旅游节"在阿拉善盟大漠奇石文化产业园成功召开。

（五）鄂尔多斯文化产业园

该园区项目位于鄂尔多斯市阿康城市核心区乌兰木伦河南岸，项目用地 600 公顷，总投资 100 亿元人民币。本项目是根据鄂尔多斯市委、市政府建设"大旅游、大文化、大物流"的发展战略，由鄂尔多斯文化产业投资有限公司投资规划建设的重点文化产业项目，也是目前鄂尔多斯市及内蒙古自治区投资最大的文化产业项目。于 2010 年 12 月 10 日奠基开工，分三期建设，采取分步实施，突出重点，边建设、边运营，计划五年建成。

园区发展目标是将鄂尔多斯文化产业园建成配套设施完善、交通便捷、生态环境优美，以文化产业为主导的综合性宜乐、宜游、宜居的园区，成为具有地域特色的综合性城市文化中心。功能定位于鄂尔多斯市特色城市文化中心，以地域特色文化产业、特色人居及生态旅游等功能为主的蒙元文化产业园。以民族文化为主线，以数字新媒体等高科技手段，打造我国西北地区最具活力的集演艺业、影视传媒业、教育培训业、文化旅游业、动漫业、科普展示、创意产业孵化和商业开发等现代服务业于一体的综合型文化产业园。作为鄂尔多斯市的城市文化副中心，园区由"一核两轴"构成，"一核"指文化产业核心区，"两轴"是文化产业链延伸的商贸及人居，具体项目包括园林景观、市政设施、演艺展览、文化休闲、体育竞技、儿童游乐、教育实训、数字传媒、物流商贸、生态人居十个相互融合的子项目，围绕服务区，又将拓展成一片商贸区；围绕这片商贸区，又将形成一片支撑文化产业发展的高科技开发区。

（六）内蒙古自治区文化传媒创意园

该园区项目位于内蒙古自治区包头市青山区，占地面积 52 亩，建筑面积 12 万平方米，总投资 5 亿元人民币。整个项目集传媒广告、动漫、影视于一体，重点打造"三个中心"和"两个基地"。"三个中心"即内蒙古自治区电视台新闻制作中心、影视剧制作中心、动漫网游制作中心。"两个基地"即内蒙古自治区动漫网游人才培训基地、内蒙古自治区文化传媒创意产业示范基地。项目建成后，它将成为包头市南部城区的一座文化坐标，集动漫、网游、网络服务公司、电影院线、演艺公司、创意类企业、玩具制造等多种文化产业为一体。

园区是内蒙古自治区电视台、包头市青山区政府和包头德隆房地产开发有限公司共同打造的文化创意产业项目，该项目填补了包头市文化创意产业的空白，将成为内蒙古自治区电视台在自治区西部的节目制作中心、大型文体演艺中心、动漫网游制作中心和创意产业基地，并力争建设成为中国西部地区最大的传媒创业园区。同时，内蒙古自治区文化传媒创意园作为赵家营城中村改造工程的组成部分，将成为城中村改造的新亮点。2011 年基础建设已全部完工，并陆续投入使用。项目作为商业楼盘，意在文化与地产联袂，实现文化为地产助力，地产带动文化繁荣。目前，已经进驻文化创意园区的有内蒙古自治区电视台、内蒙古自治区网络公司以及红太阳广告公司等，同时将吸纳一部分有实力、有经验、有市场的外埠文化企业进驻。文化企业进驻创意园，享受当地税收方面一系列的优惠政策。

（七）呼伦贝尔中俄蒙文化创意产业园区

园区位于呼伦贝尔市海拉尔区，由呼伦贝尔中俄蒙文化置业发展有限公司投资建设，项目已被列为内蒙古自治区文化旅游产业重点项目。园区立足中、俄、蒙古三国交界处，致力于打造呼伦贝尔国际知名文化旅游集散地，使其成为中国东北地区规模最大、功能最全的大型文化旅游创意产业集聚区。项目占地 9.56 万平方米，总建筑面积 26.9 万平方米。园区建设围绕"城市会客厅、城市宴会厅、城市游乐厅、城市创意厅和城市艺术厅"五大功能进行文化产业项目培育。整个园区集产品展销、儿童乐园、会展论坛、旅游集散、设计策划、文艺演出、写生基地于一体，搭建中、俄、蒙 3 种文化有机结合的国际性交流平台，打造独具大草原魅力的原生态文化产品，建设凸显草原民族城市特色的生活展示地。是自治区第一家集三国商贸往来、旅游产品经销、文化艺术交流、大学生创业基地建设为一体的综合性服务区域。

园区定位充分利用海拉尔地处中、俄、蒙三国交界处的地域优势，集中、俄、蒙三国精华于一体，将草原文化、北疆特色与产业经营有机结合，并以三种建筑风格和民族特色为表现形式，致力打造"五个第一"：一是呼伦贝尔旅游第一站（包括天成彼得国际文化主题酒店、中式酒店、中俄蒙国际旅游中转平台、国际旅游落地签证大厅）；二是中俄蒙文化交流第一平台（包括民族音乐演艺会展中心、俄罗斯油画展贸培训基地、俄罗斯玉石加工中心、奥特莱斯购物中心、云媒体应用平台）；三是文化创意产业第一园（包括大学生创意中心、中俄蒙国际冰雪乐园、传统皮革皮具手工加工基地、民族服装加工贸易基地、马文化研究设计展示中心、动漫影城拍摄基地、非物质文化遗产展演基地）；四是绿色食品展示交易第一中心（包括旅游产品批发市场、绿色食品交易市场、中俄蒙国际美食城）；五是启智、休闲娱乐第一城（包括儿童潜能体验中心、儿童戏水乐园、酒吧一条街、茶馆一条街、中俄蒙国际皮草城）。2014 年 9 月 7 日，中俄蒙文化创意产业园正式开园。

（八）鄂尔多斯市蒙古源流文化产业园区

园区位于鄂尔多斯市伊金霍洛旗境内，规划占地面积 8 平方千米，与成吉思汗陵园、乌兰活佛府邸、苏泊罕大草原和红海子湿地公园共同组成了反映伊金霍洛旗文化、历史、宗教、草原以及湿地自然景观的系列景区。项目由伊金霍洛旗人民政府主导，多元化投资建设。2010 年 8 月立项，2011 年 6 月开工，总工期 5 年。

园区主体定位是"民族影视产业基地、草原文明博览园区"，分为蒙元历史文化展示区、影视娱乐产业区和影视拍摄区三大板块，呈现 700 年前蒙元盛世与世界文明相融会的历史缩影，展示 700 年前草原游牧文化、东方农耕文化与中亚西域文化完美融合的杰出典范；打造中国首个功能聚合型影视文化产业基地，提供影视拍摄制作"一站式"服务；创建中国首个新型影视旅游娱乐示范中心，以蒙元文化为项目载体，以电影技术为表现形式，为游人打造一个虚实变幻的梦幻体验空间；以涵盖蒙元石刻、蒙元历史、自然、人文、音乐、文字等内容的蒙古源流博物馆群为载体，打造中国蒙元文化的博物馆教育基地；以周庑为载体，建成中国中西部最大的蒙元历史文物以及艺术品的交流中心。蒙古源流文化产业园区建成后将成为世界蒙元文化的研究中心、展示中心、体验中心和创新中心，国内最大最正统的以蒙元历史背景为主的影视拍摄产业基地，自治区民族文化展示的核心品牌，创建成为国家 4A 级旅游景区，成为体现草原文化、独具北疆特色的旅游观光休闲度假基地。2015 年 8 月 11 日，第十届全国少数民族传统体育运动会表演项目比赛在蒙古源流文化产业园区举行。

（九）锡林郭勒盟"中国马都"锡林浩特核心区

中国马都核心区项目位于锡林浩特市南二环路以南与新旧 207 国道线之间，项目总规划面积 15 平方千米，占地总面积 2.3 万亩。2010 年 4 月 25 日，中国马都协会正式授予以锡林浩特市为中心的锡林郭勒盟"中国马都"荣誉称号。锡林浩特市作为锡林郭勒盟的中心城市，中国马都项目核心区的所在地，马文化历史悠久、底蕴深厚，马业基础良好、基础设施完善，具有深厚的历史积淀和文化内涵。

园区项目由日本中央竞马会设计，河北霸州海润俱乐部有限公司投资建设，计划总投资人民币 15 亿元，分三期实施，主要包括马匹赛事核心区、旅游文化区和马产业区。项目包括 12 个区，如马都核心区、马术训练场、情景大舞台、湿地观赏区、马产品生产区、马术学校、马文化景观廊道等。2012 年 7 月 6 日，中国马都核心区项目正式开工建设。一期工程包括建设国际标准室外赛马场、室内赛马场、环山耐力赛道以及与其配套的高档会所、管理服务中心、停车场等服务设施。二期工程包括环湖短赛道、马术训练场、马匹医疗中心、马匹交易中心、马产品生产区、马文化广场、主题景观大道、标志性雕塑、五星级酒店、高档别墅区等。三期工程包括建设马博物馆、马都会展中心、名马苑、蒙古马鉴测中心、青年谷、情景大舞台、蒙古风情园、马文化景观长廊、入口接待区等，计划 2016 年建成。中国马都核心区项目的建成，将引领全市旅游产业升级，提升全市的旅游层次，完善相关旅游配套设施，使锡林浩特市成为全国马业产业及旅游的新亮点。其中一期工程建设期为 2012 年 7 月至 2013 年 7 月，计划投资 2 亿元，建设国际标准室外赛马场 1 个、室内赛马场 1 个、环山耐力赛道以及与其配套的高档会所、管理服务中心、停车场等服务设施。2012 年 7 月 6 日，中国马都核心区项目在锡林浩特市开工建设。项目建成后，可实现马术竞技、马文化展示、马匹培育、旅游观光、休闲娱乐为一体的旅游综合体。同时还可以带动赛马养殖及保健马奶、孕马血等产业的发展，打造文化旅游品牌新亮点、娱乐休闲新区域、劳动就业新渠道，形成"以赛事为龙头、综合经营、良性互动、持续发展"的新兴产业开发模式。

此外，还有赤峰市巴林右旗巴林石文化产业园区、通辽市科左中旗孝庄园文化旅游产业园区、鄂尔多斯市康巴什新区鄂尔多斯江源文化创意产业园、鄂尔多斯市准格尔旗满天星文化创意产业园、呼和浩特市塞外文化博览园等一些规划建设中的园区项目。一些建成运营项目也体现出了较好的经济效益和社会效益，为加快内蒙古自治区文化产业园区建设发展提供了有益的经验借鉴，某种程度上起到了先行示范的作用。总的来看，内蒙古自治区文化产业园区还处在发展的起步阶段，大多园区项目都注重当地文化资源的充分挖掘，有着极为深厚的文化底蕴。但与先进发达省区相比，还存在较大差距。与内蒙古自治区建设民族文化大区的目标以及文化产业持续健康快速发展的要求相比，也凸显出明显的滞后与不足。

二、内蒙古自治区文化产业园区建设中存在的主要问题

目前自治区及各盟市关于对文化产业园区建设的重要性、紧迫性认识以及在

某种程度上表现出来的强劲发展势头都值得肯定，也令人欣喜。但也存在项目定位不清、盲目上马、趋同建设等诸多问题。既有"文化产业园区"概念认识模糊，园区规划思路不清晰、定位不明确，政府在文化产业园区建设中的角色和职能定位不清等的共性问题，也包含一些民族地方特色主题文化符号不突出，各地方趋同化建设明显等的个性问题。

（一）对园区概念认识存在混淆

关于文化产业园区概念的探讨，一直为学界所关注，但实践中却存在概念使用混乱的问题。"从政府到学界对文化产业园区、文化产业基地、文化产业聚集区三个概念的使用存在着很大的混淆，这三个概念有相互重叠的地方，也有差异，怎么区分是值得研究的问题"。[①] 对于究竟什么是文化产业园区的问题，由于文化产业园区在我国出现时间较短，理论研究滞后，因此目前无论学界还是社会其他各界都存在一定的认识误区，常与文化产业园区相关的概念如艺术园区、创意产业园（区）、文化园、文化产业园（区）、艺术产业园、文化产业基地、文化产业集群、文化产业集聚区等相混淆，实践中表述混乱。表面来看是概念认识不清的小问题，但长此以往，实践中就容易导致鱼龙混杂、鱼目混珠，真假难辨，名不副实，势必给文化产业园区的健康发展带来消极影响。根据《国家级文化产业示范园区管理办法（试行）》中的阐释，主要是指进行文化产业资源开发、文化企业和行业集聚及相关产业链汇集，对区域文化及相关产业发展起到示范和带动作用的特定区域。它应包括以下三个方面的要素：一是以特定的地理空间为集聚地，二是具有主导性的文化产业，三是有相当数量的产业链关联企业。这也是实践中作为文化产园区应具备的基本属性。

（二）园区发展定位不够准确

目前，一些文化产业园区建设缺乏整体规划与布局，在园区功能定位及产业选择上缺乏深入和细化，基本是"摸着石头过河"，走一步看一步的探索模式。园区建设对于内蒙古自治区来说，还是一个新鲜事物，还需要一个深化认识的过程，以指导建设实践。目前规划拟建或在建的各级别大大小小园区不下几十个，但有相当一部分存在着规划思路不清晰、定位不明确的情况。包括园区建设如何与本地特色文化相结合？园区功能如何定位？今后如何发展？对此等问题缺乏清晰的思路。一些区域内园区功能定位雷同，发展模式较为单一。规划建设中"从无到有"、"先有后建"的发展思维定式明显，亦不排除地区间的盲目竞争或

---

① 张三夕. 文化产业园区建设反思. 新浪财经，北京大学"第七届中国文化产业新年论坛"，http: /www. Sina. com. cn，2010 − 01 − 10.

"政绩园区工程"，项目盲目上马。存在以文化园区为名，行房地产开发之实的名实不符的情况，抑或以集聚或产业链为名，却缺乏服务平台和上下游企业的支撑。正如某创意科技园负责人所说："从实践总结发现，目前文化产业园区普遍存在的状况可以概括为'三多三少'，即物理集聚多，化学反应少；物业收入多，服务收入少；成本导向多，市场导向少。"也由于对文化产业的定位不清，导致一些所谓的文化产业园区"硬件"看起来很美，主导发展思想却不符合现实市场条件下企业发展的要求，结果实际入园的企业较少，产业园收入不足，难以维持。

（三）园区建设思路缺乏战略性规划

园区首先是特定区域，文化产业园区需要突出特定的区域文化。文化资源禀赋是建立文化产业园区首先考虑的因素。园区能否体现独特的文化个性、文化风格和文化品位，关键看其能否体现区域特色文化。没有创意，没有特色文化，就失去了文化产业园区的意义。当前一些地方园区建设中纷纷效仿发达地区发展动漫产业，发展影视基地等，简单效仿，片面追求所谓的"高大上"。但在经济社会发展相对滞后、人才优势不明显的内蒙古自治区大力发展动漫或影视，势必竞争力更加不足。导致产业园区重复建设，同质化竞争有所显现。相反对区域文化资源的挖掘和发展利用不足。园区缺乏特色，民族特色文化不突出，资源优势不鲜明，主导产业不明晰，孵化功能不强，产业链整合和延伸不够，园区的溢出效应和助推产业链升级的目标未能真正实现，同时在园区建设的政策决策和管理方面也存在诸多不足。如此趋同化建设会导致一些文化产业园区项目看上去更像纯粹的产业园，并非是基于区域文化资源生长出来的文化园区，似乎只是冠以文化产业的名称而已。

（四）政府在文化产业园区建设中的角色定位不清

当前绝大多数园区的规划建设都是在政府主导下展开的，甚至贯穿于项目的全过程，包括项目规划、组织实施、监督管理。一般前期效率较高，各项硬件设施很快得以建立并不断完善，意在"筑巢引凤"。政府发生作用的方式多是直接的，基本上是从宏观到微观所有领域。当然这在园区建设起步阶段有其必要合理性。但却又与文化产业园区作为产业发展、市场基础和企业主体的原则相违背，与政府职能转变的要求相违背，长此以往也不利于园区的持续健康发展。在文化产业园区建设中，政府应充当什么样的角色，主要应发挥哪些职能或作用，当前不甚清晰。实践中既存在大包大揽全方位服务的情况，亦存在缺位、错位的情况。而这些并非政府在文化产业园区建设中所应该担当的角色和职能。

（五）园区发展功能不够健全

主要产业发展低，园区特色鲜明，对文化产业发展的引领性作用支持不够。

三、内蒙古自治区文化产业园区发展定位和目标

内蒙古自治区在推进文化产业园区的建设和发展过程中，发展定位与目标问题不容回避，这是需要首先明确的问题。

（一）发展定位

内蒙古自治区是我国第一个实行民族区域自治的省级自治区，是一个以蒙古族和汉族为主的多民族聚居地区。其地理位置独特，地跨东北、华北、西北，毗邻八省区，接壤俄罗斯、蒙古国。地域辽阔，资源丰富，素有"聚宝盆"之称。历史悠久，其悠久历史可以追溯到几十万年以前的新石器时代，充满智慧而又勤劳的祖先们在这里创造了闻名世界的"河套文化"、"大窑文化"、"红山文化"等。文化底蕴浓厚，这里是中国古代北方少数民族生息繁衍的摇篮和政治文化发展的大舞台，由此成为中华文明发祥地之一。这些都为内蒙古自治区特色文化产业发展及园区规划建设奠定了坚实的基础。

一般认为，欠发达地区发展文化产业、建设文化产业园区有着某种先天的劣势，如产业发展落后、文化消费不足、专业人才和资金缺乏等。劣势不可否认，但优势也同样存在。关键是如何充分发挥自身优势，有效弥补自身的"短板"。内蒙古自治区幅员辽阔，广袤的草原蕴含着其他地区无法比拟的生态资源优势，少数民族独特的历史和文化资源丰富。近年来随着经济社会的发展，区位条件不断改善。作为少数民族自治地区，亦可以充分发挥制度后发优势。而特色文化资源就是发展文化产业的基础和依托。因此，在建设区域性特色文化产业园区时，要注重挖掘自身的竞争优势。一方面注重实施个性化、差异化战略，依托本地独特的文化资源发展文化产业园区；另一方面要增强创新意识，避免因盲目跟风、追赶时髦而最终落入战略雷同的误区。因此，要根据自身特色准确定位、科学规划。

在这里，宏观探讨内蒙古自治区文化产业园区发展定位问题，我们以文化产业园区的类型为视角，即探索发展何种类型的文化产业园区？一般来说，文化产业园区按照不同标准，有不同的分类形式。沃尔特（Walter santagata）根据功能将其分为四种类型，分别为产业型、机构型、博物馆型、都市型。目前国内也没有一个普遍认同的分类方式，实践中存在多种表述方式。如按规模分，可分为大

型、中型和小型三类。按园区性质分，可分为产业型、混合型、艺术型、休闲娱乐型和地方特色型。按照内容分，可分为数字娱乐、科技创意、动漫游戏、影视、音乐、传媒、会展艺术品交易、文化创意产业园区等类型。按照影响范围来分又有国际型、国内型和地区型。还可按园区的最初形成分为自发形成和政府运作形成两类。在诸多分类方式中，以园区的功能或性质为标准进行分类是更为科学的划分方式。但其他的分类方式同样能为我们的发展定位提供有益参考。如文化产业园区的规模是与区域经济的发达程度密切相关的，内蒙古自治区处于经济欠发达地区，园区规划建设中就不能盲目追求大型。

内蒙古自治区建设文化产业园区，应本着因地制宜的原则，找准自然资源，深入挖掘历史文化人文禀赋，着重考虑区内文化资源、文化经济发展方式、区域发展战略这三者之间的关系，注重考察主导产业与区域文化资源、市场发育状况是否相适应的问题。同时，根据各区域文化资源分布特点、产业发展状况、市场需求和辐射力、产业链完整与否，从而找到各地自身的比较优势，选择最佳的产业突破口和联结点，立足本地特色培育优势文化产业，在适合本地区、原有基础好、具备发展潜力的产业领域寻找切入点，侧重发展地方特色、休闲娱乐和艺术创作等功能类型，内容侧重创意科技、文化旅游、艺术与工艺品产销等类型。园区突出特色化和差异化发展，以资源优势为依托，突出园区特色。努力形成一批主导产业清晰、产业链条健全、服务设施完善、经济效益明显的特色文化产业园区，壮大文化产业集群。

（二）战略目标

内蒙古自治区文化产业园区的发展总体上还处于初始阶段。由于受文化产业发展阶段和其他条件的限制，各园区发展水平总体偏低，并且参差不齐。但随着园区数量扩张到一定规模后，当前及今后应将发展重心放在园区质量提升方面，更加注重园区发展内涵和集聚水平的提升。应加强科学规划，尊重市场和文化产业的发展规律，循序渐进，由无序向有序化递进，分阶段展开文化产业园区建设。大体上要经历以下四个阶段：第一阶段是依靠政策推动文化产业园区建设；第二阶段是文化产业园区建设的标准化和规范化；第三阶段是提升文化产业园区的特色化和创意水平；第四阶段是文化产业园区自身的品牌建设。当前内蒙古自治区文化产业园区发展总体上正处于第一阶段，即主要依靠各级党委、政府相关部门推动发展。同时第二阶段工作亦有所体现，已经开始组织实施的内蒙古自治区文化示范产业园区评审活动，根据国家相关规定，制定出台了示范园区的标准。

因此，内蒙古自治区文化产业园区建设应加快从数量型向质量型转变，加快产业集聚、搭建孵化平台、完善管理制度。科学有序地推进园区建设，提高园区质量和效益。从文化产业园区的发展基础、发展现状和发展潜力三个层面，构建了文化产业园区竞争力评价指标体系，引入园区的进入退出机制。对现有各地已建成、在建或规划中的文化产业园区进行全面梳理，系统科学规划，通过有效整合和全面升级，努力打造一批示范园区。近期目标是落实《内蒙古自治区"十二五"时期文化发展规划纲要》要求，"十二五"期间建设 25 个重点文化产业园区及项目。其中，建设 10 个自治区级文化产业示范园区，并以产业示范园区为龙头，建设 12 家文化产业园区。力争到 2020 年，建设 5 个国家级文化产业示范园区，建设 10 个自治区级文化产业示范园区。

四、内蒙古自治区文化产业园区发展战略重点

根据《内蒙古自治区文化产业中长期发展规划》，结合地区经济社会发展和资源条件，充分借鉴发达地区文化产业园区建设实践经验，确定"一带一路"和中蒙俄经济走廊的战略发展。

（一）确立原则

内蒙古自治区文化产业园区发展战略重点的确立，应主要遵循以下原则：

1. 市场主导原则

企业是市场的主体。坚持市场主导原则，同时也就肯定了文化企业的主体地位。文化企业作为真正的市场主体，其是否具有积极性、主动性和创造性，将决定着文化产业园区的发展潜力及前途命运。文化产业园区作为市场资源的聚集区，应充分发挥市场在配置文化资源中的基础性作用。建设中要以市场为导向，将文化产品的创作、生产、加工、销售连成一体，形成有机结合的产业链条。因此，文化产业园区需要由被动等待政策向主动地拓展市场转变，立足于当地资源，立足于园区自身优势资源，准确定位，遵循市场规律，探索适合园区自身的盈利模式，探寻可持续发展的道路。

2. 政府引导原则

政府引导而非主导，园区建设中应更多地使用经济手段，而非行政手段。文化产业园区的发展，尤其在当前条件下，政府的作用不容小觑，各地的发展实践也证明了政府的不可或缺。一方面，需要地方政府在税费减免、配套设施、投资融资、创业培训、中介服务等方面，建立完善而稳定的政策保障体系，并对制约文化产业及园区发展的突出问题进行专门应对和解决。另一方面，更需要合理界定文化事业与文化产业的界限，政府和市场的边界，充分发挥政府引导和政策配

套的作用，做到不缺位、不越位、不错位，为园区及其企业营造良好的发展环境。

3. 产业发展原则

促进文化产业发展繁荣是文化产业园区建设的核心。文化产业园区作为文化产业的集聚区，自然与产业区位、产业增长、区域经济增长等方面都有着内在的、规律性的联系。任何文化产业园的建立都不能"平地起炉灶"，忽视区域的产业特色与产业基础，盲目追寻时尚概念，盲目炒作热门产业门类。在文化产业园区的发展中，必须立足于原有的文化产业特色与优势，遵循文化产业发展的自身规律，重视文化企业的集中式聚集、文化产业的集群化发展、文化资源的集约式模式和配套功能的集合式构建。产业以园区为依托，实现人流、物流、资金流、信息流、技术流等的空间集聚，推动优势产业门类的整合发展，打造核心竞争力。

4. 差异化发展原则

差异化发展就是要根据不同区域的经济结构特点、文化资源禀赋、市场容量及空间布局等状况，来确立各区域、各园区的不同主导产业门类，实施错位发展。比如，历史文化资源相对丰富的地区可以尝试在特色文化资源的产业衍生和拓展上做文章，对于特色民间艺术形式与民间艺术团体进行市场化改造，开发附着在独特文化资源基础上的特色工艺品创意与设计产业等。而对于经济发展基础较好、区位优势明显、文化资源相对贫乏的区域则可以重点拓展数字传媒、创意设计等产业门类。通过差异化发展原则，引导不同文化产业园区进行错位发展，形成错位、互补、优势整合的发展格局。通过优化布局最大限度地激发产业潜力，以减少文化产业园区项目的重复建设和各种资源的过度分散。

5. 本土化发展原则

文化产业园区核心或落脚点是"区"，而不是"园"。"文化产业园区是指进行文化产业资源开发、文化企业和行业集聚及相关产业链汇聚，对区域文化及相关产业发展起示范、带动作用，发挥园区的经济、社会效益的特定区域"。[①] 它与社区、居民生活、艺术相融合。文化产业园区的打造，离不开特定区域的独特文化"土壤"。这里所强调的本土化原则，并不是文化禁锢，阻碍文化交流，更不是产业发展的"故步自封"。而是要立足于特色文化资源，实现本土化发展。基于特色的历史文化传统形成具有不可复制优势的文化产业门类，打造具有鲜明区域文化内涵的文化产业园区。

---

① 文化部. 国家级文化产业示范园区管理办法（试行），2010.

（二）重点领域类型

文化产业门类庞杂，文化产业园区类型亦有多种。发展文化产业园区，不是片面追求齐全的产业门类或园区类型。文化产业园区是产业的集聚，但不是产业的大杂烩，每个园区都应有自己的主导产业。园区类别涵盖演艺、动漫、艺术创意与设计、文化休闲娱乐、文化旅游等。按照内蒙古自治区"8337"的发展思路，以及《内蒙古自治区文化产业中长期发展规划》的总体设想，围绕确立的文化产业中的数字传媒、文化旅游、文化创意与设计、文博会展、文艺演出、艺术品创作与交易、出版印刷与发行等重点发展领域，开展文化产业园区规划建设，重点建设文化创意、文化旅游、艺术品创作与交易等类型的文化产业园区。

1. 文化创意型产业园区

文化创意产业是文化产业的核心门类。文化创意产业园区建设，要以文艺创作、文化策划、创意、设计等产业内容为核心，健全产、学、研相结合的科技创新体系。充分利用高新技术，研发具有自主知识产权的核心技术、关键技术和高端文化产品，推动游戏、动漫、创意设计、数字内容、新媒体服务、文化装备制造等行业快速发展。吸引文化创意企业、创业研发中心、策划设计公司、文化中介机构和创意人才的集聚，探索以实体园区为基础、以智能网络为辐射的园区发展新模式。

2. 文化旅游型产业园区

建设文化旅游型产业园区，要以文化为灵魂，旅游为载体，充分挖掘独特的文化底蕴和历史积淀，加强世界文化遗产、古都、遗址、历史文化名城、名街及古建筑、古民居、古村落的保护与开发，统筹规划设计建筑风格、人文景观，修缮保护标志性建筑、特色建筑。发展适应消费者需求的新业态，完善公共服务体系，推动文化旅游资源整合、产业要素集聚以及产业链条的完善，打造全国知名的文化旅游区。

3. 艺术品创作与交易型产业园区

建设艺术品创作与交易型产业园区，要立足区域特色文化，围绕具有艺术品、工艺品产业优势的城市、村镇、街区，依托骨干文化企业和大型艺术品、工艺品市场，注重建立辐射带动周边区域、影响全国的艺术品与工艺品产销集散地。

五、内蒙古自治区文化产业园区的总体布局

主动融入国家"一带一路"发展战略和中蒙俄经济走廊建设中。要促进内

蒙古自治区文化产业园区的持续、健康、快速发展，获得可持续发展的动力，就需要有正确的指导思想。

（一）指导思想

坚持以邓小平理论、"三个代表"重要思想、科学发展观为指导，紧扣科学发展的主题和加快转变发展方式这一主线，遵循合理布局、突出特色、内容优先、创新引领的原则，以促进产业升级、延伸产业链条、扩大产业规模、增强产业实力为目的，以优势产业、龙头企业、重大项目、知名品牌为依托，以文化资源优势和区位优势为支撑，以体制机制创新和科技进步为动力，促进高科技与文化资源有机融合，在自治区优先建设一批特色鲜明、功能完备、富有活力、效益明显的文化产业园区。逐步形成以国家级文化产业（示范）园区为龙头，自治区级文化产业（示范）园区为骨干，各地特色文化产业群为支点，全面推进自治区文化产业快速发展的新格局。内蒙古自治区地处欠发达地区，发展文化产业园区，既要遵循文化产业园区发展的一般规律，又要充分借鉴国外发达国家和国内发达地区的经验，并结合自治区现状，坚持国家关于文化产业园区建设"控制总量、提高质量、整合资源、扶优扶强，把好入口、开通出口"的总体原则，走"优势凝结→项目带动→要素集聚→需求拓展→内生发展"的基本路径。立足实际，统筹规划，合理推进，分步实施，逐步完善。

（二）总体布局

针对内蒙古自治区东部、西部地域间经济社会发展不均衡，区域文化资源特色相对明显的特点，着力打造区域性的特色文化产业园区。即打破行政区域界限壁垒，注重区域范围内地方政府间的合作，依托区域优势文化资源，发展文化产业。立足东西部的经济发展水平、文化产业发展基础、文化资源储备与开发状况、市场容量与市场结构特征等，科学编制文化产业园区发展规划，明确文化产业园区的布局、定位和发展目标。

西部地区园区建设可依靠较强的经济实力、较丰富的人才和技术优势，以及日益活跃的文化产品和文化要素市场，走高端创意产业园区发展之路。在业态发展上，以文化创意为先导，加强文化与科技融合，园区重点以动漫游戏、创意设计、数字媒体等成长性较好、产业渗透力强、附加值较高的新兴文化产业作为主导产业。东部地区拥有丰富的文化和自然资源，但经济发展相对落后，市场经济活跃度不够，着重建设资源主导型文化产业园区。可选择走政府主导型的文化产业发展路径，通过政府的土地、税收、人才、资金等一系列优惠政策，吸引有实力的文化企业入驻园区，开发具有浓郁地方特色的文化产品和项目，同时应加强和完善基础设施和环境建设，构建完整的文化产业链，通过园区内部上下游产业之间，以及西部地区与东部地区产业之间的融合与互动发展，推动自治区文化产业园区的可持续发展。

六、内蒙古自治区文化产业园区发展的战略举措和保障体系

文化产业园区建设是一项系统工程，发展中不可盲目求快、求大、求全。加强文化产业园区建设，也离不开宏观战略举措的制订实施，离不开必要的保障措施的全面落实。

（一）战略举措

为推进内蒙古自治区文化产业园区实现可持续发展，需要实施以下四大战略举措：

1. 区域合作发展战略

以政府主导、党政合力推进的文化产业发展及园区建设，各级政府往往各自为政，各布其阵。行政区域界限由此也成为文化的界限，或成为文化同根同质但不同区域两个园区的界限。所以也导致大大小小的文化产业园区似乎随处可见，但却总体质量不高，重复建设严重。因此，文化产业及园区的建设发展，不应受到行政区域界限的羁绊。内蒙古自治区东部、中部、西部城市文化资源分布总体上呈现出较明显区域性特点。为避免重复低质建设，就要打破现有各城市行政区域壁垒，由自治区统筹规划实施文化产业发展和园区建设，强化区域间各政府、各园区的合作，从而打造高质量的国家或自治区级示范园区，形成国内外有影响力的品牌效应。这就需要高瞻远瞩，实施各区域政府、企业、园区之间的合作发展战略。如推进实施"呼包鄂"文化产业一体化发展，重新评估三地文化资源，求同存异，并将现有已建的园区重新定位规划，整合优势文化资源或园区项目，强化政府、园区间的合作与协同发展，通过建立有效协同组织机构，在政策、资本、人才、管理、运作等多方面加强区域合作。

2. 产业集聚发展战略

文化产业园区是特定空间的产业集聚，有系统的产业链和主导性的文化产业，有相当数量上下游关联企业。但当前园区产业集聚和关联企业的不理想现状，如产业链条不完整，产业布局凌乱，企业组织形式单一，制约着园区的发展和功能发挥。因此，应结合各区域优势，确定各区域文化产业发展重点，整合现有文化资源，改造现有产业体系，重新规划布局产业，在新的战略高度上实施区域文化产业及园区集群化发展战略。各区域遵循集约发展、突出特色、合理布局

的原则，加强园区规划在产业集聚中的引导作用。真正实现园区定位明确，特色鲜明，拥有完善的纵向和横向的产业链条，功能配套完善，具有一定的产业规模，产生明显的产业集聚效应。

3. 示范园区带动战略

近年来，我国文化产业发展实践证明，一些较大文化产业项目，尤其是具有地方特色的重大文化产业项目，在引导文化产业向集约化和规模化方向发展方面，以及提升文化产业结构优化升级、提高区域文化产业竞争力等方面都发挥了重要作用。国家、自治区都认定或规划实施了一系列文化产业重大项目。就园区而言，评审认定了一批国家级或自治区级示范园区。但自治区现有园区尤其示范园区数量极为有限，示范带动作用不明显。因此，为进一步促进文化产业园区建设发展，应结合自治区实际，深入实施示范园区的带动战略。科学合理地认定文化产业示范园区，完善以园区综合竞争力为核心的评价指标体系。加强对文化产业园区的管理与服务，建立完善管理体制、运营机制、人才队伍、投融资、信息服务等配套政策措施。

4. 园区品牌实施战略

一般认为，品牌化发展是有效提升文化产业园区核心竞争力的重要途径。文化产业园区品牌因其具有品牌主体的多重性和非排他性、独特的地域文化性等特征，使其具有了明显区别于一般品牌的独特内涵。当前，一些文化产业园区核心竞争力不足，或影响力欠缺，主要也在于未真正形成自己独特的园区品牌，以及品牌营销不到位。也由于产业园区品牌的产权归属不清晰、建设主体不明确，或园区品牌缺乏明确的定位和系统的形象塑造，以及营销不力等因素，深刻地影响着园区品牌的形成。而构建文化产业园区品牌的过程，就是通过寻求产业发展的差异化优势，凝聚区域产业的经济与文化特色，将经济、技术、创意和文化融为一体，从而形成整体品牌的市场竞争力的过程。文化产业园区品牌是知名度、美誉度和忠诚度的有机集合体，是一种无形的文化资产与精神价值，可以进一步创造出新的价值。因此，要统筹区域园区发展，打造特色园区，推进园区品牌实施战略。这是一项系统工程，包括文化园区品牌的分析、品牌识别、园区品牌的定位以及品牌的传播和保护，必须统筹兼顾，有序推进，从而形成一个循环的发展路径。

（二）保障体系

促进文化产业园区又好又快发展，政府的政策支持、文化和科技人才的智力支持、资金支持等都是至关重要的。因此，要着力加强六大保障体系建设：

1. 政策保障体系建设

要有完善的配套政策。认真贯彻落实国家关于文化产业及其园区发展的各项政策措施，研究制定自治区文化产业及园区发展的促进政策。这里的政策既有泛文化产业的，也有针对文化产业园区的；既有国家层面的，也应有自治区、各盟市及旗县区层面的。政策应贯穿于文化产业园区发展全过程，包括规划立项、建设实施、运行监督、评估评价等各个环节。尤其在影响园区发展的一些"瓶颈"问题上，如创新人才、投融资、服务平台等方面构建良好的政策环境。可以看到，当前文化产业园区内的文化企业多为中型或小微型企业，资金实力相对有限，风险相对较高，版权保护能力较弱，也迫切需要构建完备的配套政策体系。其次，有了好的政策还要切实实施。充分发挥政策对文化产业园区发展的方向引领、过程监督、绩效评估等积极作用。

对文化产业园区的政策扶持，要以市场导向为主，因势利导，做到政府到位而不越位，有所为有所不为。自治区要结合全国文化产业园区发展的实际情况和本地区发展文化产业园区的各种条件，出台统一的指导意见，统筹规划，对基本概念、统计口径和管理体制进行明确界定。尤其针对当前发展较热的文化产业门类，进行差异化定位，避免盲目跟风。政府在制定文化产业扶持政策时，应避免以"园区万能"的观点看待文化产业园的发展。园区建设过程中及建成运营后，需要重视对园区的政策监管到位。尤其对文化地产、文化商业区、动漫公园、文化主题公园等进行重点治理，将某些文化园区建设或运营中的盲目发展规范到科学发展的道路上来。对于一些重点园区，可以实行"一园一策"，作为总体实施意见的配套政策，以推进园区的差异化发展。不断完善园区绩效评估制度，真正发挥各级示范园区的示范和带动作用。

2. 人才保障体系建设

文化产业属于高科技产业，人才问题一直是困扰和制约其发展的一个重要因素。园区能否实现可持续发展，说到底关键还是在于文化创新人才。人才是文化产业的第一资源，引进和培养人才是文化产业园区工作的重中之重。因此要结合自治区文化产业及其园区发展的定位、目标和重点领域，实施人才战略。不断强化创新人才队伍体系建设，完善人才引进与培养机制。

一方面是外部引进，通过各种有力措施吸引区内外优秀文化创新人才，特别是下大精力引进懂经营、善管理的科技文化精英、复合型的领军人才。通过猎头服务和网络招聘，选拔中高端人才加盟园区内文化企业。通过无偿资助、减免房租、提供法律财务、小额担保贷款等专业化服务等方式，为其解决创业的基本困难。同时，提供与国内顶尖科研院所的产学研平台，吸引其加入科研团队。另一方面是内部培养，要培养既懂文化产业理论、技术，又懂管理的复合型人才。加强在职人员的培训力度，引导本地高等院校加快建设文化产业的重点学科和专业，搭建学校、企业、培训机构的产学研平台，有针对性地培养适应园区发展需要的专门文化人才。园区、文化企业可以通过多种方式同高校和科研院所联合起来，就文化产品创意、制作、技术开发与应用机、企业管理等方面进行合作，以此充分利用高校和科研院所最新的科研成果和技术支持。亦可以同高校、科研院所联合办学，在高校和科研院所开设相关课程，学生在求学期间来园区或文化企业实习，为园区和文化企业的发展培养后备力量，同时又可以长期聘请高校、科研院所的教师为园区和文化企业进行定期培训。

3. 投融资保障体系建设

资金问题是影响文化产业园区建设发展的又一个重要因素。应按照"政府引导、企业经营、市场运作、多元投入、项目带动、滚动发展"的原则，建立多元化的投资机制，搭建投融资平台，多渠道解决文化产业园区建设资金短缺问题，强化园区的投融资保障体系建设。

一方面，设立文化产业园区发展专项资金，完善现阶段政府专项资金管理办法和使用机制、考核机制，充分发挥财政资金的杠杆作用，力争使有限的资金发挥最大效益。重点对文化产业园区的基础设施建设、公共服务平台建设等予以扶持，尤其是对发展潜力较好、创新能力强、尚处于发展初期的中小企业予以重点孵化与支持。另一方面，不断探索创新文化产业园区的投融资方式。在国家政策许可范围内，鼓励各类社会投资主体通过投资、联营、入股、控股、独资、收购等多种方式，参与到园区开发建设中来，逐步进入由依靠政府投入向自我滚动发展的良性循环轨道。

4. 环境保障体系建设

环境既包括园区基础设施建设等的硬件环境，也包括体制机制、公共服务平台建设等的软环境。当前园区在规划建设实践中，往往片面注重硬件环境建设，而忽略了软环境建设，这也极大地影响了园区的持续健康发展。因此，要强化文化产业园区的服务平台建设，当前对于园区发展而言，最需要管理、人才、资金及信息的配套，服务平台应主要围绕这几个重要方面来构建。应加快建设包括公共技术支撑、投融资服务、知识产权、资源共享、统计分析、人才培训等功能在内的公共服务机构，重点完善融资、法律、人才和综合信息四大平台建设。探索成立文化创意产业园行业协会，定期举办论坛、会展等活动，促进文化创意企业之间的交流与合作。

完善园区配套公共服务，当前可从以下几个方面着手开展完善：一是信息服务平台建设，园区内企业可以通过公共信息平台发布产品信息，也可获取其他企业信息或行业政策等公共信息，园区管理者也可为园区企业提供网上管理端口，为企业提供信息支持服务。二是投融资服务平台建设，积极建设引入金融服务组织，为园区企业提供担保贷款、股权交易、政府基金申请等投融资服务，大力培育、辅导并推荐符合条件的文化企业上市融资。三是引进人才中介服务机构,为园区企业提供人才招聘、培训以及人才托管等有效服务。四是引进法律事务所、会计师事务所等服务机构,为文化企业的发展提供相关领域的专业服务。五是要注重建立完善园区服务水平的动态监测机制。在明确园区服务内容的基础上,对园区的服务部门或单位实施服务绩效考核,通过问卷调查、经营数据统计分析等手段,对一定时期内园区的公共服务质量与满意度、企业经营情况、行业发展态势等进行科学研判,为不断加强园区建设、提升服务水平提供参考依据。

5. 园区管理体系建设

当前的园区管理体系并非空白或亟待建立,而是现实中的园区管理体制不利于园区的健康发展,亟须进一步规范理顺。一直以来,在省一级有宣传部、发改委、经信委以及文化、广电、出版、工商等部门都对文化产业发展负责,各部门职责不清,形成多头管理的形势。当前文化产业园区大多由政府主导或者经政府批准后由企业运营,大多数园区尚带有半官方的色彩。其管委会也不可避免地带有行政管理的色彩,而不是一个纯粹为文化产业企业和人才服务的组织,行政化色彩明显,服务不到位。如前所述,文产业园区建设发展过程中,均不同程度存在着政府职能错位、角色不清的问题。政府应主要致力于为文化产业园区各主体营造良好的发展环境,主要包括制定政策法规、打造公平公正的竞争环境、营造合宜的社会文化氛围等。是引导者而非主导者,是协调者、服务者和监管者。

当前理顺园区管理体系,可建立自上而下的文化产业及园区管理机构,按照"省级统筹、市县(区)共建、属地管理"的原则,形成以下自治区、盟市、旗县区、园区四级管理体系:一是进一步强化自治区文化体制改革和发展工作领导小组对全区文化产业及园区的推动作用,特别是加强对全区文化产业园区的统筹管理,主要职责包括负责制定园区发展的指导意见、认定标准及管理办法等政策文件;负责对园区的认定、授牌和年审等各项重大问题的决策;负责每年对各市、旗县区建设管理工作进行督察考核,考核结果纳入对各地文化产业发展考核范畴。二是在盟市、旗县区成立相应的管理机构,分别为本区域内园区管理的第一责任人,根据自治区要求,研究制定相应的认定管理办法,加强对区域内园区的指导,并协同相关部门对园区运行的社会效益和经济效益情况以及经费、政策措施落实情况等进行考核。三是在园区级层面,在园区内成立相应的管委会或者办公室,加强园区自我管理和服务。其主要职责包括建立健全科学规范的运营管理机制;积极探索园区专业化、产业化的发展模式;建立完善公共服务平台体系,提升交流合作、宣传推广、产业融资、产权保护、后勤保障等综合配套服务功能。

在园区运营管理体系中,应坚持企业主体原则,明确产业园管理和运营中文化企业的主体地位。在实践中，文化产业园区的主导产业内容雷同、"候鸟"现象、空壳化现象、运动式发展等诸多乱象问题，较大程度上也是由于未能明确企业是文化产业的真正市场主体所致。各地资源禀赋不同，发展阶段不同，资源积累和生产要素的积聚能力有较大差异，如何有针对性地展开错位竞争和差异化发展取决于实践主体。因此，应明确文化企业的市场主体地位，发挥文化企业在文化产业园建设中的主体地位。

6. 绩效评估体系建设

目前，我国文化产业及园区不仅缺乏客观数据统计、评价标准，甚至对文化产业的特性认知和产业范围还存在争议。因此，目前真正能称得上的园区究竟数目几何？运营效果如何？都无法找到明确的答案。同时现有的统计标准、指标体系也严重滞后于文化产业发展实际，亟须建立一套可操作的便于评估发展绩效的评价体系。

因此，文化产业园区绩效评估体系，要兼顾经济效益和社会效益，从经济效益角度讲，应重点围绕产业增加值、资产负债率、产业净利率、总资产周转率等方面指标展开。从社会效益角度讲，应重点围绕增加值占 GDP 比重、就业人数、员工收入增长率等指标考核。同时，应建立完善园区服务水平动态监测体系、企业经营绩效动态监测体系等。可采取问卷调查、经营数据统计分析等手段，对一定区域、一定时期内园区的公共服务质量与满意度、企业经营情况、行业发展态势等进行科学研判。

第十五章

草原"那达慕"文化与传承研究

　　"那达慕"是蒙古语,汉语是"玩笑、娱乐、游戏"等意思。① 那达慕是蒙古族历史悠久的传统的节日庆祝活动形式,在蒙古族人民的生活中占有重要地位。今天的"那达慕"已经成为草原文化中的一个重要组成部分,承载着保护民族传统文化,弘扬民族精神,促进民族文化、政治、经济交流的重任,功能日趋多元。草原"那达慕"于 2006 年被列入国家非物质文化遗产名录,为这一草原盛会的发展注入新的活力,提供了更大的空间。

---

① 百度百科,http://baike.baidu.com/view/18000.htm.

一、草原"那达慕"的历史演变

草原"那达慕"走到今天，已经几百年了，历史悠久而厚重，是蒙古族祖先留给后人丰厚、宝贵的文化遗产。

（一）草原"那达慕"的起源

那达慕的前身是蒙古族"祭敖包"活动，"祭敖包"是蒙古族向天祈求保佑风调雨顺的祭祀活动。祭祀活动结束后，要举行"好汉三艺"展示，即赛马、射箭、摔跤。"好汉三艺"是蒙古民族在长期的游牧生活中，逐渐形成的具有独特民族色彩的竞技项目和游艺、体育项目。蒙古族作为马背上的民族，骑马是日常生活中的一项重要活动；射箭在中国古代是经济、政治、军事甚至生活中的一项极其重要的活动，蒙古族更是如此，从围猎到战场，射箭成为蒙古族人擅长的一项技能；摔跤由来已久，在原始社会时期，生活在高原的人们需要与野兽格斗，逐步掌握了摔跤的本领。因此，"好汉三艺"逐渐成为草原人民最喜爱的锻炼身体、游艺体育形式，也成为蒙古族军事练习的活动。[①]

关于那达慕的最早记录见于刻在石崖上的《成吉思汗石文》。根据《成吉思汗石文》的记载，那达慕起源于蒙古汗国建立初期，早在公元 1206 年，成吉思汗被推举为蒙古大汗时，他为了检阅自己的部队，维护和分配草场，每年 7～8 月举行"大忽力革台"（大聚会），将各个部落的首领召集在一起，为表示团结友谊和祈庆丰收，都要举行那达慕，起初只举行射箭、赛马或摔跤的某一项比赛。石文还记载，1225 年，成吉思汗在征服了花刺子模人以后，为了庆祝战争的胜利，在布哈苏齐海地区举办了一次规模盛大的"那达慕"大会。[②] 此外，成书于 1240 年的《蒙古秘史》也对蒙古族那达慕射箭比赛盛况进行了生动的描写。到元朝、明朝时，那达慕才将射箭、赛马、摔跤比赛结合在一起，成为固定形式。后来蒙古族人称这三项运动为"那达慕"。

那达慕在其起源之初，举办规模大小不一，小的一个富裕牧户就可以承办，大的要一个部落、一个旗来进行举办，而且在比赛中所得到的赏赐也是不同的。对于小型那达慕的摔跤冠军来说，奖励或许是几块茶砖或者一只羊；大型的那达慕比赛，获胜者或许可以得到银白色骆驼、绸缎、珠宝、银环等贵重奖品。在元朝时，那达慕已经在蒙古草原地区广泛开展起来，并逐渐成为军事体育项目。元朝统治者规定，蒙古族男子必须具备摔跤、骑马、射箭这三项基本技能。到了清

---

① 参见百度百科，http://baike.baidu.com/view/18000.htm.
② 李文芳. 我国蒙古族那达慕的特点及发展演变史［J］. 兰台世界，2013（5）.

代，那达慕逐步变成了由官方定期召集的有组织、有目的的游艺活动，以苏木（相当于乡）、旗、盟为单位，半年、一年或三年举行一次。

（二）草原"那达慕"的发展与演变

1. 草原"那达慕"的演变

内蒙古自治区成立以来，那达慕迎来了新的发展机会，已经逐渐发展成为草原最为盛大的民族盛会。1948 年继呼伦贝尔盟甘珠尔庙举办那达慕以后，哲里木盟、巴彦淖尔盟（现为巴彦淖尔市）、尹克昭盟（现为鄂尔多斯市）、乌兰察布盟（现为乌兰察布市）、锡林郭勒盟、兴安盟等地区先后举办那达慕；1951 年在内蒙古自治区举办了新中国成立后的首届"那达慕"大会，后来又多次举办了"那达慕"盛会。改革开放后，那达慕在国内、国际影响力日渐扩大，现在已经成为一项国际体育盛会。除内蒙古自治区外，在我国青海省、甘肃省、贵州省、河北省等省、自治区都曾举办过各种形式的那达慕。2010 年鄂尔多斯国际"那达慕"大会，有埃及、德国、印度等 9 个国家的体育代表团和 9 个省市自治区代表团参加比赛，体育比赛项目包括赛马、搏克、蒙古象棋、射箭、国际式摔跤等 7 项，同时还举办了全国汽车、摩托车场地越野锦标赛、全国房车锦标赛、超级联盟方程式汽车大奖赛等竞技比赛，在文化艺术方面举办了民族服饰展演、草原那达慕音乐节以及中国少数民族物质文化遗产展，开办国际那达慕乐活营，在成吉思汗陵旅游区、响沙湾旅游区分别开设草原生态乐活营和沙漠生态乐活营。第二届鄂尔多斯国际"那达慕"大会的参赛国家数量达到 14 个，邀请了 45 个国家以及国内 15 个省、自治区的体育代表队参会，"那达慕"大会的国际影响力可见一斑。

今天的"那达慕"与以前相比，内涵更加丰富，不再局限于娱乐、游艺等体育活动上，而是成为集文化、经济、政治等于一体的盛会；那达慕的形式更加多样，在"好汉三艺"项目的基础上，现在又增加了套马、蒙古象棋、赛布鲁、马竞走、马术、马球、拔河、叼羊等运动项目。部分地区还开展草原冬季"那达慕"，在保留传统民间体育竞技项目的同时，增添了雪地布龙、抢枢、马拉雪橇、骆驼拉雪橇等极具地域特色的民俗活动；为弘扬民族文化，在冬季"那达慕"增加了民族歌舞表演、民族服饰展示、雪地游艺等节目。

2. 当代草原"那达慕"的特点

（1）传承与创新相结合。"那达慕"大会是蒙古族传统的民族盛会，在大会形式、组织程序、运动项目等方面极具蒙古族特色，当代"那达慕"既保持鲜明的民族特点，弘扬民族传统文化，又与时俱进，在活动形式、运动项目、大会内容等方面不断创新，形成了为各国、各族人民喜爱参与与观赏的国际盛会。

（2）游艺娱乐与文化交流、繁荣经济相结合。当代草原"那达慕"承载着更多的内容。近年来，各省、自治区举办的"那达慕"大会，充分发挥"那达慕"游艺、娱乐的功能，丰富了地方民众的文化生活，还通过"那达慕"这一平台，促进了不同民族、国家的文化交流，既弘扬了草原文化，让草原文化走向世界，又吸收外部文化的精髓，繁荣、发展了草原文化；同时"文化搭台，经济唱戏"，各省、自治区借举办大会之际，加强与国际、其他地区经济、金融、文化产业、旅游及服务业等方面的交流与合作，加快了发展步伐。

（3）地区性与国际化相结合。草原"那达慕"是在草原游牧民族日常生活中逐渐发展起来的，运动项目、比赛形式受蒙古族人生活空间、地理特点影响很大，现在国内的"那达慕"主要是在蒙古族人聚居地举办，其地域特点非常明显。近年来，随着草原"那达慕"影响力的扩大，很多国家都派出代表队参加比赛，参与节目表演，而且来观看那达慕的国际游客逐年增多。那达慕在继承传统特点的基础上，正在努力寻求突破，已经逐渐走上国际化道路。

（4）个人荣誉感与民族自豪感相结合。草原"那达慕"是蒙古族非常重要的体育盛事，选手不仅想赢得比赛，获取奖品，更关注的是胜利后的那份荣耀，这份荣誉是金钱买不到的。比如"好汉三艺"中的博克比赛即摔跤比赛，大会根据选手获得的不同名次分别授予阿尔斯楞（雄狮）、扎安（大象）、哈尔查盖（雄鹰）、雄呼尔（海青）等称号，蒙古族人把"雄狮"博克手看作民族英雄，是草原上的强者，无数蒙古族人为了成为"雄狮"流血流汗、刻苦训练。今天草原"那达慕"的规模越办越大，参加人员越来越多，参与、观看盛会的民众来自五湖四海、世界各地，通过盛会加强了各地蒙古族人民以及各族人民相互之间的交流，增强了民族凝聚力。现在的"那达慕"大会宣传渠道日趋多样化，传播的地域也越来越广，民族影响力、大会影响力日益增加，这些变化提升了蒙古族人的民族自豪感和国家自豪感。

二、蒙古国"那达慕"的发展

蒙古国"那达慕"的历史是在蒙古国独立之后开始的。1921年，蒙古国独立，执政党人民革命党将每年的7月11日定为蒙古国国庆日。1922年，在宝音图乌哈嘎恢复了中断多年的国家那达慕，历史上称为"军人那达慕"，从那以后每年7月11~13日在首都乌兰巴托都要举行大型那达慕大会庆祝，在庆祝大会上，竞赛项目主要是"好汉三艺"。2003年，蒙古国国会确立了民族那达慕大会相关法律：民族那达慕大会由国家、盟、首府、苏木的那达慕组成，并具有相同的纪念意义，因此把这几个规模的那达慕统一称作"民族大那达慕"，在各个地区同时举行,那达慕期间全国各地一起狂欢两天两夜。[①]

在国家"那达慕"大会开幕式上,蒙古国骑兵仪仗队将象征着战无不胜之神的"九尾白纛旗"从国家宫护送到那达慕会场后,蒙古国总统现场致开幕词,"那达慕"大会正式开始。近年来,"那达慕"大会开幕式还增加了表演节目,有传统民族舞蹈、古代和现代民族服装展示、现代柔术、马术表演等节目。

蒙古国"那达慕"大会中"好汉三艺"项目,以摔跤最为重要。摔跤选手要经过两天9轮比赛,决出冠军。9轮中赢得5场比赛的摔跤手被称为"鹰",赢得7场的被称为"象",9场全胜的选手被称为"狮",而"巨人"头衔只颁发给那些至少赢得两届那达慕冠军的选手。获得9轮全胜的选手,将由总统亲自签署命令,授予"国狮"称号,并颁发证书和奖章。每年获得"国狮"称号的选手都被视为蒙古国的民族英雄。蒙古国人经常自豪地说,正是蒙古国的摔跤运动间接培养出了一批在日本长期称雄的蒙古族相扑选手,如横冈力士朝青龙,还有白鹏、旭天鹏、朝赤龙等。

蒙古国"那达慕"虽然在规则、服饰等方面与我国的"那达慕"略有不同,但在"那达慕"的文化意义方面基本一致,同样体现了草原人民缅怀祖先、欢庆丰收、民族团结等内涵,体现民族特色,弘扬民族文化。蒙古国是以蒙古族为主要成分的国家,她把"那达慕"当作国家节庆的主要仪式,国家、社会和民众都十分重视那达慕。国家和社会非常重视培育那达慕项目的体育人才,对项目投入力度也很大,那达慕教练员和运动员的社会地位较高,收入也很可观。蒙古国那达慕大会的程序、内容具有鲜明的蒙古族特色,不掺杂非蒙古族文化。蒙古国总体上达到了全民热爱、全民参与那达慕的状况。

三、草原"那达慕"的文化象征意义

草原"那达慕"发展到今天,其文化意义、历史意义早已超越"游艺、娱乐"和竞赛,可以说那达慕已经成为草原人民精神、信仰体系中的重要组成部分。

1. 草原"那达慕"是民族精神的象征

在草原"那达慕"大会上,必定有一个非常重要的象征符号——"苏勒德"的出现。"苏勒德"是一只大纛旗,最早是成吉思汗乞颜部落的旗帜,在成吉思汗统一蒙古各部落时已成为象征着长生天赐予成吉思汗的佑助事业成功的神物,是战无不胜的战旗,统一后又成为象征蒙古帝国的旗帜和蒙古民族的守护神。

---

① 苏叶等. 蒙古国那达慕的起源于发展 [J]. 体育文化导刊, 2012 (6).

"苏勒德"一般分黑白两色，黑色的叫作"哈日苏勒德"，白色的叫作"查干苏勒德"，黑色象征着战争与力量，白色象征着和平和权威。"九足白旄大纛旗"就是现今奉祀的蒙古神旗，是"查干苏勒德"的原型。"查干苏勒德"通常由主苏勒德和八柄辅苏勒德组成。主苏勒德的顶端由一尺长三叉神矛和白色公马鬃制成的缨子组成。① "查干苏勒德"出现在开幕式上，由九名蒙古骑手骑着九匹骏马，手持九柄查干苏勒德威武入场，或将九柄查干苏勒德立于会场最醒目的位置。

今天"苏勒德"已成为蒙古族民族精神的象征符号。在战争年代，它象征蒙古族人战无不胜的必胜信念，和平年代象征着蒙古族人自强不息、勤劳勇敢，更象征着蒙古族人民热爱和平，憧憬幸福、安详的生活。"苏勒德"作为一种象征符号，经过世代相传，已经深深烙入所有蒙古族人的血液和精神体系中，成为世界各地蒙古族人形成民族认同、民族团结、民族发展共识的精神象征，这种文化意义上的象征，使得草原上人民面对困难勇往直前，面对灾难永不低头，面对邪恶敢于争斗，面对敌人毫不留情。这种精神世代传承，成为蒙古族信仰体系中最为神圣的部分。

2. 草原"那达慕"是民族性格的象征

元朝以来"好汉三艺"是蒙古族男人从小必须要学会、掌握的基本技能。射箭、赛马和博克比赛，不仅比拼选手技艺水平的高低，更是选手勇气、毅力、智慧、耐心的比拼。因为在与敌人战斗时，在与大自然恶劣环境斗争时，不仅需要速度、准确度和力量，更需要勇气、毅力、智慧和耐心，这也逐渐形成了今天蒙古族人的性格特点。"好汉三艺"比赛中的获胜者，被蒙古族人认为是"真正的蒙古人"，参赛的选手都是蒙古勇士②，是草原上的强者，这也培育了蒙古族崇拜英雄的心理特点。蒙古族人创造了草原"那达慕"，草原"那达慕"也塑造、培育了蒙古族坚韧不拔的意志，勇敢、不畏艰险的性格特征，坚强不屈、永不服输的精神气质。这样的性格特点和精神气质成为蒙古族顽强生存、勇往直前、永远不灭的动力源泉。

3. 草原"那达慕"是民族繁荣的象征

改革开放以来，随着我国经济的不断发展，草原人民的生活水平和收入水平得到大幅提高和改善，草原"那达慕"已经成为草原人民最主要、最重要的节日之一。每到那达慕的时候，草原人民身着节日盛装，携亲带友从四面八方拥来，碧绿的草原上满是洁白的蒙古包和哈达等，整个草原沸腾起来，到处是欢歌笑语、美酒佳肴，大家尽情享受着那达慕，享受着聚在一起的融洽与快乐。那达

①② 白红梅. 蒙古文化的一种浓缩形式及其象征意蕴 [J]，云南民族大学学报（哲社版），2012（4）.

慕大会的规模越办越大，参加的人数越来越多，那达慕会场布置得也越来越繁华，所有的景象无不显示出草原的富强、人民的幸福和快乐，无不象征着草原的生机、滋润和繁荣。

4. 草原"那达慕"是民族和谐发展的象征

草原那达慕充满着"敬天敬地、关爱生命、和谐共生"的思想，体现着草原人民和谐团聚、热爱生命的精神追求。那达慕期间草原人民把这种精神追求通过很多象征的形式显示出来。那达慕大会，通常都选择在草原最美的季节（一般选在每年的七八月）举行，这时的草原气候适宜、阳光明媚、水美草盛、牛羊肥壮。远远向会场望去，映入眼帘的是湛蓝的天空、明媚的阳光、碧绿的草原、珍珠般的蒙古包以及洁白的哈达、圣洁的乳汁、洁白的羊群、鲜艳的服饰、飞奔的骏马、矫健的摔跤手、悠扬的赞歌、醇香的奶酒、琳琅的物资和爽朗的欢笑声，一个个鲜明的草原文化元素汇集成了一个美丽富饶的生活图景，演绎着生命的价值和生活的乐趣。因此，无论从时空图景、色彩表现还是动态内容上都呈现了天地间那种和谐自由、繁荣而生动的草原文化景象。

四、草原"那达慕"的传承与创新

传统是创新的基础，脱离了传统，创新就会成为无本之木、无源之水；只强调传统而忽视创新，那么传统就会失去前进的动力，就没有生命力，就会逐渐衰退甚至走向消亡。草原"那达慕"有近一千年历史，期间虽然也曾中断过，但她顽强地存在下来。今天社会、科技、文化的发展变化日新月异，草原"那达慕"需要吸收新的观念、新的思想、新的技术、新的文化，需要在继承传统的基础上创新，才能继续发展、不断光大，合理化的创新会给草原"那达慕"带来新的活力和生命力。当前发展、推广草原"那达慕"文化，既有其内生的发展动力，又是外部环境发展的要求，是发展创新草原"那达慕"的最佳时期。

（一）草原"那达慕"将承载更多的功能

草原"那达慕"在继承传统的基础上将不断变化和创新。"那达慕"在指导思想上会承载更多的功能，传统的游艺、娱乐、竞赛将成为基础功能，而对文化产业的拉动，提升经济水平，加强金融合作，促进不同国家、不同地区、不同民族之间的文化、经济交流，增进不同国家政治互信、政治合作等将成为主要功能。习近平总书记提出的"一带一路"战略思想，是党和国家主动应对全球形势深刻变化、统筹国内国际两个大局作出的重大战略决策。在"一带一路"所涉及的国家和地区中，有几十个国家、地区及省市曾举办或参加、参与过"那达慕"大会。在这些国家、地区及省市中，因为有共同的文化背景基础，易于交流与沟通。作为"那达慕"大会最主要的举办地——内蒙古自治区，应抓住国家大力建设、发展"一带一路"的有利契机，转变观念，充分挖掘那达慕的核心价值，发挥、利用那达慕品牌的文化、经济等作用，促进多边合作，互通有无，繁荣内蒙古自治区地区经济，弘扬草原文化，提升内蒙古自治区在"一带一路"中的战略地位和实力水平。

（二）弘扬草原文化与促进文化交流将成为最主要的作用

草原"那达慕"在国际社会和国内的影响力逐渐增加，第二届鄂尔多斯国际那达慕大会参赛国家15个，参会的国家数量达到45个，参与的国内、国际媒体有几十家，这样的盛会为弘扬草原文化，促进草原文化与其他文化的交流搭建了一个极好的平台，这个平台为世界了解草原文化，了解中华文化，了解内蒙古自治区甚至了解中国开辟了窗口。

请进来还要走出去。随着国际社会对草原"那达慕"的了解，"那达慕"也迎来了最好的走出去推广草原文化的机会。各级政府、社会力量已经开始适当推介和推广蒙古族"那达慕"体育文化，逐渐增加其国际参与的机会，提升其国际参与的能力，实现草原"那达慕"的国际化传播发展。有关社会力量和媒体开始关注、创造国内外民族传统体育文化互访、交流的发展机会，大批知名国际体育专家和人士开始进行跨文化的民族传统体育与文化融合的尝试和探索，很多专业人才（包括管理人才、技术人才、营销人才）开始进入这个领域，使草原"那达慕"开始逐步走出国门。未来这样的机会更多，草原"那达慕"实现国际化发展将指日可待，草原"那达慕"将迎来更加广阔的发展空间和活力。

（三）草原"那达慕"品牌将推动草原文化产业进入快速发展的通道

近年来，内蒙古自治区文化产业发展速度日益加快，根据《2014 中国文化统计手册》显示，从 2003 年至今，经过 10 余年的努力，内蒙古自治区文化产业的发展呈现出规模由小到大、吸纳就业能力逐步增强、对经济增长的贡献率不断上升的总体态势。这一态势，也使内蒙古自治区文化软实力不断得到提升。2015年内蒙古自治区文化产业增加值占全区生产总值（GDP）的4%以上，与2003年相比，虽然获得了大幅度增长，但文化产业还不是内蒙古自治区的支柱产业，这与文化资源大省以及近年来内蒙古自治区的经济发展速度和在国内经济排名顺序是严重不符的，其中缺少文化产业龙头企业与品牌产业是主要原因之一。

草原"那达慕"的品牌形象已经树立，已经被国内民众所知，很多游客来内蒙古自治区旅游的一个重要项目，就是想看看"那达慕"。2012 年，在第二届鄂尔多斯国际那达慕大会期间，承办地伊金霍洛旗各旅游景区共接待游客突破34.3万人次，实现旅游收入19400万元，成吉思汗陵管委会工作人员也表示，大会期间，景区游客异常火爆，游客明显多于往年，尤其国外游客较往年大幅增多，截至2012年8月30日，共接待海外游客0.4452万人次，比2011年同期增长160%。[①]成吉思汗陵旅游区、响沙湾旅游区、格贝沙漠生态旅游区等景区里游人如织，招商引资项目推介会为当地带来870余亿元的协议投资额，涉及煤化工、汽车制造、农业科技等多个产业。

草原"那达慕"作为内蒙古自治区著名的文化产业品牌，不仅能够吸引游客到来，更需要文化产业中的众多企业、专业人员深入研究、挖掘品牌价值，延伸产业链、产品链，设计、开发被国际国内消费者认可、接受、喜爱的数字、动漫、影视、图书等产品，推动草原文化产业步入发展的"快车道"。

（四）草原"那达慕"大会向内容多元化、形式多样化发展

近年来，各省市、地区的"那达慕"大会在尊重传统的基础上不断创新，呈现内容多元化、形式多样化的特点。这些变化既是由于"那达慕"充分吸收了科技、社会、文化等进步的成果，又结合了草原人民工作、生活、学习、休闲娱乐等内容和环境变化的结果。内容和形式上的变化，提升了"那达慕"的影响力，吸引更多的选手参加、参与，也为广泛的民众所喜爱。第二届鄂尔多斯国际"那达慕"大会，总体活动共分为五大板块，即体育竞赛活动、文化艺术活动、展览展示活动、群体活动、经贸文化交流活动。大会共设立16个大项、100多个小项，还设计了户外越野挑战赛、国际马拉松赛、超级跑车赛、世界小姐总决赛等项目，约有2000余名运动员参加了比赛，创造了历届那达慕大会参与国家和地区最多的纪录。[②]

此外，很多地方还举办"冰雪那达慕"，因为内蒙古自治区地区旅游业属于季节性旅游，冬季很少有游客，这与内蒙古自治区丰富的冬季旅游资源不匹配；另外蒙古族自治区有很多传统的冬季竞赛、游艺项目，具有开展冬季"那达慕"的基础条件。各地的"冰雪那达慕"以民族特色活动为核心，将民族文化与冬季冰雪环境相融，充分展示出草原人民悠久绚丽的民族文化和大自然完美结合的独特风光。不仅丰富了草原"那达慕"，也为"那达慕"增添了新的活力和生命力。如从2000年开始，呼伦贝尔在每年冬季都举办内蒙古自治区冬季那达慕活动。那达慕开幕式形式主要由祭祀仪式、游牧生活情景再现、歌舞演出和冬季游戏娱乐节目等组成。在体育竞技方面，冬季那达慕有雪地博克、蒙古式摔跤、套

①　正北方网，http：//www.northnews.cn/2012/0910/914450.shtml.
②　正北方网，http：//www.northnews.cn/2012/0404/739915.shtml.

马驯马、抢枢、射箭、骆驼拉爬犁比赛、速度赛马、雪地颠马、雪地足球、生态围猎等民族特色的竞技比赛；同时，游客也可以参与滑雪、骑马、骑骆驼、雪地摩托、雪地拔河等活动。

（五）草原"那达慕"的文化传承将迎来数字化时代

大数据时代已经到来，草原"那达慕"也应该充分收集、分享、应用大数据为终端消费者提供更加完善、有效的服务。国内很多知名企业已经在内蒙古自治区建立了云计算中心，相关部门可以与之合作，收集、分析、利用游客数据，如游客的来源、喜欢的景点、消费水平、需要的服务、旅游的满意度等。有了相关数据的分析结果，可以准确预知客流趋向，进而采取相应的措施疏导客流；可以知道游客喜欢什么样的产品，进而开发建设适销对路的产品；可以明确游客需要什么样的服务，进而改进旅游服务水平，甚至为文化产业搭建信息流、资金流的平台，为相关企业排忧解难，促进发展等。当然大数据是一项复杂的工程，需要建立信息中心，需要配备专业人员、投入大量资金等，困难重重，但这又必须面对，草原"那达慕"必须走数据化的发展道路！

当前草原"那达慕"迎来前所未有的发展契机。各级政府、社会机构应该注重"那达慕"文化的保护、传承、创新，在经济效益、社会效益和文化保护中寻求平衡，而不是竭泽而渔，不能只看其带来的经济效益、收入水平，忽视了对历史文化遗产的保护，只有这样人类才能从草原"那达慕"的宝贵财产中受益，"那达慕"才能真正向前发展。

第十六章

内蒙古自治区文化产业管理体制改革的研究与实践

文化产业的发展离不开文化体制和文化产业管理体制的发展。伴随着我国和内蒙古自治区经济发展速度的加快，人民生活水平的提高，人民对文化产品的需求和消费也日益增加，文化产业已经逐渐成为我国和各省市新的经济增长点。在东部发达地区，文化产业已经发展成为支柱产业。内蒙古自治区文化产业发展起步较晚，近年来虽然发展呈快速发展态势，但由于文化产业管理体制改革尚未到位，因此，文化产业的发展与东部发达地区相比差距较大，还不能满足人民群众对文化产品日益增长的需求。

一、我国文化产业管理体制发展的历史与现状

文化产业管理体制是指政府管理文化产业的职能和组织体系、政府管理文化产业的方式、政府与文化单位之间的关系，合理规范文化单位之间与社会其他经济组织、团体之间关系所确定的制度、准则和机制等。[①] 文化产业管理体制是政府管理文化产业的管理制度和措施的总和，包括相关机构设置、相互关系、责权利的划分和分配等。它受国家管理体制、社会制度、经济体制等因素的影响和制约。我国的文化管理体制是建立在计划经济基础上，随着我国市场经济的深入发展，原来的文化管理体制已经越来越不适应现行经济和社会形势，因此文化管理体制的改革势在必行。根据我国文化体制改革和文化产业管理体制改革的进展情况，可以划分为三个阶段。

1. 文化管理体制改革探索期（1978～1992年）

"文化大革命"结束以后，国家建设的重点日渐转移到以经济建设为中心上来，计划经济体制开始向市场经济体制过渡，文化管理体制也逐步走上正轨。1979年10月，在全国文学艺术工作者第四次代表大会上，邓小平同志关于文艺与政治、文艺与人民关系做了深刻论述，为全国各省市深化文化市场管理体制改革奠定了基础。继邓小平同志南方谈话之后，中央相继出台了《关于艺术表演团体的改革意见》、《关于进一步繁荣文艺的若干意见》、《关于当前图书发行体制改革的若干意见》、《关于图书发行体制改革工作的通知》等政策性文件。为贯彻落实文件精神，文化管理体制改革实践进入试验阶段。1979年文化部对我国艺术院团结构开始调整，1983年又开始实行"演出承包经营责任制"。1987年后，文化部、公安部、国家工商行政管理局等单位相继发布了《关于改进舞会管理的通知》、《关于加强文化市场管理工作的通知》，正式提出"文化市场"，明确了文化市场的管理权限、任务、原则和方针，并于1989年在文化部设立了文化市场管理局。

2. 文化管理体制改革快速发展期（1993～2005年）

在此期间，我国文化管理体制改革的步伐逐渐加快，文化产业开始起步。1996年出台了《中共中央关于加强社会主义精神文明建设若干重要问题的决议》（以下简称《决议》），《决议》指出"改革文化体制是文化事业繁荣和发展的根本出路"。2000年出台了《中共中央关于制定国民经济和社会发展第十个五年计划的建议》，中央在此第一次正式提出了"文化产业"概念，要求"完善文化产

---

① 蒯大申，饶先来. 新中国文化管理体制研究［M］. 上海：上海人民出版社，2010.

业政策，加强文化市场建设和管理，推动有关文化产业发展"。2002年11月，在党的十六大《全面建设小康社会，开创中国特色社会主义事业新局面》报告中要求继续深化文化体制改革，明确提出要理顺政府和文化企事业单位的关系，加强文化法制建设；要加强对文化产业的宏观管理，深化文化企事业单位内部改革，健全文化市场体系，完善文化市场管理机制。第一次将文化分成文化事业和文化产业两大类，要求积极发展文化事业和文化产业，完善文化产业政策，支持文化产业发展，增强我国文化产业的整体实力和竞争力。① 2003年文化部印发《关于支持和促进文化产业发展的若干意见》，意见从指导思想、基本思路、战略目标、主要任务、重要举措、保障措施等层面，对文化产业的发展做出整体部署。2003年，中央成立了全国文化体制领导小组，在全国选取了9个地方政府、20个新闻出版单位、6个公益性文化事业单位和9个文化企业单位进行了单项或综合性的文化体制改革试点。

根据党和国家的要求，这一阶段文化管理体制改革实践概括起来主要体现在三个方面：一是积极推动文化事业单位改革，发展我国的文化事业；二是转变政府对文化管理的职能，加快文化立法，逐步完善社会主义文化市场环境；三是积极推进文化产业发展，完善文化产业政策，鼓励和引导非公有资本进入文化产业，培育文化市场，提升文化产业发展水平，推进文化产业结构调整。得益于国家重视和政策支持，我国文化产业快速发展起来，部分地区运用现代科技改造传统产业，积极发展数字电视、数字电影、网络出版、网络游戏和动漫等高新文化产业，发展连锁经营、物流配送、电子商务等现代流通组织形式与经营业态。

3. 文化产业管理体制改革深化期（2006年至今）

2006年1月，中共中央、国务院印发了《关于深化文化体制改革的若干意见》，确立了文化体制改革的原则要求和目标任务。2006年3月底的全国文化体制改革工作会议，对文化体制改革面临的形势和任务进行了科学分析，并阐述了文化体制改革的重大意义，同时对下一阶段的文化体制改革进行了具体部署。2007年在党的十七大《高举中国特色社会主义伟大旗帜，为夺取全面建设小康社会新胜利而奋斗》报告中，要求要继续深化文化体制改革，完善扶持公益性文化事业、发展文化产业、鼓励文化创新的政策；要大力发展文化产业，实施重大文化产业项目带动战略，加快文化产业基地和区域性特色文化产业群建设，培育文化产业骨干企业和战略投资者，繁荣文化市场，增强国际竞争力。② 2009年，中宣部、文化部发出《关于深化国有文艺演出院团体制改革的若干意见》（以下

---

① 人民网.全面建设小康社会，开创中国特色社会主义事业新局面，http：//www.people.com.cn.
② 人民网.高举中国特色社会主义伟大旗帜，为夺取全面建设小康社会新胜利而奋斗，http://theory.people.com.cn.

简称《意见》），对国有文艺院团体制改革作出系统部署。《意见》提出改革的具体时间表，要求 2010 年前后，将国有院团转企改制工作全面推开。2011 年 5 月，中共中央办公厅、国务院办印发《关于深化非时政类报刊出版单位体制改革的意见》，截至 2011 年底，全国已有 1600 余家非时政类报刊出版单位完成转制。

2012 年 11 月，胡锦涛同志作了《坚定不移沿着中国特色社会主义道路前进为全面建成小康社会而奋斗》的报告，对文化强国的战略目标作了阐述，其中对于文化产业部分的论述具有极强的启示性意义。报告还提出，要推动文化产业快速发展，到 2020 年全面建成小康社会，文化产业成为国民经济支柱性产业。这描绘了文化产业新的发展蓝图。

这一阶段，我国的文化事业单位改革已经深入开展，文艺演出院团、非时政类报刊出版单位转企改制工作基本结束。基本建立了文化产业发展机制，完善了文化产业发展政策，增大了对文化产业的投入力度，明确提出了文化产业成为我国支柱性产业的发展目标。中国人民银行统计数据显示，截至 2013 年 12 月，我国有 185 家文化企业注册发行的债券余额已达 2878.5 亿元，77 家文化企业在沪深两地资本市场上市。国家统计局数据显示，2013 年文化产业增加值是 2.1 万亿元，文化产业增加值占 GDP 比重为 3.77%，至 2004 年以来，我国文化产业增加值年均增速都在 15% 以上。

二、内蒙古自治区文化产业管理体制改革历程

内蒙古自治区文化产业管理体制改革是伴随着国家文化体制和文化产业管理体制改革进行的。但是与全国相比，由于民族地区的特殊性，文化体制改革起步较晚，动作较慢。

按照中央关于深化文化体制改革的战略部署，内蒙古自治区从 2004 年起开始着手改革文化管理体制。2005 年启动新华书店股份制改革，以及内蒙古自治区文艺演出院团等文化事业单位内部机制改革。2008 年 12 月，内蒙古自治区日报传媒集团正式挂牌成立。2009 年内蒙古自治区人民政府出台了《关于文化体制改革中经营性文化事业单位转制为企业的若干政策意见》、《关于加快文化产业发展的若干政策意见》和《关于促进民营文化企业发展的意见》三个纲领性文件，文件对经营性文化事业单位改制给予财税、社会保障、市场准入、土地、建设等方面的优惠政策，推动文化事业单位转企改制。截止到 2009 年 6 月，全区直属 59 家文化事业单位有 43 家不同程度地进行了内部机制改革。

2009 年 6 月，内蒙古自治区召开了第一次内蒙古自治区文化体制改革和产业发展工作会议。为推动内蒙古自治区文化产业发展，会议提出了内蒙古自治区文

化产业"强主体、调结构、抓项目、兴人才"的战略部署。会议提出要推动文化企业做大做强，走"大集团带大产业，大产业促大发展"的路子，建设文化产业集群和文化产业区块；提出以公有制为主体，多种所有制经济共同发展、社会多方力量兴办文化，通过项目推动文化产业发展。提出文化产业多元化发展，打造文化产业链，推动文化产业品牌发展，提升核心竞争力。提出建设文化产业人才支撑体系和人才激励机制，培养选拔与开放引进并举，创造良好育人、用人环境。① 2014 年 5 月，在第二次内蒙古自治区文化体制改革和产业发展工作会议上，对下一步全区文化体制改革和产业发展工作进行部署，提出了明确要求。会议提出要理顺文化管理体制、完善国有文化资产管理体制，继续推动国有经营性文化单位转企改制、文化事业单位内部机制改革，建立健全现代文化市场体系，加强民族民间文化保护及加快推动文化交流。②

三、内蒙古自治区文化产业管理体制改革中存在的问题及原因分析

自 2004 年文化管理体制尝试改革开始，内蒙古自治区出台了一系列政策文件，取得了很多成果。但由于内蒙古自治区属于欠发达地区，经济落后，观念陈旧，现行的文化管理体制计划经济色彩浓厚，内蒙古自治区文化产业管理体制仍存在一定的问题，主要表现如下：

（一）内蒙古自治区文化产业管理体制改革中存在的问题

1. 文化产业领导机制不健全

当前内蒙古自治区文化产业的领导能力、协调能力、执行能力已经不适合文化产业发展环境快速多变的形势，因此必须解决文化产业发展由谁来领导的问题。目前，内蒙古自治区文化产业由内蒙古自治区党委宣传部领导，各盟市、旗县文化产业领导权归属不统一，主要由盟市党委宣传部或文化局领导，而文化产业各个门类分别属于文化新闻出版部门、广电部门、旅游部门、教体部门等多方管理。这样的领导体系容易导致以下问题：一是党委宣传部属于党的组织，而很多文化产业管理部门属于行政部门，不是直接领导关系，在实践中出现领导、执行"两层皮"；二是文化局与文化产业其他门类主管部门在行政级别上同级，没有隶属关系，在工作中存在无法领导的问题；三是文化产业各门类归口不一，造

① 储波. 在内蒙古自治区文化体制改革和文化产业发展工作会议开幕式讲话稿. 新华网，http：//www. nmg. xinhuanet. com.
② 乌兰. 全区文化体制改革和产业发展工作会议讲话稿、内蒙古自治区新闻网，http：//inews. nmgnews. com. cn.

成政出多门、多头领导，执行中导致管理缺位与越位；四是对于一些新兴文化领域，由于还没有出台新的管理办法，各部门分工不明确，造成多家共管或都不管。

2. 文化产业市场机制未完全确立

政府有关部门职能、角色不明确，在实践中存在管办不分、管理越权等现象，政府既是文化产业的裁判员、管理者和投资人，又扮演着经营者、大管家、运动员的角色，还保留着计划经济体制的色彩。部分文化事业单位虽然转企改制，但是属于政策转制，没有完全的市场化，当政策红利用尽后，对政府的依赖性较强，"等、靠、要"思想严重。

3. 文化产业政策法规体系不完善

自2004年以来，根据国家文化管理体制和文化产业管理体制改革的整体部署，内蒙古自治区政府及相关部门出台了很多文件、政策，对文化管理体制和文化产业管理体制的改革、发展起到了较大的推动作用，但是政策法规体系仍然存在着以下问题：一是政策法规体系不健全、不完善，缺乏立足全区、切实可行、统一全区各盟市文化产业发展思想的战略规划，没有结合各盟市经济、文化、生产等特点部署文化产业的产品链，文化产业发展形不成合力，各盟市各自为政，文化企业总体表现为"小、乱、散"。文化市场管理的法规不健全，缺乏统一有序的法规体系、完善的文化产业发展政策，政府的管理手段不健全。二是政策法规的执行、贯彻不到位。有关部门领导、管理人员对文化产业发展的重要性认识不够，对地方文化、文化产业的内涵理解的不深，定位不准，发展文化产业态度不积极、不努力，贯彻落实政策不到位。文化产业管理人员素质参差不齐，部分人员不懂文化产业的发展规律，工作中存在政策法规不执行、乱执行的现象。三是现有法律法规处罚力度不够，对非法经营行为（如侵犯知识产权、恶意竞争、假冒伪劣文化产品的生产销售等）的威慑力不够，做不到及时、有效地打击，影响文化产业健康有序的发展。

4. 文化产业运行机制改革不到位

总的来看，内蒙古自治区地区文化事业单位改制工作取得了较大的成就，但不能否认的是在对文化产业与文化事业认识不清，文化事业单位负责人中还存在政策依赖性较强，"等靠要"思想严重的现象，文化事业单位改革和国有文化企业现代企业制度的建立还需要进一步深化，受此影响，文化产业相关行业的管理体制、经营机制、运作机制等没有较大的改观，文化产业发展与文化产业管理体制的矛盾仍然存在，文化产业发展规模小、效益低，民营文化企业、中小型文化企业得不到更多的资源配置，文化产业龙头企业、品牌产业较少，在与其他省、市文化产业竞争中处于弱势，严重影响了内蒙古自治区文化产业在国内、国外文化市场上的竞争力。

5. 文化产业专业人才匮乏

在内蒙古自治区文化产业迅速发展的过程当中，文化产业专业人才在数量不足、质量较低和组织结构上存在的问题，制约着文化产业的发展。文化产业不同于其他的产业，它更加注重于人力资源开发与专业人才的培养，文化产业专业人才的培养是发展文化产业的重中之重。文化产业专业人才是文化产业竞争力中最具有价值、最活跃、最重要的组成部分。内蒙古自治区文化产业专业人才匮乏，主要表现如下：一是文化产业专业人才数量较少且专业性不足。当前内蒙古自治区地区既缺乏具有文化鉴赏能力、创新开发能力、实际应用能力的专门人才，又缺乏文化产品市场营销、经营管理的复合型专业人才。二是人才培养机构数量上不足，缺乏地区特色。内蒙古自治区文化产业人才培养机构主要由高校和社会培训机构构成。现有的社会培训机构主要针对管理人员培训，主要培养在管理、营销等方面都精通的人才，但是它对于文化产业的针对性不强，缺乏针对文化产业可持续发展、文化产业技术提高、文化产业创新的培训。由于人才数量、质量上存在的问题，内蒙古自治区地区具有文化产业背景且具有专业文化相关知识的团队数量较少，规模不大。三是文化产业专业人才培养方法不当。内蒙古自治区文化产业发展尚处于初级阶段，人才培养的方法比较单一。内蒙古自治区文化企业多是中小型企业，为了降低企业成本，在员工培训上的投入很少，专业人才的培养就基本局限于大学或高职高专，学校的教学方法仍然是传统的课堂教学法。这种教育方法以传授理论知识为主，难以培养学生独立思考能力、创新能力。而且学校所开设的常规性课程并不能够满足内蒙古自治区文化产业发展需求。

（二）内蒙古自治区文化产业管理体制存在问题的原因剖析及思考

1. 观念落后，思想意识不到位

各级政府在文化产业发展中观念落后，思想意识不到位，主要表现如下：一是对文化产业发展战略规划的重要作用认识不到位。内蒙古自治区地区部分政府和有关部门在制定文化产业发展规划时，没有联系传统文化、地域特点、在自治区文化产业链中的位置、地方消费能力及取向等因素，制定的发展规划如空中楼阁，与实际脱节，指导性、计划性、可操作性不强。二是唯"GDP"论的观念影响较深。各级政府还存在由于文化产业在地方 GDP 中占比较小，因此得不到重视，他们没有认识到文化产业是地方经济发展中新的经济增长点，不了解文化产业在全球、全国的发展现状和未来发展态势，不清楚文化产业对国民经济、社会进步所起到的重要作用。因此，尽管近年来内蒙古自治区和各盟市组织了大量的文化活动，但由于思想观念仍停顿在"文化搭台、经济唱戏"上，这些文化活

动对文化产业的推动、对草原文化品牌的树立和推广作用却有限，甚至有些文化活动破坏传统文化、浪费文化资源，文化产业的可持续发展受到一定程度的影响和制约。三是由于当前传统文化产业在文化产业增加值中占比较大，因此各级政府对传统文化产业高度重视，却忽视新型文化产业的发展，造成文化产业整体发展水平低、附加值小，未来发展空间有限。四是文化产业决策中存在"拍脑门"思想，决策没有经过科学论证。很多盟市在推进文化产业发展过程中，存在什么热发展什么的现象，文化产业园区、动漫基地等项目一哄而上，不考虑技术、市场、管理等方面的因素，结果将文化产业基地变成文化地产。五是传统文化与文化产业未能有效结合。没有理解地方传统文化的深刻内涵，文化产业各领域都是独立发展，没有系统思考，没有文化产业各领域的融合和协同发展。没有将地方文化提炼出来，对文化资源的挖掘不到位，文化产业的发展与独特的地域文化脱节，文化产业的发展没有底蕴，没有可以借助的平台和根基。

内蒙古自治区各级政府应该解放思想，转变观念，在思想上充分重视文化产业的发展，在行动上认真贯彻落实国家和自治区政府有关文化产业发展政策。领导和工作人员都应建立文化产业是未来经济建设中支柱性产业的意识，其发展与否关系到民族的未来和希望。

2. 文化产业管理体制改革中存在部门利益保护主义

由于存在多头管理，对文化产业的管理中存在越位、缺位、失位现象。究其原因是由于在文化产业管理体制改革中存在部门利益保护主义。权力代表着对资源的控制与分配。有些部门利益观念严重，没有从全局着眼，只看到本部门利益，在部门利益驱动下，到处插手或能拖就拖、能跑就跑。

针对这一问题，应在内蒙古自治区层面和各盟市层面建立内蒙古自治区文化产业领导体系，该体系应遵循统一领导、统一指挥的原则，建议成立"内蒙古自治区文化产业建设委员会"，由内蒙古自治区党委、政府的主要领导担任主席，为第一责任人，各有关部门、各盟市"一把手"为委员，该委员会直接对内蒙古自治区党委、自治区政府负责，委员会下设独立的办公室，为文化产业发展常设机构，全面负责推动全区文化产业发展，制定自治区文化产业发展规划，部署各盟市文化产业发展的具体内容，配置资源，协调有关部门关系；同时建立委员会会议制度，定期开会，解决发展过程中存在的问题和困难。各盟市参照自治区"文化产业建设委员会"成立的形式、职责、权力，建立基层文化产业领导机制，推动盟市文化产业管理体制改革的进行和文化产业的发展。

应完善和健全文化产业发展政策体系，这是推进内蒙古自治区文化产业发展的"催化剂"。内蒙古自治区各级政府应在国家有关文化产业发展政策的指导下，立足内蒙古自治区实际，充分挖掘文化资源大省的资源优势，进一步完善支持文化产业发展的财政、税收、市场准入、技术创新、土地等方面的政策，为产业发展营造良好的政策环境。

3. 人才引进与培养机制不健全

内蒙古自治区地区还没有建立起有效的文化产业专业人才培育引进机制，没有执行起文化管理部门能上能下、能出能进的人才使用机制，未建立健全科研院所发挥智库作用机制。

内蒙古自治区地区受地理位置、经济发展、人才激励机制等方面的影响，引进外部高端人才相对困难，同时由于自身人才培养机制、文化产业层次等方面的影响，内部人才培育成效甚微。没有高端文化产业专业人才，文化产业发展的深度和广度都受到制约，具体表现如下：一是缺乏既通晓文化产业内容，又具有自主创作能力的高层次复合型本土人才，既懂产品研发又懂艺术创作的实用专业人才；二是缺乏文化经营人才，现有的文化经营管理人员，大多缺乏现代企业管理经验，知识更新慢，管理保守，信息获取渠道单一；三是新兴文化产业人才匮乏。随着现代传媒、动漫游戏、数字视听、网络文化、会展博览等新兴文化产业的逐步兴起和扩张，对技术、管理、营销等人才的需求更大。由于此类人才匮乏，内蒙古自治区新兴文化产业发展缓慢。

内蒙古自治区应建立健全多元化人才培育机制，外部引进、高校培养、自身培育多管并行。政府应该为培养、吸引、引进专业人才搭建平台，制定、落实好与文化产业相关用人政策，为人才产生、成长、成熟营造良好环境。政府应积极引进其他地区文化产业高端专门人才，支持鼓励高素质人才进入文化产业。高校应明确教育方向，结合市场需求，科学设置课程，编写具有草原文化特色的课程内容，改革教学方法，加强学生的实践教育，培养出既有理论知识背景、理解草原文化，又有动手能力的专业人才。文化产业从业人员应学会自我培养，掌握专业知识，提高专业化水平，同时应理论联系实际，文化产业专业的学习不能仅仅局限于理论知识的掌握，应积极参加多种多样的与文化产业相关的实践活动，在实践活动过程中获得提升。

内蒙古自治区文化产业管理体制改革是一项系统工程，涉及法律法规、政策制度、资金投入、人才培养，需要各级政府、社会、文化企事业单位及从业人员共同努力才能完成，这项事业既艰巨复杂又影响深远！

第十七章

内蒙古自治区文化创意人才队伍建设的思考

　　党的十七届六中全会提出"推动文化产业成为国民经济支柱性产业"的目标任务，党的十八大把"扎实推进社会主义文化强国建设"作为建设中国特色社会主义"五位一体"总布局的重要组成部分，提出了要"增强文化的整体实力和竞争力"和"推动文化事业全面繁荣、文化产业快速发展"的新的目标任务和发展方向，文化产业正式成为国家发展战略。2011 年，内蒙古自治区提出推进民族文化大区向民族文化强区跨越的战略目标。2013年，内蒙古自治区党委、政府提出"8337"发展思路，明确了内蒙古自治区文化产业的战略定位和发展方向，对内蒙古自治区文化产业的跨越发展提出了新的要求，标志着内蒙古自治区文化产业迎来了快速发展的机遇。

　　近年来，内蒙古自治区文化产业实现长足发展，但发展水平仍然低于全国平均发展水平。人力资源不足是制约文化产业发展的最重要"瓶颈"之一，并且，随着文化产业的快速发展，文化创意人才短缺、结构性失调等问题愈加突出。本章着力于内蒙古自治区文化创意人才队伍建设，分别从理论分析、发展实践、模式构建、运行保障等方面进行深入剖析与阐述。

一、人力资源管理理论在文化创意人才队伍建设中的运用

美国学者 Richard Florida（2003）在《创意阶层的崛起》一书中指出，对创意的经济性需求已经催生一个新阶层——"创意阶层"。创意阶层的显著特点就是其成员从事着旨在"创造有意义的新形式"的工作。核心成员包括科技、建筑和设计、教育、艺术、音乐以及娱乐等领域的工作者，诸如，科学家与工程师、大学教授、诗人与小说家、艺术家、演员、设计师与建筑师。创意阶层的价值观有三个基本点：个性化、精英化、多样性与包容性。他们喜欢选择具有包容力、多样性、开放性、自我存在感等一系列特质的地区聚集，要吸引创意人才必须打造上述"人文环境"。Richard Florida 描述的创意阶层与国内对文化创意人才的描述有一些区别，前者认为创意阶层涵盖的人群更多，并且认为美国社会已分化成四个主要的职业群体：农业阶层、工业阶层、服务业阶层和创意阶层。国内则主要指从事文化创意产业的人群。二者的共同之处在于文化创意人才的特点、价值观、适于生存的"人文环境"颇为相似。

本书认为，文化创意人才是指文化产业、文化创意产业、创意产业的相关从业人员。更多的是从产业上划分，产业性质、特点的不同，对该产业人才要求不同，区别于装备制造业人才、能源化工人才等其他产业人才。

关于文化创意人才的分类及素质和能力要求，文化部《全国文化系统人才发展规划（2010~2020年)》提出"7支文化人才队伍建设"，包括文化党政人才、文化经营管理人才、文化艺术专业技术人才、公共文化服务人才、高技能文化人才、文化科技人才、文化外交人才。同时，"十二五"期间，文化部实施"文化产业人才培养工程"，重点培养七支文化产业人才队伍：一支高素质的文化产业行政管理人才队伍、一支善于市场运作的文化企业经营管理人才队伍、一支具有创新思维的文化创意人才队伍、一支文化资源开发推广与传播人才队伍、一支掌握先进技能的专业技术人才队伍、一支熟悉金融市场的文化产业资本运营人才队伍、一支有创新能力的理论政策研究队伍。其中，要着力加强领军人物和各类专门人才的培养。向勇（2006）基于文化产业价值链，将文化产业人才分为七类：文化产业创意人才、技术人才、经营人才、营销人才、渠道经营人才、管理人才、研究人才，并相应提出各类人才的能力与素质要求。

本书关注"文化创意人才队伍建设"，考虑到数据统计口径差异、数据可得性，不再按照人群分类进行研究，而是将"文化产业、文化创意产业、创意产业的相关从业人员"作为一个统一的研究整体进行研究。

人力资源管理主要包括人力资源战略规划、招聘、配置、培训、考核、薪酬

以及职业生涯管理等几大模块。将人力资源管理理论运用在文化产业中，构建文化产业人力资源管理模块见图 17 – 1。在人才规划方面，根据文化产业发展需要，开展文化创意人才需求分析与预测，编制文化创意人才发展规划。在选拔任用方面，我国文化创意人才存在用得不好、开发不合理的现象，不能做到"人尽其才"。在人力资源配置、选拔任用方面存在不足。在培训培养方面，加大人才培养力度、拓宽培养途径，培养造就一批适应我国文化产业发展的多层次各类人才。在评价考核方面，创新人才评价体系，不断完善人才政策及保障措施、奖励措施，激活文化创意人才。在激励保障方面，文化创意人才具有很多独特特点。需要根据文化创意人才特点，设计出能够激发、调动他们工作积极性、热情、工作潜能的激励保障体系。在职业生涯管理方面，为文化创意人才设置不同的职业发展通道，提高人员满意度，避免人才浪费。

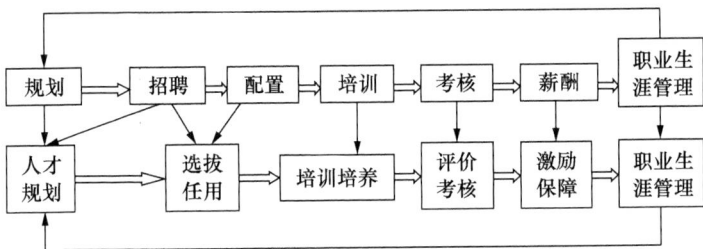

图 17 – 1 文化产业人力资源管理模块

二、内蒙古自治区文化创意人才发展状况与存在问题分析

目前，我国缺乏完整、权威的全国文化产业从业人员各年度相关统计数据。2004 年，国家统计局颁布《文化及相关产业分类》。在 2004 年全国第一次经济普查和 2008 年全国第二次经济普查中，国家统计局对文化产业从业人数有较全面统计。2012 年，国家统计局重新修订出台《文化及相关产业分类（2012）》。目前，尚缺乏更新、权威、全面的全国文化产业从业人员相关数据。文化部编印《中国文化文物统计年鉴》，出台文化发展统计公报，其中有关文化产业人才状况的数据是反映整个文化系统的数据。由于文化产业门类庞杂，管理机构众多，获得全面、权威的反映整体文化产业发展、整体文化产业从业人员状况的数据实属不易。

内蒙古自治区目前同样缺乏完整、权威的内蒙古自治区文化产业从业人员各年度相关统计数据。由于数据不可得，或数据不完整，或统计口径不统一造成数据差异，会给研究带来很大不便。本书中缺失相关数据，或部分数据有待考察，会影响到相关分析与判断。但是，本书也不失为有着借管窥豹的重要意义，它可以在相当的程度上反映和折射出近年来内蒙古自治区文化产业人才的发展状况。

（一）目前内蒙古自治区文化创意人才的发展状况

《内蒙古自治区"十二五"文化发展规划》提出，依托民族文化资源，改造提升演艺、娱乐、文化旅游、工艺美术等传统文化产业，加快发展动漫、游戏、网络文化、数字文化服务等极具活力和潜力的新兴文化产业，构建结构合理、门类齐全、科技含量高、竞争力强的现代文化产业体系。《内蒙古自治区文化产业中长期发展规划（2013～2020）》指出：重点发展文艺演出业、文化旅游业、文化会展业、工艺美术业、动漫游戏业、新闻出版业、广播影视业、文化信息传输业八大优势行业，构建符合内蒙古自治区发展实际的文化产业结构体系。

下面分别从内蒙古自治区文化创意人才总量、质量方面及文化创意人才行业分布方面进行文化创意人才发展状况分析。

1. 人才总量、质量分析

发达国家的文化创意产业之所以蓬勃发展，与它们拥有充足的文化创意人才密切相关。比如，1999年美国的专业性文化创意人才就已超过500万人，现今美国的创意阶层的总人数达到3850万；2005年英国创意产业从业人数已接近200万；韩国每年的设计相关专业毕业生达到37000人。另外，美国创意产业从业人员所占比例为30%，英国为14%，日本为15%，韩国的设计人才占全体就业人口的4.89%

2004年，国家统计局颁布《文化及相关产业分类》标准。以此标准对全国文化产业发展情况进行统计与分析。截至2004年年底，全国文化产业从业人员996万人，占全部从业人员（7.52亿人）的1.32%，占城镇从业人员（2.65亿人）的3.76%。2004年，内蒙古自治区文化产业从业人数为11.1万人，占全部从业人员（1026.1万人）的1.08%，占城镇从业人员（350.3万人）的3.17%。2011年，内蒙古自治区文化产业实现增加值150亿元。全内蒙古自治区文化产业法人单位数达1.24万个，比2004年翻3倍多；文化产业从业人员增加至30多万人，比2004年翻3番多。约占全部从业人员（1249.3万人）的2.4%，占城镇从业人员（517.1万人）的6%。

根据内蒙古自治区2010～2012年初进行的全区文化资源普查数据，目前内蒙古自治区共有各类文化人才49892人，其中文化系统人才9596人，非文化系统人才40296人。全区文化系统国有文化单位从业人员9596人，其中管理人员1778人、专业技术人员7265人、工勤技能人员553人。专业技术人员中具有高级职称的有 1226 人，占专业技术人员总数的 16.9%，其中正高职称 188 人、副高职称 1038 人；具有中级职称的有 2726 人，占专业技术人员总数的 37.5%；初级及以下职称的有 3313 人，占专业技术人员总数的 45.6%。从学历层次来看，国有文化单位从业人员中，具有研究生以上学历的人员有 109 人，占从业人员总数的 1.1%；具有大学本科学历的人员有 2510 人，占从业人员总数的 26.3%；具有大专学历的人员有 3429 人；占从业人员总数的 35.7%；具有中专学历的人员有 1854 人，占从业人员总数的 19.3%；具有高中及以下学历的人员有 1694 人，占从业人员总数的 17.6%。从年龄层次上看，30 岁及以下的人员有 2250 人，占从业人员总数的 23.4%；31～45 岁的人员有 3740 人，占从业人员总数的 39%；46～60 岁的人员有 3577 人，占从业人员总数的 37.3%；60 岁及以上的人员有 29 人，占从业人员总数的 0.3%。

从上述数据可以看出，近年来，内蒙古自治区文化产业从业人员大幅度增加，占就业人口的比重不断提高。2011 年，内蒙古自治区文化产业增加值为 197 亿元，占自治区 GDP 的 1.39%。同期，内蒙古自治区文化产业从业人员约占自治区全部从业人员（1249.3 万人）的 2.4%。文化产业从业人员数量在不断增加，但人才供求结构失衡情况比较严重，存在着质量不高、精英不多的情况，高职称、高学历文化人才偏少。这与发展文化产业对文化创意人才素质与能力的要求相去甚远。

2. 人才行业分布分析

由于无法获得内蒙古自治区文化产业人才行业分布数据，现以呼和浩特市 2012 年数据为例，分析文化产业人才行业分布情况，以起到借管窥豹的作用。

呼和浩特市初步确定重点推动数字传媒、文化旅游、文化创意与设计、文博会展、文艺演出、艺术品收藏与交易等文化产业的发展。截至 2012 年年底，呼和浩特市文化产业从业人员 4 万多人，占呼和浩特市从业人员总数（168.3 万人）的 2.4%。

从表 17－1 中可以看出，呼和浩特市重点推动的数字传媒、文化旅游、文化创意与设计、文博会展、文艺演出、艺术品收藏与交易等文化产业从业人数为 13142 人，占全部从业人数（25215 人）的 52%。其中，数字传媒、文化创意与设计、文博会展代表新兴文化产业领域。在呼和浩特市文化产业分类调研统计表中，新闻出版发行领域并没有对数字传媒进行细分统计，所以对呼和浩特市数字传媒的发展情况、从业人员情况不得而知。文化创意与设计领域虽然从业人数众多，但绝大多数是广告业从业人员，代表新兴文化产业领域的数字动漫、游戏设计制作（75 人）仅占全部从业人数（25215 人）的 0.3%。另外，呼和浩特市文博会展（502 人）从业人员仅占全部从业人数（25215 人）的 2%。

表 17 - 1　2012 年呼和浩特市文化产业分类调研统计

分类	机构（个）	从业人员（人）	实现产值（万元）
全部文化产业总计	1350	25215①	798790
新闻出版发行	111	3438	96784
广播电视电影	40	3575	78627
文化艺术	97	3463	18328
其中：文艺创作与表演	34	1325	4691
文化信息传输	57	1775	158605
文化创意和设计	634	5982	140579
其中：数字动漫、游戏设计制作	2	75	1552
文化休闲娱乐	72	1795	15232
其中：景区游览	30	799	5690
工艺美术品生产	71	1096	114938
文化产品生产的辅助生产	168	2969	54794
其中：会展	52	502	5367
文化用品生产	80	731	98442
广播电视电影专用设备批发	19	331	22171

（二）目前内蒙古自治区文化创意人才存在的主要问题

目前，内蒙古自治区文化创意人才发展现状与内蒙古自治区文化产业发展所面临的新形势和新任务还存有很大差距，成为推动文化产业成为支柱产业的主要"瓶颈"和制约。综合起来，内蒙古自治区文化创意人才主要存在如下问题：

1. 缺乏高层次经营管理人才

关于我国文化经营管理人才存在的问题：一是经营管理人才数量偏少、结构不合理、专业化程度不高，尤其是懂经营管理和市场营销知识的少，擅长项目策划、文化经纪、资本运作的少，难以适应文化产业持续快速发展的需要；二是熟悉国际惯例和规则、擅长媒介市场运作、具有战略思维的外向型经营人才短缺；三是文化经营管理人才开拓能力、创新精神和创新能力尚不够强，缺乏大型集团经营管理经验；四是文化经营管理后备人才不足、活力不强，尤其缺少既有较高专业素养，又谙熟市场经济规律、具有丰富的文化产业运作及经营管理经验的高层次高素质的经营管理人才。

---

① 统计口径不同，出现差异。

文化产业不同于一般的产业，它具有特殊性，一般经营者很难把握。它的特殊性表现如下：一是它有独特的产业链。在其他的产业领域，某种资源或创意是一种独立的价值结构，而文化产业的某些资源或创意则可以在所有文化产业的门类中共享。同时，该资源或创意可以通过延长产业链来转变为附加价值的实现。二是它区别于功能性需求。例如，以前的电信是以通讯为主业，通讯是刚需。现在是以增值服务（文化产业）为主业。表面上看文化娱乐不是刚需，但比如微信已超越刚需。

它既要求从业人员具有文化和艺术素养，同时还要求从业人员具有敏锐的时代意识、市场需求意识和经营管理能力。在原来的传统文化体制下，很多文化从业人员没有经受过市场竞争的磨炼，由于缺乏市场意识，营销能力非常弱。或缺乏经济和管理常识，或缺乏文化艺术的鉴赏修养和娱乐趋势的判断力。有研究指出，目前我国文化产业中专业艺术类、行政类出身而非管理类出身人员所占比重过大。比如，目前我国的广播影视领域，有业内人士表示，不缺乏具体的编导制作人员，缺乏的是既懂文化又懂观众与市场，既有宽广的人文视野又有精深产业理念的复合型策划、经营管理人才。

内蒙古自治区非常缺乏既懂经济又懂经营管理兼具深厚文化艺术底蕴与修养的高层次经营管理人才。内蒙古自治区现有的文化经营管理人员，大多缺乏现代企业管理经验，知识更新慢，管理比较保守，信息获取渠道单一，筹资、用资缺乏长远的规划。内蒙古自治区历史文化资源、民族民俗文化资源丰厚，但却缺乏有效开发，缺乏将丰厚文化资源产业化、市场化的经营管理人才。许多地区利用文化资源发展文化旅游业，就是简单地将历史文化名人图片展示加上硬件，或者就是搞历史文化概念，进行祭祖、怀旧的历史遗迹、工业遗产旅游和产业越来越不相干。

2. 缺乏新兴文化产业领域人才

从全国来看，新兴文化产业领域人才需求存在很大缺口。从内蒙古自治区来看，《内蒙古自治区文化产业中长期发展规划2013~2020》提出要重点发展文艺演出业、文化旅游业、文化会展业、工艺美术业、动漫游戏业、新闻出版业、广播影视业、文化信息传输业八大行业。内蒙古自治区文化会展业、动漫游戏业等新兴领域人才缺口非常大。一是本土人才培养方面。内蒙古自治区目前开设会展相关专业的高校只有两所：内蒙古自治区财经大学和内蒙古自治区农业大学。每年会展专业毕业生不足百人，无法满足内蒙古自治区重点发展会展业的需求。在动漫人才培养方面，内蒙古自治区一些大中专院校开设动漫相关专业，但是课程设置上主要集中在动漫设计与电脑制作方面，而对市场紧缺的动漫创意、编剧、导演、制片和市场营销等课程，则鲜有设置。这样导致一方面设计和制作人才过剩，另一方面市场需要的创意和经营管理人才奇缺。二是人才引进方面。内蒙古自治区从经济、地域、环境等方面，与东部或沿海发达省市地区相比较，在吸引外地人才来内蒙古自治区安家置业中缺乏优势。同时，内蒙古自治区文化产业管理领域体制机制较为僵化，人才培养、使用和引进机制不畅，缺乏相关人才引进培养激励政策、措施，很难吸引到高层次优秀拔尖专业人才。

3. 内容创意人才奇缺

文化产业的核心是内容创意，富有创造性和创意能力是文化创意人才最突出的特点。文化创意人才利用自己的智慧、技能和才华，通过灵感和想象力的发挥，在借助高科技的情况下对文化资源进行创造与提升，从而生产出符合市场需要的增值的文化产品。比如沃特·迪士尼用他的天才创造了神奇的"迪士尼王国"，米老鼠和唐老鸭成为全世界所宠爱的动画形象。又如，"中国功夫＋中国熊猫"，却在美国好莱坞梦工场缔造票房神话。

内蒙古自治区拥有丰厚的历史文化资源，但创意能力匮乏。比如，内蒙古自治区赤峰市文物遗存众多，仅国家级重点文物保护单位就有 25 处。但因旅游开发程度低，除喀喇沁王府博物馆外，基本上还停留在"遗址＋博物馆"的阶段，以文物等静态景观为主。红山文化、青铜文化等史前文化，仍基本停留在专家学者的学术研究阶段。辽代建筑损毁严重，仅存几座辽塔、石窟寺和一些馆藏文物，随着契丹民族的消亡和文字消失，文学艺术等非物质文化也已失传，辽文化的可视性差。

（三）内蒙古自治区文化创意人才存在问题的成因

内蒙古自治区文化创意人才存在问题的成因有许多方面，下面主要介绍三个方面：

首先，传统体制机制原因。2002 年，我国提出深化文化体制改革的要求。2003 年，开始试点改革，虽取得一些成效，但更深层的问题越来越突出。党的十八届三中全会以来，加强了对文化体制改革的顶层设计和统筹协调。内蒙古自治区从 2006 年开始推进第一轮文化体制改革试点，也取得一些成效，但仍然有许多更深层、更艰巨问题有待破解。

其次，文化产业作为一个新兴行业，它的发展历史非常短暂，我国原有的各方面文化人才储备本来就存在自身的不足和各种缺陷。当国家明确提出"推动文化产业成为国家支柱性产业"时，人才供需矛盾越发突出。并且一些新兴行业比如动漫业、会展业等，在我国发展历程更短，人才供给不足，或是人才质量无法满足行业发展需求的问题更加尖锐。

最后，专业培养原因。专业培养涉及专业设置和专业教育两个方面。国家教育主管部门和各类高校没有很好地把握世界文化产业发展趋势、国家产业调整的脉搏，文化产业专业设置滞后。2004 年教育部才审批通过山东大学、中国海洋大学、云南大学四所高校设立文化产业管理专业。专业设置滞后于产业发展。此外，专业教育方面，重视文化艺术轻视产业经营，重视专业技能教育轻视商业能力培养。比如，我国现有大量动漫艺术创作和技术制作者，但是缺乏专业的动漫产业经营管理人才、动漫领域的创意人才和商业人才。

三、内蒙古自治区文化创意人才队伍建设方案的综合研究

加快文化创意人才队伍建设，为内蒙古自治区文化产业发展提供智力支撑和人才保障。本书首先构建内蒙古自治区文化创意人才队伍建设模式，然后对这一模式进行深入分析与阐述。下面分别从体制机制创新、创意人才队伍建设任务分析方面阐述内蒙古自治区文化创意人才队伍的整体建设方案。

（一）文化创意人才队伍建设模式构建

根据理论分析与内蒙古自治区文化创意人才发展状况与存在问题梳理，构建内蒙古自治区文化创意人才队伍建设模式见图 17-2。

对该模式可以进行如下阐释：加强内蒙古自治区文化创意人才队伍建设，应大力推进内蒙古自治区文化产业体制机制创新。同时，针对人才特点、特长和发展要求、实际需求，改进完善人才工作管理体制，全面创新文化创意人才发展规划、选拔任用、培养开发、评价发现、激励保障等工作机制。

（二）文化产业体制机制创新

自 2003 年中央号召开展文化体制改革综合性试点工作以来，我国文化体制改革已走过 11 个年头，取得一些显著成效，但一些深层次问题凸显出来，目前文化体制改革从过去的"破冰期"挺进"深水区"。文化产业门类庞杂，管理机构众多。文化产业相关行业的管理部门包括宣传部、文化局（文体局）、商务局、旅游局、新闻出版局、广播电影电视局等。各机构间职能交叉重叠，部门间各自为政，形成各个部门利益掣肘，资源无法有效整合，制约文化产业发展。党的十八届三中全会以来，专门成立中央全面深化改革领导小组，中央文化体制改革和发展工作领导小组为文化专项小组，加强对文化体制改革的顶层设计和统筹协调。在当前文化改革创新环境下，文化产业的协同创新与融合发展是实现文化产业转型升级的有效方式。协同创新实现创新资源和要素的有效汇聚。文化产业的协同创新通过突破创新主体间的壁垒，充分释放彼此间"人才、资本、信息、技术"等创新要素活力，从而实现产业融合和深度合作。

```
                    ┌─────────────────────────┐
                    │        理论分析          │
                    │   文化创意人才特点       │
                    │ 文化产业人力资源管理模块 │
                    └─────────────────────────┘
```

```
                              ┌──────────┐      ┌──────────────┐
                              │体制机制创新├─────→│ 文化体制改革  │
                              └──────────┘      └──────────────┘
                                               ┌──────────────┐
                                            └─→│   协同创新    │
                                               └──────────────┘
```

人才规划	选拔任用	培养开发	评价发现	激励保障
①编制人才规划 ②建立人才库	①实施高端人才引进工程 ②完善选拔任用机制 ③建立柔性流动机制	①制订人才培养计划 ②实施人才培养工程 ③创新人才培养模式	①构建人才胜任力模型 ②建立科学合理的评价发现体系	①设计创意人才报酬体系 ②强化人才政策 ③完善人才激励机制

```
          ┌────────────────────────────────────┐
          │ 内蒙古文化创意人才发展状况与存在问题 │
          └────────────────────────────────────┘
```

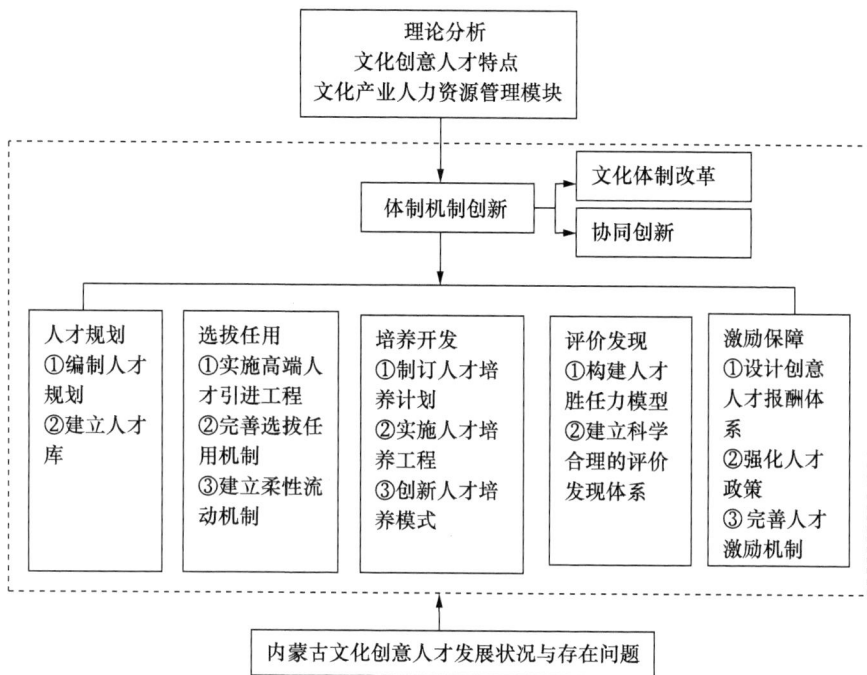

图 17-2 内蒙古自治区文化创意人才队伍建设模式

内蒙古自治区从 2006 年开始推进第一轮文化体制改革试点,历经 8 年,基本完成中央确定的阶段性改革任务,初步探索出一条民族地区文化改革发展之路。但内蒙古自治区的文化改革发展还处在初级阶段和培育发展的上升期,内蒙古自治区新一轮文化体制改革的主要任务:从宣传普及、抓好高校师生核心价值观的树立和养成等方面加强社会主义核心价值体系建设;从理顺文化管理体制、完善国有文化资产管理体制等方面完善文化管理体制;从推动国有经营性文化单位转企改制、文化事业单位内部机制改革等方面深化国有单位改革;从推动基本公共文化服务标准化建设、促进城乡文化一体化等方面构建现代公共文化服务体系;从抓好产品和要素市场、市场准入等方面建立健全现代文化市场体系;从加强对外传播能力建设、对外话语体系建设等方面加强民族民间文化保护及加快推动文化走出去。①

进一步加快内蒙古自治区文化体制改革步伐,理顺文化管理体制,推动文化企事业单位改革,改进完善人才工作管理体制,积极创新完善文化创意人才规

---

① 乌兰在"内蒙古自治区部署文化体制改革工作"上的讲话,内蒙古自治区新闻网,2014-09-28.

划、选拔任用、培养开发、评价发现、激励保障等工作机制。

（三）内蒙古自治区文化创意人才队伍建设任务分析

内蒙古自治区一方面存在文化产业人才匮乏的问题，另一方面也存在用得不好的问题。对此，除一般性松绑和激励外，还应进一步了解研究文化产业人才的特殊性，建立与文化产业发展规律相适应的人才发展规划、选拔任用、培养开发、评价发现、激励保障机制。

1. 人才规划

围绕内蒙古自治区文化产业发展定位、发展目标、发展重点领域，开展文化产业人才需求分析与预测，编制文化产业人才发展规划，建立文化产业人才库。

（1）编制《内蒙古自治区文化产业人才发展规划》。2010 年 6 月，我国颁布第一个中长期人才发展规划——《国家中长期人才发展规划纲要（2010～2020年)》。2010 年 8 月，文化部制定并颁布实施《全国文化系统人才发展规划（2010～2020 年)》。全国部分区域相继推出《文化人才发展规划》。比如，上海市推出《上海市"十二五"文化人才发展规划》。

2010 年，为更好实施"人才强区"战略，根据《国家中长期人才发展规划纲要（2010～2020 年)》精神，结合自治区实际，内蒙古自治区出台《自治区中长期人才发展规划纲要（2010～2020 年)》。2013 年，为加强建设文化产业和旅游业人才队伍建设，内蒙古自治区实施文化产业人才培养计划。建议编制《内蒙古自治区文化产业人才发展规划》。以《国家中长期人才发展规划纲要（2010～2020 年)》、《内蒙古自治区中长期人才发展规划纲（2010～2020 年)》、《文化部文化人才发展规划》为指导，根据内蒙古自治区文化产业发展定位、发展目标、发展重点领域，结合内蒙古自治区文化创意人才队伍建设现状与问题，相关管理部门协同配合，共同编制《内蒙古自治区文化产业人才发展规划》。规划中：一是要制定内蒙古自治区文化产业人才发展战略目标。从人才总量、人才总量占比、人才质量、结构方面予以规划。建议由各文化产业管理部门组织牵头，联合高校、咨询机构和企业，负责全自治区文化产业人才统计。围绕内蒙古自治区重点发展的文化产业领域，开展人才需求预测，制订人才需求总量、质量、结构方面的中长期规划。二是提出内蒙古自治区文化产业重点发展领域人才发展目标、主要举措。制订文化产业重点发展领域的急需紧缺、高端复合型、专业领军型人才引进、培养计划。围绕自治区发展重点领域，开展人才需求专项统计调查与预测，定期发布急需紧缺人才目录。三是实施一批文化产业人才培养工程项目或高层次文化产业人才开发计划。比如，实施文化名家工程和"四个一批"人才培养工程，建立重大文化项目首席专家制度，造就一批不同文化门类的名家大师和代表人物。

（2）建立人才库。根据内蒙古自治区文化产业发展需要以及内蒙古自治区文化产业人才需求重点，对内蒙古自治区文化产业人才需求的数量、层次、结构等进行专题研究，在此基础上建立高端领军文化人才库、经营管理人才库、创意策划人才库、专业技术人才库等。加快文化领域人才信息化管理和建设步伐。充分利用现代网络信息技术，在内蒙古自治区建立文化人才库，使人员管理逐步纳入统一、规范的信息化轨道，实现人才资源的互通与共享，为文化单位选人、用人和促进人才在更大范围内合理流动创造便利的条件和环境。

2. 选拔任用

围绕用好用活人才，完善政府宏观管理、市场有效配置、单位自主用人、人才自主择业的人才管理体制。健全人才市场体系，发挥市场配置人才资源的基础性作用。

（1）实施高端紧缺文化人才引进工程。

1）制订引进计划。①制定文化产业领域高端紧缺人才开发引进目录。根据内蒙古自治区文化产业发展需求，重点引进具有影响力的文化领军人才或高层次文化产业人才。2013年内蒙古自治区文化产业人才培养计划中，明确要引进一批战略性新兴文化产业高端专门人才，重点在文化创意、立体影视、新兴媒体、数字出版、动漫游戏、高新技术印刷复制等领域。②创新和拓宽人才引进渠道。鼓励以岗位聘用、项目聘任、客座兼职、定期服务、课题聘任、项目合作等多种形式引进高层次文化产业人才。采取签约、项目合作、知识产权入股等多种方式集聚文化人才。内蒙古自治区由于财力、环境、条件所限，直接引进并安置许多高端领军文化产业人才存在诸多困难。对此，努力打破各种条件限制，采取间接引进的办法，通过跨地区机构联合、项目协作、信息交流、资源共享等途径，吸引发达地区文化产业人才。③成立人才中介组织，建立灵活的人才引进机制。

2）创新引进政策。制定高层次文化创意、经营管理人才引进的特殊政策。①在解决编制、户籍、住房、职称、薪酬待遇、家属随迁等方面给予倾斜。②开辟高层次文化创意人才引进的绿色通道。对国内外享有较高声誉、成就丰硕的作家、艺术家、动漫名家、设计师等创意名人来内蒙古自治区居住创业，可开辟绿色通道，给予特别待遇。③吸引文化创意团队来内蒙古自治区发展。创意领军人物带领团队来内蒙古自治区发展，政府资助启动经费，申报内蒙古自治区文化创意产业专项资金公开扶持项目时，给予优先立项。④加大海外智力引进力度。⑤完善柔性引进机制。走以人（名家）引人（团队）、以机会（提供创业机会）引人、以活动引人、以赛事引人的路子，采取公开招聘、兼职、短期聘用、项目合作、咨询、讲学、开办工作室、创作室等多种形式，吸引文化创意人才来内蒙古自治区创业。

3）完善文化产业人才引进综合评价体系。逐步改变以往通过学历、职称、年龄等条件引进人才的做法，尝试以业绩、能力、贡献、潜力等为标准，通过企业认定、条件遴选、综合评价、会议认定等方式，为内蒙古自治区文化产业发展引进高端紧缺人才、重点领域领军人才等。

4）制定《关于内蒙古自治区发展文化产业引进高层次人才暂行办法》等。

（2）完善人才选拔任用机制。①结合文化产业特点，积极推进文化产业领域用人机制改革，形成培养人才、留住人才、吸引人才的制度体系。促进各类人才脱颖而出。尽快完善文化产业人才编制配备和编制外人员使用体系。积极推行管理入股、成果入股、技术分红等制度，大胆探索知识资本化途径，依法保护知识产权，建立文化产业人才资本及科研成果有偿转移制度。②继续深化文化事业单位人事制度改革，为发挥人才作用创造良好环境。③建立人才储备制度。重视发现和培养社会文化人才。积极吸收大中专院校优秀毕业生，建立人才储备制度，设立人才储备周转编制，采取"借脑引智"、引进"候鸟型"人才等柔性储备机制，实现为用而储，储用结合，保证人才的连续性。④加快建立一支适应新时期文化建设需要的基层文化工作者队伍。贯彻中央六部委《关于基层文化队伍建设的若干意见》精神，落实县级两馆、乡镇综合文化站、社区文化中心专职人员编制，嘎查村明确相应人员负责。

（3）建立人才柔性流动机制。

1）完善人才"进口"与"出口"机制：①创新人才流通机制，建设一批创新研发平台和多样式的就业创业孵化基地，改善人才流通环境。②针对文化艺术行业特点，打破常规用人机制，建立文化事业单位专业人员引进和退出的长效机制。③完善文化艺术单位富余人员"出口"机制。④改革事业单位人员"进口"管理体制，加快人才引进步伐。积极争取内蒙古自治区人事、编制等主管部门根据文化艺术行业的特殊性，制定较为宽松的人员引进政策，放宽对各类特殊文化人才的学历、职称等条件限制，进一步扩大文化艺术单位用人自主权。

2）发展专业性、行业性人才市场。健全专业化、信息化、产业化、国际化的人才市场服务体系。积极培育专业化人才服务机构，注重发挥人才服务行业协会作用。进一步破除人才流动的体制性障碍，制定发挥市场配置人才资源基础性作用的政策。

3. 培养开发

通过制订人才培养计划、实施人才培养工程、创新人才培养模式，加快培养造就一批文化产业经营管理人才和各领域优秀拔尖人才，以及适应内蒙古自治区文化产业发展的多层次各类人才。

（1）制订文化产业人才培养计划。①有计划、分阶段、分级分类地对文化产业高层次紧缺人才、领军人才进行扶持、培养、引进。比如，制订内蒙古自治区文化产业领军人才培养计划。②对内蒙古自治区文化产业发展重点领域人才发展制订培养计划。③加强人才梯队建设。采取"传、帮、带"，聘请离退休老专家回单位讲课，重用现有骨干人才，大胆使用新进人才，柔性引进本专业著名专家，建立"稳定老人，发展新人，外聘名人"的人才培养机制。④制定内蒙古自治区各盟市文化产业人才培养计划。⑤把非公有制文化企业和新经济组织中的文化人才纳入培养计划。⑥将文化产业人才培养工作纳入内蒙古自治区人才培养规划。

（2）实施文化产业人才培养工程。依托国家和内蒙古自治区重点人才建设工程，加快培养高层次拔尖人才、专业领军人才和民族文化代表人物。实施文化产业人才培养工程，包括内蒙古自治区"草原英才"工程、文化名家工程和"四个一批"人才培养工程、"千名优秀文化企业家"、"百名文化艺术大师"培养工程、文化产业领军人才培养工程、高层次紧缺人才特聘引进工程等。

目前内蒙古自治区通过实施"草原英才"工程，积极引进海内外、区内外文化艺术和产业经营管理的领军人物、名家大师和创新创业团队。通过实施文化名家工程和"四个一批"人才培养工程，大力培养造就一批高层次文化领军人才。完善"四个一批"人才选拔培养机制，通过岗位锻炼、专业深造及承担重大项目等方式，促其成为各领域的拔尖人才。力争5~10年培养300名"内蒙古自治区文化名家"，并且力荐突出人才入选国家文化名家暨"四个一批"人才。通过实施"千名优秀文化企业家"、"百名文化艺术大师"培养计划，加快培养造就一批文化产业经营管理人才和各领域优秀拔尖人才。每年选送舞蹈、声乐、书画等各类人员到国家级艺术机构深造，加大高层次文化人才培养力度。

（3）创新文化产业人才培养模式。

1）采取多种措施，加快各类文化人才培养。①高端拔尖人才、专业领军人才、急需紧缺人才培养。依托国家和内蒙古自治区重点人才建设工程，加快培养高层次拔尖人才、专业领军人才和民族文化代表人物。通过创新人才引进政策、引进渠道，通过国际合作、岗位实践、在职进修、对口交流、挂职锻炼、委托培养等方式，加大对急需紧缺人才的引进与培养。②高层次经营人才培养。依托大型文化产业集团、区内外高等院校等培训资源，加强文化产业高层次经营管理人才培养。③专业技术人才培养。做好专业技术人员的继续教育培训和在职培训工作。应完善"名师带徒制度"。同时，企业加强同各种行业组织、高等职业学校、社会培训机构的联系，获得培训支持。④行政管理人才培养。抓好干部的挂职学习，定期举办文化产业人才培训班、研修班，推进人才培训的国际交流合作。⑤青年人才培养和专业后备人才培养。实施"青年文艺家发现计划"，通过定向培养、联合培养等形式，培养一批青年文化创意人才。比如，依托内蒙古自治区艺术院校和地方戏曲院团，有计划开展地方戏曲后备人才培养工作，为地方戏曲发展提供可持续的人才保障。⑥基层人才培养。根据基层文化建设的需要，落实核定的编制，配好配齐苏木乡镇、街道社区和综合文化站（室）专职人员。大力培养乌兰牧骑"一专多能"型专业人才。突出抓好扎根基层的乡土文化能人、民族民间文化传承人和文化积极分子。⑦建立专业人员长效培训制度。

2）积极探索政府、高校、院所、企业合作培养机制。拓宽文化产业人才培养、培训渠道。建立学校教育和实践锻炼相结合、国内培养和国际交流合作相衔接的开放式培养体系。

4. 评价发现

创新人才评价体系，不断完善人才政策及保障、奖励措施，激活现有文化产业人才。完善公平竞争和分配激励机制，加快人事制度、分配制度、评价与奖励制度改革，支持和激励优秀拔尖人才脱颖而出。

（1）完善文化创意人才胜任力能力素质要求。文化部在《全国文化系统人才发展规划（2010~2020年）》中提出7支文化人才队伍的能力素质要求。向勇基于文化产业价值链进行"七类文化产业人才分类"，提出七类人才队伍能力素质要求。

（2）建立科学合理的评价发现体系。①建立文化创意人才评估与管理制度。组建文化创意人才评估专家委员会，不断完善、规范文化创意人才评估制度，使各类文化创意人才都能够享受相应的优惠政策。建立高层次文化创意人才工作绩效评估制度，对政策实施情况、资金使用情况及人才队伍建设整体情况进行定期评估。②统筹推进专业技术职称和职业资格制度改革，创新专业技术人才的聘任制和以业绩为主的薪酬分配激励机制。完善专业技术职务任职资格评价办法，完善专业技术人才职业水平评价，提高社会化程度。探索技能人才多元评价机制，逐步完善社会化职业技能鉴定、企业技能人才评价、院校职业资格认证和专项职业能力考核办法。在关键岗位推行"首席技师"、"首席操作师"等工作制度，完善技师聘用方法，实行技师津贴，提高技术人才待遇。深化职称评审改革，比如，研究制定符合艺术人才成长规律的有关专业评审条件。修订艺术、图书、文博等专业高级职称评定业务考核办法，研究制定图书、文博中级职称评定硬化条件等。又如，做好优秀中青年人才破格评定中高级职称工作，以业绩为导向，推出一批20岁左右的三级演员、30岁左右的二级演员、40岁左右的一级演员等。应加大职称评聘分开力度，探索、扩大在工人中评定高级职称的途径和范围。对非公有制文化单位人员评定职称、参与培训、申报项目、表彰奖励同等对待。

③对文化创意人才采用360度考核方法。对文化创意人才的考评可由直接上级、同级业务协作人员、部门内同事担当。考评结果用于报酬的发放、职位配置、职称评定、晋升等。④举办各类专业比赛。分专业举办业务比赛或大奖赛、展览、展演等，进一步加大文化创意人才资源开发力度，有计划地推出一批优秀专业人才。⑤注重在重大文化工程、重点文化项目实施中发现、选拔人才。⑥制定定期考核和日常考核制度。

5. 激励保障

目前，我国文化产业人才激励和约束机制不完善。文化创意人才具有许多独特的特点，比如富于创造力、价值观独特、注重软激励、工作与生活休闲化、流动性强等。需要设计出能够满足文化创意人才需求的激励保障措施。

（1）创意人才报酬体系设计。创意人才的薪资在整个劳动力市场上是处在较高层级的。外部薪酬主要指货币薪酬。内部薪酬包括为被开发者提供参与组织决策的机会，丰富工作内容，赋予更大的工作权限，创造其自我学习、自我开发的有利条件等。由于创意人才具有重视成就激励和精神激励的心理特征，因此可采取一些措施对其进行这一方面的激励：明确个人责任，让团队中的每个人都认识到自己是团队不可或缺的，赋予责任；增强员工的工作自主权，激发员工的主观能动性、自身潜能；提供适度挑战性的工作，为员工搭建施展个人才能的舞台。

（2）强化人才政策。坚持政策留人、待遇留人、事业留人、感情留人，对引进优秀特殊文化人才在落户、住房、医疗和子女教育等方面给予政策倾斜。鼓励拥有特殊才能和自主知识产权的文化人才以技能和知识产权入股，参与收益分配。鼓励支持文化企业实行协议工资、年薪制等多种分配形式。探索建立内蒙古自治区文化产业荣誉制度和特聘专家、文化名师大家工作室制度，建立内蒙古自治区文化产业专家服务和文化创意人才基地，设立人才库、专家库，对有突出贡献的人才给予重奖。开展文化产业专业技术人才职称评定、文化产业职业技能鉴定。探索出台切实可行的政策，逐步使非公有制文化企业在人员职称评定、培训深造、项目申报、表彰奖励等方面与国有文化企业享有同等待遇。

（3）完善人才激励机制。①改革和完善收入分配机制，建立健全重实绩、重贡献、向优秀拔尖人才和核心专业技术岗位倾斜的灵活多样的分配激励机制。建立产权激励制度，制定知识、技术、管理、技能等生产要素按贡献参与分配的办法。探索高层次人才、高技能人才协议工资制和项目工资制等多种分配形式。允许文化产业人才通过技术、专利、品牌入股参与分配。②建立健全以政府奖励为导向、用人单位和社会力量奖励为主体的人才奖励机制。设立内蒙古自治区文化、体育最高奖项、广播影视奖项、新闻出版奖项等。在文艺作品创作、文物保护利用、非物质文化遗产保护传承、体育运动、基层文化建设、艺术团体下乡演出等方面设立单项奖，定期进行评选表彰。设立"文化工作先进地区"奖项，奖励文化体育事业发展成就突出的旗县市（区）。设立发展文化产业奖励基金，用于引导、扶持、贴息、奖励在发展内蒙古自治区文化产业中做出突出贡献的企业和个人。③健全优秀文化产业人才评选表彰办法。积极参与自治区、省、部优专家、享受政府特贴专家、"四个一批人才"等优秀专家和人才的推荐和选拔活动。对在国内外重大赛事中获得重要奖项的人员，对入选全国、全内蒙古自治区宣传文化系统"四个一批"人才，以及对文化产业发展做出重大、突出贡献的优秀人才及时进行表彰。④探索建立文化行业特殊艺术专业人才保障机制。实施特殊专业人才自主择业保障金计划，建立符合艺术专业人才特点的、在专业艺术表演团体从事特殊专业的人才退出机制等。⑤规范和完善国有文化企业负责人薪酬管理办法。内蒙古自治区目前一些国有文化企业，正处于改制阶段，"大锅饭"的平均主义分配仍然严重。同时，经营者的约束和风险机制仍然未完善。需要规范和完善国有文化企业经营者的薪酬激励。⑥切实提高文化系统人员工资福利待遇，遏制人才外流。

四、内蒙古自治区文化创意人才队伍建设的运行保障研究

本书分别从组织保障、资金保障、平台建设、氛围营造方面提出内蒙古自治区文化创意人才队伍建设的运行保障措施。

（一）组织保障

目前，我国文化体制改革存在的一大突出困难和问题是：文化宏观管理体制有待进一步完善，还存在多头管理、互相掣肘、资源分散的现象。需要加强对文化体制改革的顶层设计和统筹协调。

内蒙古自治区面临同样困境，制约内蒙古自治区文化产业发展。内蒙古自治区文化产业各行业之间及各行业内部发展独立，未能通过有效方式实现产业协同发展与创新。同时，在文化创意人才队伍建设方面，如人才规划、人才培养计划、人才流动、人才政策，各部门间着眼点和目标存在差异，难以形成合力。

在当前文化改革创新环境下，文化产业的协同创新与融合发展是实现文化产业转型升级的有效方式。文化产业的协同创新通过突破创新主体间的壁垒，实现产业融合和深度合作。内蒙古自治区加强文化产业发展的统筹协调，打破行政、区域、行业、部门和所有制壁垒，消除资源要素流动的"瓶颈"梗阻和分散割裂状态。创新内蒙古自治区文化产业组织领导机制。内蒙古自治区党委、政府成

立内蒙古自治区文化产业发展领导小组，负责研究制定和落实全自治区文化产业发展中的重大战略和政策，统筹协调解决全自治区文化产业项目建设中的重大问题。领导小组下设办公室，具体负责文化产业相关政策落实、推进以及各重点文化产业项目的筛选、扶持和监督等工作。由内蒙古自治区文化产业办公室负责文化产业专项资金的管理、使用及考核。同时，建立工作协调机制。把文化创意人才队伍建设纳入到全自治区相关人才培养、引进的整体工作之中，促进内蒙古自治区各类人才培养、引进机制一体化建设。

（二）资金保障

实施文化创意人才队伍建设，积极向内蒙古自治区财政、人事等主管部门争取文化创意人才发展专项经费，或通过建立文化人才工作项目争取资金，专门用于文化创意人才与团队的培养、引进与奖励。争取内蒙古自治区政府设立拔尖人才培养专项基金和艺术创作奖励基金，用于培养急需人才以及对获得重大奖项或取得重大研究成果的人员给予积极奖励等。比如，对入选全国、全内蒙古自治区宣传文化系统"四个一批"人才给予奖励。每年安排一定的资金资助，重点资助一批在文化旅游业、文艺演出业、文化会展业、工艺美术业、数字传媒业等内蒙古自治区重点发展的文化产业领域的本土文化创意人才。

（三）平台建设

加强载体建设，构筑人才发展平台。①加强文化创意产业园区建设，为创意名人、青年文艺家、大学生和初创者提供创业平台。②建立大学生实训基地，做好文化产业实训基地的认定与管理工作，为培养文化创意人才提供载体支持。经过认定的实训基地，可以享受政府相关政策、资金支持。③定期举办"创意市集"或创意大赛等活动，为广大"草根"创意阶层和大学生创业、成长提供舞台。④鼓励兴办大学生创业孵化基地。鼓励文化创意产业园区、内蒙古自治区高校、科研机构等参与兴办大学生创业孵化基地，为大学生创业提供研究开发、成果转化、产业孵化、技术服务、人才培养等服务，并提供政府相关政策、资金扶持。⑤积极整合高校资源。大力推进政产学研合作战略，充分发挥内蒙古自治区大学、内蒙古自治区财经大学、内蒙古自治区师范大学等高等院校师资力量雄厚、人才资源丰富的优势，为内蒙古自治区文化创意产业人才的培养、引进创造条件。

（四）氛围营造

优化发展环境，营造良好社会氛围。①弘扬创新创业文化。落实"尊重劳动、尊重知识、尊重人才、尊重创造"的方针，牢固树立"人人都是创业环境，人人都是创业主体"的观念。内蒙古自治区作出促进民族文化大区向民族文化强区跨越的重大决策，加快形成更具人文气息、文化气息的城市风格，营造宽松、包容、大气、开放的环境，加快形成有利于文化创意人才创业与发展的社区文化和社会氛围。②营造人才发展环境。加大网络、图书馆、公园绿化、咖啡吧、书店等方面的投入，鼓励建立艺术馆、美术馆、纪念馆群，支持街头艺术活动的开展，推动文艺与生活相结合，为"无领者"的创业和成长提供"参与"与"体验"式的生活空间。充分发挥各级各类社团组织的作用，积极举办面向社会各层面的文化活动，扶持、培养一批艺术培训机构，积极开办各类艺术培训，不断提高市民群众的文化艺术素养。③加大人才宣传力度。积极推出内蒙古自治区创意人才开发计划、工程，推出一批创新创业的典型，充分利用网络、报纸、电视等媒体资源，积极宣传内蒙古自治区扶持创意人才发展的相关政策和举措，为内蒙古自治区文化创意人才队伍建设营造良好的舆论氛围。

参考文献

1. 陈少峰，张立波．文化产业商业模式［M］．北京：北京大学出版社，2011.

2. 理查德·佛罗里达．创意阶层的崛起［M］．北京：中信出版社，2010.

3. 向勇．文化产业人力资源开发［M］．湖南：湖南文艺出版社，2006.

4. 王亚川．论文化产业内部结构的划分与演进——基于核心要素的视角［J］．北京社会科学，2007（3）：72.

5. 罗能生，林志强，谢里．湖南文化产业结构优化研究［J］．财经理论与实践，2009（5）：118.

6. 迟树功．调优文化产业结构研究［J］．理论学刊，2012（1）：51 - 52.

7. 田蕾．世界文化创意产业结构优化的发展趋势及启示［J］．经济问题探索，2013（11）：56.

8. 胡惠林．文化产业学［M］．北京：高等教育出版社，2006.

9. 刘春．内蒙古自治区文化产业发展的报告［N］．内蒙古自治区日报，2014 - 02 - 28.

10. 孙安民．文化产业理论与实践［M］．北京：北京出版社，2005.

11. 乌兰图雅．内蒙古自治区文化创意产业的知识产权保护问题研究［J］．财经理论研究，2014（3）：74

12. 柴国君，张智荣．内蒙古自治区文化产业发展报告［M］．北京：经济管理出版社，2014.

13. 李文芳．我国蒙古族那达慕的特点及发展演变史［J］．兰台世界，2013（5）．

14. 白红梅．蒙古文化的一种浓缩形式及其象征意蕴［J］．云南民族大学学报（哲社版），2012（4）．

15. 丹增．文化产业发展论［M］．北京：人民出版社，2005.

16. 谢名家等. 文化产业的时代审视［M］. 上海：复旦大学出版社，2002.

17. 宋桂友. 文化产业基础［M］. 重庆：重庆大学出版社，2010.

18. 韩骏伟，胡晓明. 国际文化贸易［M］. 广州：中山大学出版社，2009.

19. 国家统计局. 2014 年度中国对外直接投资统计公报. 中国统计出版社，2014.

20. 张晓明等. 中国文化产业发展报告（2014）［M］. 北京：社会科学文献出版社，2014.

21. 汪一洋，李延强，许修雷等. 新常态下产业转型升级的路径研究［J］. 广东经济，2015.

22. 张宇薇，朝鲁门. 2014 年蒙古国经济金融形势分析［J］. 北方金融，2015.

23. 胡格吉勒图. 有关内蒙古自治区向蒙古国开放的若干思考［J］. 北方经济，2015（1）.

24. 图门其其格，王悦歆. 中蒙经贸合作的现状、问题及对策［J］. 财经理论研究，2013（4）.

25. 王展. 专家热议文化产业新业态［J］. 中国文化报，2008 年 5 月 16 日.